An Empirical Study of
CHINESE
Idiom Comprehension and Acquisition
for Native English CFL Learners

英语母语学习者汉语成语理解习得研究

马乃强 ◎著

北京大学出版社
PEKING UNIVERSITY PRESS

图书在版编目 (CIP) 数据

英语母语学习者汉语成语理解习得研究 / 马乃强著 .—北京：北京大学出版社，2022.6

ISBN 978-7-301-33097-5

Ⅰ. ①英… Ⅱ. ①马… Ⅲ. ①汉语－成语－对外汉语教学－教学研究 Ⅳ. ① H195.3

中国版本图书馆 CIP 数据核字 (2022) 第 107953 号

书　　名	英语母语学习者汉语成语理解习得研究 YINGYU MUYU XUEXIZHE HANYU CHENGYU LIJIE XIDE YANJIU
著作责任者	马乃强　著
责任编辑	刘　爽
标准书号	ISBN 978-7-301-33097-5
出版发行	北京大学出版社
地　　址	北京市海淀区成府路 205 号　100871
网　　址	http://www.pup.cn　　新浪微博：@ 北京大学出版社
电子信箱	nkliushuang@hotmail.com
电　　话	邮购部 010-62752015　发行部 010-62750672 编辑部 010-62759634
印 刷 者	天津和萱印刷有限公司
经 销 者	新华书店 650 毫米 ×980 毫米　16 开本　18 印张　249 千字 2022 年 6 月第 1 版　2022 年 6 月第 1 次印刷
定　　价	78.00 元

本书由教育部国别与区域研究基地北京大学
大洋洲研究中心资助出版

目 录

引　言 …… 1
1. 澳大利亚的汉语教学 …… 3
2. 课题缘由 …… 12
3. 研究价值 …… 13
4. 研究对象 …… 14
5. 研究方法 …… 15
6. 语料来源 …… 16
7. 研究问题 …… 16

第一章　汉英成语及相关研究 …… 19
1. 成语的定义与分类 …… 19
2. 英语成语的理解习得 …… 25
3. 汉语成语的理解习得 …… 40
4. 小结 …… 51

第二章　汉语成语的特征 …… 54
1. 汉语成语的语料来源 …… 54
2. 汉语成语的结构特征 …… 57
3. 汉语成语的语义特征 …… 65
4. 汉语成语的理解认知特点 …… 72
5. 小结 …… 82

第三章 汉语成语理解习得影响因素 …… 83
1. 研究假设 …… 84
2. 实验设计 …… 85
3. 结果与分析 …… 93
4. 讨论 …… 126
5. 小结 …… 131

第四章 汉语成语理解习得策略 …… 133
1. 研究问题 …… 134
2. 实验设计 …… 134
3. 数据转写与处理 …… 138
4. 结果与讨论 …… 145
5. 小结 …… 193

第五章 汉语成语理解习得模式 …… 195
1. 影响因素在汉语成语理解习得中的作用 …… 195
2. 理解策略在汉语成语理解习得中的作用 …… 204
3. 汉语成语的理解习得过程 …… 209
4. 英语学习者汉语成语理解习得模式 …… 211
5. 小结 …… 215

结 语 …… 217
参考文献 …… 227
附 录 …… 240
附录 1:成语分解性评定表 …… 240
附录 2:成语分解性评定结果 …… 249
附录 3:成语熟悉度评定表 …… 254
附录 4:成语熟悉度评定结果 …… 259

附录 5:成语语义测量表 …………………………………… 264
附录 6:成语语义测量结果 ………………………………… 271
附录 7:有声思维实验数据收集说明 ……………………… 273
附录 8:有声思维理解习得评分结果 ……………………… 276
附录 9:成功策略与实验成语对应情况 …………………… 278
后　记………………………………………………………… 280

引 言

随着中国与澳大利亚双边关系的不断发展，中澳两国在政治、经济、贸易、旅游、教育、文化、文学艺术等诸多领域的交流与合作都取得了长足的发展；在此背景下，汉语成为澳大利亚仅次于英语的第二通用语言，汉语教学在澳大利亚也具有越来越重要的作用和影响。本书着重考察澳大利亚中高级水平学习者的汉语学习状况，对英语母语学习者汉语成语理解习得进行实证性研究，探索构建学习者汉语成语综合理解习得模式。

澳大利亚的汉语教育始于20世纪初期，教学机构主要在悉尼和墨尔本，但始终没有形成规模，也没有对汉语教学产生大的影响。20世纪60年代，汉语教育才开始正式进入澳大利亚联邦教育体制，随着中国同澳大利亚于1972年正式建立外交关系以及“白澳政策”的废除，澳大利亚逐步实行多元文化政策，汉语教学才逐渐有了较大发展。进入21世纪，随着亚洲崛起和中国国际地位逐步提升，汉语语言文化能力成为学生将来必备的工作技能之一。澳大利亚政府、社团和社区等多股力量汇成强大的合力，共同推进汉语教学的发展。目前，澳大利亚拥有各种不同层次的汉语教育，包括当地的中小学、社区学校、大学以及孔子学院等。虽然澳大利亚的汉语教学取得了长足的进步，但仍存在不少问题和挑战，首当其冲的就是语言教学与文化教学的融合问题。汉语中的成语是典型的“语”和“文”的结合，汉语成语教学正是语言教学和文化教学的互相融合。

汉语成语等“语”类的教学与研究由来已久且日趋重要，汉语成语理解与习得是对外汉语教学的重要环节，也是教学难点；尤其是在中高级阶段，正确地理解汉语成语是学习者，特别是英语母语学习者习得真实、地道汉语的关键。本书借鉴心理语言学和认知语言学相关理论成果，从语言学科的角度对语言教学特别是对外汉语教学中的英语母语学习者成语理解习得进行基础性的实证研究，以澳大利亚中高级水平英语母语学习者为实验对象，以学习者汉语成语理解习得实验为考察重心，以学习者汉语成语理解习得模式为研究目标，其最大特点是构建出以启发探索方法为基础、语素和语境线索相结合的学习者汉语成语综合理解习得模式；该研究结论可应用到对外汉语成语教学之中，服务于蓬勃发展的对外汉语教学事业，同时也可以为英语成语教学提供一定的借鉴。

本书采用定性分析与定量分析相结合、理论探讨与实证研究相结合的研究方法，主要工作包括：对成语的定义和分类进行论述和界定，综合梳理最近三十多年来国内外汉英成语理解习得研究具有代表性的理论成果，为探索构建学习者汉语成语理解习得模式寻找进一步研究的空间；以《新华成语词典》和《商务馆学成语词典》（以下简称《学成语词典》）收录的汉语成语为基本语料，结合汉语水平考试（HSK）动态作文语料库中的成语用例，重点分析汉语成语的结构特征、语义特征和理解认知特点，为学习者汉语成语理解习得的实证研究提供实验材料和变量支持；设计成语语义测量实验，以澳大利亚中级和高级水平英语母语学习者为研究对象，编制汉语成语语义测量表，考察成语熟悉度、分解性和对称性等因素对汉语成语理解习得的影响，探讨学习者汉语成语理解习得的发展趋势；设计成语有声思维实验，对澳大利亚高级水平英语母语学习者理解习得汉语成语的基本策略和成功策略进行分析总结，调查验证熟悉度、分解性、对称性以及语境效应等影响汉语成语理解习得的因素，考察英语母语学习者面对不同类别成语理解习得策略的差异性。

本书致力于突破传统的成语研究领域，重点关注英语母语学习者汉语成语理解习得实证研究，创新之处主要在于：实验成语的选择采用定性分析（汉语成语特征）与定量分析（成语词典＋语料库数据）相结合的方式；实验变量的控制体现出汉语成语在结构上的均衡对称性和语义上的可分解倾向等突出特点；学习者成语理解习得过程采用实证实验的研究方法，从相对客观和主观的角度分别考察学习者汉语成语理解习得的影响因素与基本策略；成语语义测量实验发现了全新的影响因素，发现熟悉度、分解性、对称性和被试级别都是显著的影响因素，其中熟悉度是最为重要的影响因素，在成语理解习得过程中首先发挥作用；成语有声思维实验发现了全新的学习者成语理解习得策略，其中 GC（根据上下文猜测）是使用频率最高的策略，IC（根据成语个别字词猜测）是汉语成语理解习得特有的策略，而 MC（根据成语隐喻概念猜测）和 MI（利用成语意象猜测）是相对较高层次的策略，代表着学习者成语理解习得策略的发展方向；对学习者汉语成语的理解习得研究落到实处，以学习者实证实验为基础，分析汉语成语的理解习得过程，构建出学习者汉语成语理解习得模式是一种以启发探索方法为基础、语素和语境线索相结合的综合模式，以期应用于澳大利亚及相关英语国家的汉语教学，特别是成语教学实践，进而服务于中国和澳大利亚乃至全球蓬勃发展的对外汉语教学事业。

1. 澳大利亚的汉语教学

澳大利亚位于南太平洋，是联邦制国家，全国划分为 6 个州和 2 个领地，分别为新南威尔士州、维多利亚州、昆士兰州、南澳大利亚州、西澳大利亚州、塔斯马尼亚州、北部领地和堪培拉首都领地，人口为 2544 万（截至 2019 年 7 月）。在澳大利亚，中小学由各州（领地）的教育部门管理，由各州政府自行制定教育方针和政策，联邦政府起着统筹规划、引导和支持作用，主要通过专项财政拨款来影响各州的决策（陈平，2013）；大学则由联邦政府统一进行管理。澳大利亚的中小学按性质可分为公立学校、私立学校和教会学校三类，按上课时间又可分为全日制学校和周末学校两种。澳大利亚的中小学大多采取13年制，预备班1年，接着是12年的小学和中学，大致可以分为三个阶段：小学从预备班至6年级，7至9年级为初中，10至12年级为高中。以语言科目的教育为例，澳大利亚中小学通常必须教授一种外语，许多学校提供两种甚至多种语言科目的教学，学生可以从中选修1至2种；最经常教授的有6种语言：意大利语、法语、德语、日语、印尼语和汉语，这些语种的选择主要考虑澳大利亚的多元文化人口组成、独特的地理位置以及学生在将来工作和生活中有可能接触到的群体（崔峡，2014）。

澳大利亚的汉语教育始于20世纪初期，主要在悉尼和墨尔本开办，不仅学校少，学生人数也不多，绝大多数是非全日制补习性质的学校。1909年澳大利亚第一所华文学校——悉尼中华蒙养两等小学堂——成立，由著名侨领叶炳南、叶同贵等人发起创办，有学生26人，用广东话教学，聘请新加坡养正学堂的陆逸为校长。同年11月，澳大利亚华侨伍洪南、刘月池和黄右公等人在墨尔本创办了汉文半夜学堂，有学生30人，利用夜间上课，教授中文（廖小萍，2007）。这是目前所知的澳大利亚最早的汉语教育，但是早年的中文学校办办停停，始终没有形成规模，也没有很大的影响，“从1909至1930年，澳大利亚的华侨和华文教育是个失败的试验”（杨进发，1988）。其后，澳大利亚其他地方也陆续有些中文学校出现，但多是为解决华人子女的教育问题，“以薪传中华文化为办学目的，属于业余补习性质的办学模式”（李天锡，1999）。由于其时澳大利亚政府的单一语言政策，中文教育并未被纳入正规学校教育体系。

汉语教育正式进入澳大利亚中小学教育体制是从20世纪60年代开始的，起初只有维多利亚州的少数私立中学教授汉语，随后其他各州的中小学也逐渐开设汉语课程。中国同澳大利亚于1972年12月正式建立外交关系，而后随着“白澳政策”的废除，澳大利亚开始实行多元文化政策，汉语教育才有了较大发展。80年代末，澳大利亚政府出台一整套外语教育方针，按照规定，外语课程需纳入中小学核心课程之中，自此以汉语、日语、印尼语和韩语为代表的亚洲语言得到迅速发展，政府也随之将汉语设为高考的选修科目之一。1987 年 5 月，在由联邦政府颁布的《国家语言政策》（“National Policy on Languages”）中，“中文被确立为澳大利亚在国际关系中最迫切需要的、要特别发展的、对澳大利亚最具重要性的主要亚洲语言之一”（张昌柱、陈申，1995）。随着澳大利亚政府将外语教育的重心转移到亚洲语言和文化的学习上，汉语教育进入快速发展阶段。1991 年联邦政府颁布《澳大利亚的语言：澳大利亚语言与读写能力政策》（“Australia's Language: The Australian Language and Literary Policy”），规定各州要从汉语、阿拉伯语、法语等 14 种语言中选出至少 8 种作为州教育的重点语言。这项政策实施的结果表明，事实上各州均选择了汉语作为本州教育的重点教学语言。1994 年，联邦政府正式签署纲领性文件《澳大利亚中小学亚洲语言与学习国家战略》（“National Asian Languages and Studies in Australian Schools Strategy”, NALSAS），明确指出亚洲语言对澳大利亚以后的发展将起到战略性的作用，政府还设立专款用来开发亚洲语言课程，包括汉语、日语、印尼语和韩语四种语言的重点推广，“由澳大利亚教育部授权研究并发布的外语教育调查报告指出：亚洲的地位及其与澳大利亚的关系，决定了亚洲语言的重要性。在被选出的 10 个优先发展外语语种中，汉语名列榜首”（黄磊，2003）。可见，汉语教育在澳大利亚的中小学教育体系之中，逐渐占据重要的位置。

进入 21 世纪以来，联邦政府为进一步加强亚洲语言的学习，2009 年开始实施了《澳大利亚中小学亚洲语言与学习计划》（“National Asian Languages and Studies in Schools Program”, NALSSP），继续支持亚洲语言的学习。根据该计划，到 2020 年，中学生在毕业时应能够使用四种亚洲语言（汉语、日语、印尼语、韩语）之一，能够在未来有能力从事与亚洲有关的事务。2012 年，联邦政府发布《亚洲世纪中的澳大利亚》（*Australia in the Asian Century*）白皮书，指出提高亚洲素养是澳大利亚教育改革的一项重要内容。为支持亚洲语言的学习，澳大利亚的所有学校应至少同一所亚洲学校建立联系，优先支持亚洲语言的教学；所有学校在中小学教育阶段必须教授汉语、日语、印尼语和韩语这四种亚洲语言中的一种。

根据最新的人口普查数据(2016 年 8 月),除英语以外的其他家庭语言中,使用人口最多的前五种分别是汉语普通话(占总人口 2.5%)、阿拉伯语(1.4%)、汉语广东话(1.2%)、越南语(1.2%)和意大利语(1.2%)。连同其他已经不太会说汉语的华人,澳大利亚华裔人口总数达到 120 余万人,占总人口的大约 5%,是澳大利亚第二大民族,汉语是其第二大语言。现在,澳大利亚有各种不同层次的中文教育,包括当地的中小学、社区学校、大学以及孔子学院等。汉语教育的发展在各州、各地区以及不同类型的学校的情况不尽相同,在澳大利亚人口比较密集的维多利亚州和新南威尔士州,汉语作为第二语言教学的历史较长,汉语教学水平最高的则首推澳大利亚各个大学的中文系科。

(1) 中小学

近年来,随着中国经济实力的增长以及中澳两国合作关系的发展,汉语在澳大利亚的地位也逐渐升高。越来越多的中小学开设汉语课程,而在很多中小学,汉语课则成为必修课。自 2014 年起,汉语课程更是被列为澳大利亚中小学教育的正式课程之一,汉语教学覆盖中小学 1 年级至 10 年级的外语教学课程。据统计,2007 年澳大利亚共有 319 所中小学(含公立学校、私立学校及教会学校)教授汉语,学习汉语的学生总数为 84,000 人,占中小学在校学生总数 3,441,026 人的 2.4%(Orton,2008);而到了 2015 年,澳大利亚共有 1030 所中小学教授汉语,学习汉语的学生总数为 172,878 人,占中小学在校学生总数 3,694,101 人的 4.7%(Orton,2016),在短短 8 年之间学校和学生总数都翻了一倍还多。

虽然澳大利亚各州政府有其独立的教育政策,但维多利亚州是人口第二大州,中小学数量占到全国的四分之一;维多利亚州还是澳大利亚汉语教学的先驱,向来是汉语教育发展的重地,也是中文教育规模最大的州,因而维多利亚州中小学的汉语教学情况具有很强的代表性。澳大利亚最早开设汉语课程的全日制学校是墨尔本坎伯威文法学校(Camberwell Grammar School),时间是 1960 年,首创者为李桢显先生(Stephen Lee);墨尔本翩丽艾森顿文法学校(Penleigh & Essendon

Grammar School)于1971年开设了中文科目，是维州第三所开办汉语课程的全日制学校(白鹭，2012)。整体来说，维多利亚州中文教育较其他各州超前10年左右，一直到20世纪70年代末新南威尔士州、昆士兰州和塔斯马尼亚州才在全日制学校开设中文课程。据维多利亚州教育与儿童发展部对维州公立中小学外语教学情况调查数字显示，2011年全州共有86所小学和43所中学开设汉语课，学习汉语的学生总数达到25,732人，占所有外语学习人数的8.6%，为第五大外语；而到了2015年，全州共有231所公立中小学开设汉语课，另有108所私立学校和59所教会学校开设汉语课，学习汉语的学生总数达到79,035人(Orton，2016)。这些中小学校汉语教育以正规学校为场所，都是全日制学校；学校设施和设备条件优越，具有稳定的高素质专业师资，教学质量较高，以讲授中文为主，同时开设艺术、体育等科目。这类学校发展很快，也越来越多，比较著名的还有墨尔本新金山文化学校、史宾威华商公立中华学校和中华民族学校等。

(2) 社区学校

澳大利亚政府在全国各州很多社区都开设了民族语言文化学校。由于人力和物力所限，有些公立学校尚未开设民族语言课程，但是为方便学生有机会学习汉语或其他语言，政府出资在主要少数民族社区开办社区语言学校或周末语言学校。澳大利亚社区中文学校有很长的历史，负责机构大多数都是华人地方社团、工商企业或社区家长协会，主要目的是传承本民族的语言、文化和宗教信仰，很久以来一直是澳大利亚多元文化语言教育的重要组成部分(陈平，2013)。社区中文学校通常在周末和学校假期上课，也有的在下午学生放学后或晚上开课；学生基本上有两大类，即说方言的汉语背景学生和说普通话的汉语母语学生。

澳大利亚的社区中文学校大多集中于各州府城市。如在墨尔本，2004年注册就读周末中文学校的学生人数达12,000名。学校规模大小不一，小的学校只有十几名学生，大一些的学校学生人数则超过三千名(Lo Bianco、刘国强，2007)。自2004年开始，政府每年给社区中文学校每位学生补助100澳元，中文学校还可以向学生收取费用。华人社区所办的中文学校，在起步时就显得格外活跃，大多是家长自发筹集人力、物力和财力创办起来的。社区家长充分利用政府多元民族文化政策，努力争取政府的支持创办中文学校，为社区华人子女提供良好的汉语教育。这类学校的办学规模往往不大，但课程设置丰富多样，具有比较科学的管理；比较著名的学校有悉尼澳华中文学校和明德中文学校等。社区中文学校对于当地的正规学校教育是一种有效的补充和支持，有些办得很好的课程可以得到中小学教育部门的认可。

(3) 大学

澳大利亚的大学开设中文课程有悠久的历史，如悉尼大学早在20世纪初就开设汉语语言文化专业课程。大学里学习汉语的学生总人数自80年代起始终呈上升趋势，80年代末以后发展趋势加快；同时，澳大利亚开设汉语课程的大学数量增长趋势也较为明显，"在高等教育方面，开设中文课程的大学由1970年底的5所上升到1981年的11所；1988年达到16所，1990年达到19所，1992年达到22所"（张昌柱、陈申，1995），2009年则达到28所。澳大利亚共有42所大学，目前基本上所有的澳大利亚大学都已经开设了汉语专业，专门学习和研究中文和中文教育，许多高校与中国内地高校建立了很好的合作关系。

澳大利亚大学汉语课程的设置主要分为两种：专业汉语课和选修汉语课。专业汉语课属于主修课，是将汉语课程与其他课程结合，成为培养方案的一部分，重要性相当；大多数学校汉语教育并未独立成系，而是设在其他专业，如亚洲学系之内，为澳大利亚培养精通汉语和通晓汉文化的中高级专门人才，以满足日渐增长的政治、经济和文化交流的需求。选修汉语课的重要性仅次于学生的专业课，学生学习汉语主要是为了获取学分，也不排除学生对汉语和汉文化感兴趣等（王子义、牛端，2014）。

悉尼地区的五所大学悉尼大学、新南威尔士大学、麦考瑞大学、西悉尼大学和悉尼科技大学在历史规模、学科建设、学生人数、师资状况以及汉语教学方面都各具特色，在澳大利亚具有一定的代表性。本人于2019

年 1 月赴悉尼大学进行学术交流，考察发现悉尼地区五所大学的汉语教学所属院系大致分布如下：悉尼大学的汉语教学设在中国研究系，属于语言与文化学院；新南威尔士大学设在语言与文化系；麦考瑞大学设在国际研究系；西悉尼大学设在语言及语言学系；悉尼科技大学也是设在国际研究系。以悉尼大学中国研究系为例，现有教师 14 人，在本科阶段开设初级汉语、中级汉语和高级汉语等汉语语言课程以及中国文学、中国社会、中国媒体等中国研究课程，学生可申请主修或辅修学位；在研究生阶段则有现代汉语、古代汉语、汉语语言学、中国文学、中国历史等专业方向，学生可申请硕士或博士学位。整体来看，悉尼大学的汉语教学属于传统型，比较注重研究能力的培养；新南威尔士大学和麦考瑞大学属于实用型，课程范围比较广，课程设置也比较灵活；西悉尼大学和悉尼科技大学则属于单一型，主要侧重于汉语语言教学（田善继，2004）。根据这些汉语教学项目所归属的大学及其院系情况可大体了解澳大利亚汉语教育所处的教学地位、设置理念和研究范围。

（4）孔子学院

21 世纪初，孔子学院逐渐成为国际汉语教学的重要平台。自 2004 年 11 月全球第一所孔子学院在韩国汉城（现改名首尔）成立以来，截至 2019 年 12 月，全球 162 个国家（地区）共建立 545 所孔子学院和 1170 个孔子课堂。其中，亚洲 39 国，孔子学院 135 所，孔子课堂 115 个；非洲 46 国，孔子学院 61 所，孔子课堂 48 个；欧洲 43 国，孔子学院 187 所，孔子课堂 346 个；美洲 27 国，孔子学院 142 所，孔子课堂 560 个；大洋洲 7 国，孔子学院 20 所，孔子课堂 101 个。从孔子学院和课堂的宗旨来看，《孔子学院章程》明确规定，孔子学院作为中外合作建立的非营利性教育机构，其宗旨是致力于适应世界各国人民对汉语学习的需要，增进世界各国人民对中国语言文化的了解，加强中国与世界各国教育文化交流合作，发展中国与外国的友好关系，促进世界多元文化发展，构建和谐世界。

2005 年 5 月，澳大利亚的第一所孔子学院——西澳大学孔子学院——正式建成，2006 年启动运营，中方合作机构为浙江大学，澳大利亚汉语教学进入一个崭新的阶段。截至目前，在澳大利亚共建立了 14 所孔子学院，分布在 5 个州和 1 个领地，分别为西澳大学孔子学院(启动运行时间:2006;下同)、墨尔本大学孔子学院(2007)、阿德莱德大学孔子学院(2007)、昆士兰大学孔子学院(2010)、昆士兰科技大学孔子学院(2009)、悉尼大学孔子学院(2008)、新南威尔士大学孔子学院(2009)、皇家墨尔本理工大学中医孔子学院(2010)、纽卡斯尔大学孔子学院(2011)、查尔斯·达尔文大学孔子学院(2012)、格里菲斯大学旅游孔子学院(2011)、乐卓博大学孔子学院(2011)、新南威尔士州教育与社区部孔子学院(2011)以及维多利亚大学商务孔子学院(2015)。在澳大利亚，另有 67 所孔子课堂，承办机构多为当地著名中小学，如紫薇高中孔子课堂、本迪戈中学孔子课堂、蒙特克里尔中学孔子课堂、爱斯蓬德尔花园小学孔子课堂、翩丽艾森顿文法学校孔子课堂、斯科奇·欧克伯恩学校孔子课堂等。

虽然澳大利亚孔子学院的绝对数量并不算多，只占全球孔子学院的 2.6%，但却涵盖了几乎所有类型的孔子学院，如全球首家旅游孔子学院——格里菲斯大学旅游孔子学院，全球首家由江苏省教育厅组织多所大学联合举办的孔子学院——昆士兰科技大学孔子学院，全球首家与当地政府机构合办的孔子学院——新南威尔士州教育与社区部孔子学院，全球第二家中医孔子学院——皇家墨尔本理工大学中医孔子学院等(臧胜楠，2012)。本人于 2019 年 1 月访问悉尼大学孔子学院和新南威尔士大学孔子学院，考察发现除向合办院校派出汉语教学顾问和汉语教师，澳大利亚的孔子学院还积极扶持当地中小学的汉语教学，积极参与中小学汉语教师的培训工作，在专业知识和教材教辅资料方面提供帮助，并且定期组织学生和老师去中国参观访问，协助同中国学校建立合作联系。可以相信，孔子学院和孔子课堂具备融入大学、服务社区、支持中小学、对接政商界四位一体的功能，将来会在开展汉语教学方面发挥更大的作用。

目前，中国已连续多年是澳大利亚最大的贸易伙伴和出口市场，汉语教育的重要性日趋增加。在华裔居多的澳大利亚，发展汉语作为第二语言教学尤为重要。虽然澳大利亚的汉语教育取得了长足进步，但汉语教学仍然存在着不少问题和挑战。学习汉语的人数和学习汉语的效果呈金字塔状态，学习的人数很多，但是学习效果却不尽如人意。根据Orton（2008；2016）和杨蔓（2010）的统计，全澳大利亚12年级学生中，学习汉语的人数不足3%，其中以汉语为第一语言的学生占94%，33%的学生居住在维多利亚州；在学校学习汉语的学生中，有95%的学生在10年级之前放弃学习汉语，放弃的学生和坚持学习到12年级的学生比例为10:1，而在12年级学习汉语的学生几乎都是汉语为第一语言者。在中小学课程设置中，汉语也仅在拥有中国背景学生的中小学成为课堂中语言课程的重要构成，而与此同时，日语、韩语和西班牙语则在语言课程中占据更大的比例。

正因如此，我们需要对这种状况进行分析研究，以逐步解决澳大利亚汉语教学中的困惑和难题，首当其冲的就是语言教学与文化教学的融合问题。在对外汉语教学实践中，存在着“语”和“文”两方面，二者之间有着紧密的联系，汉语体现文化，文化蕴含汉语。实际汉语教学中不能把语言教学和文化教学割裂开来，而应该把二者结合起来，以期收到一举两得的效果。在具体汉语教学中则可以有所侧重：初级阶段，应该以“语”为主，以“文”为辅，用中国的文化来吸引儿童或者初学者，进而激发他们学习汉语的兴趣和积极性；中级阶段，可以适当地进行调整，实行“语”和“文”并重，因为学习到一定程度之后，学生的自学能力增强，“语”和“文”可以放到同等的位置；高级阶段，则需要以“文”为主，以“语”为辅，此时“语”的作用就是工具，用来加强实用性课程的学习（王子义、牛端，2014）。

汉语中的成语是典型的“语”和“文”的结合，汉语成语教学正是语言教学和文化教学的互相融合。在对外汉语教学实践中，成语等“语”类的教学与研究由来已久且日趋重要，汉语成语理解与习得是对外汉语教学的重要环节，也是教学难点；尤其是在汉语学习的中高级阶段，正确地理解汉语成语是学习者特别是英语母语学习者习得真实、地道汉语的关键。

2. 课题缘由

成语等“语”类的教学与研究由来已久且日趋重要,“语词分立”的主张因此而成为21世纪汉语词汇学引人注目的新动向。温端政多次撰文(2000;2002;2010)探讨“词”和“语”的区分,提出“语词分立”的主张,认为“语”是汉语里大于“词”、结构相对定型、具有多功能的语言单位,包括成语、惯用语、谚语、歇后语等“语”类,其性质和作用都不同于“词”;明确指出“语”不是“词”的等价物,二者是两种不同性质的语言单位,应该把“语”从“词汇”中分立出来,把“词”从“语汇”中分立出来,汉语语汇是汉语中各类“语”的总称,自成一个系统;因此,需要从汉语实际出发,建立与汉语词汇学平行的汉语语汇学。

“语词分立”的主张也体现在新时期的对外汉语词汇教学中。李红印(2005)分析《汉语水平词汇与汉字等级大纲》中收“语”存在的问题,提出应该把“语”从大纲中提取出来归入新的“语汇大纲”,与现有的“汉字等级大纲”“词汇等级大纲”相照应;指出从本体研究的角度分析,“语词分立”能够加强“语”的研究;从对外汉语教学的角度分析,则有利于明确建立包括“语素(汉字)”“词”和“语”在内的三级语言教学单位,理清三者关系,提高教学效率,也有利于扩大视野,制订合理的词语收录原则和编排体例。

词汇理解与习得在对外汉语教学中的重要性已经得到广泛的认同,因为词汇是学习第二语言的基础,过少的词汇量会影响第二语言听说读写等各方面的能力。江新(1998)就总结指出词汇是学习者语言水平提高的主要障碍,对第二语言学习者的研究发现,词汇错误比语法错误多;要做到简单、明白、流利地传达信息,词汇准确比语法正确更加重要。在词汇学习中(特别是中高级阶段)比较能影响并体现学习者语言表达地道性和流利度的主要是成语、惯用语、歇后语等各种“语”类,尤其是词汇家族的特殊成员同时也是语汇家族中最为重要的成员——成语。随着汉语水平的提高,学习者在语言表达中使用成语的意识会逐步增强。以下两例均选自 HSK 动态作文语料库，为学习者在 HSK 作文考试中的成语用例：

(1) 他妻子得病以后的情况只有他们夫妻两个最清楚，其他的人谁也不能**轻举妄动**，乱说这件事情。

(2) 如果医生断定病人已毫无生存希望，又何必要病人**苟延残喘**？

在此可以看到，学习者在有意识地学习使用成语，但却容易造成汉语成语运用中的偏误，前者是对成语“轻举妄动”语义习得的偏差，此处换成“指手画脚”会更为合适；而后者是对成语“苟延残喘”语用理解的不明确，由于民族文化的差异无法正确辨别成语的感情色彩。因此，在对外汉语教学实践中迫切需要加强对学习者汉语成语理解与习得的研究。

3. 研究价值

成语的研究有多个视角，也取得很多研究成果。有众多学者从文化学、民族学、历史学、修辞学以及文学等多个角度对成语进行研究，但最多的还是从语言学科的角度进行研究（徐盛桓，2004）。我们对成语的研究难以做到面面俱到，因此本书选择以语言学科为视角对语言教学特别是对外汉语教学中的学习者成语理解习得进行探索性的实证研究，以应用服务于对外汉语成语教学。

成语是语言中经过长期使用、锤炼而形成的固定短语，具有很强的表现力，而且富有深刻的思想内涵，简短精辟。语言是社会生活的真实反映，世界上历史比较悠久的语言，无一不包含大量的成语。成语在词汇/语汇乃至整个语言当中都有其独特之处：按照传统的观点，成语具有结构的固定性和语义的统一性两大特点；而语言认知的观点认为，成语不仅仅是语言问题，还是概念体系的产物，来源于人们对整个世界的认识。成语的意义并非构成字词含义的简单加和，逐字理解往往无法得出成语的正确意义；成语的内在含义虽然难以准确地预测，但认知有其理据性，在意义上具有整体性。由于成语字面意义和隐喻意义的双层性特点，成语的理解和识别对母语者（尤其是儿童和青少年）并非易事，而学习者只有理解并习得成语才能更好地掌握真实、地道的语言。因此，正确地理解与使用成语是衡量学习者语言能力的重要标准，而成语理解与习得向来是第二语言教学的关键领域。

成语是语言中的精华成分，也是语言中稳定又有活力的组成要素。成语的理解习得一直是语言学和心理学关注的重点；以心理语言学和认知语言学相关理论为基础，国外研究者对英语成语理解习得开展实验进行实证研究，提出英语成语理解和习得的各种模式与假说。汉语作为世界上古老而又发达的语言，拥有丰富的成语资源；而汉语成语体现出中华民族独具特色的历史背景、地理环境、风俗习惯和思维方式等特点。成语是普遍存在的语言现象，但汉语成语又有自身的突出特点，现有的英语成语理解习得模式是否适用于学习者汉语成语的理解习得过程，是一个值得研究的课题，也是本书将要研究的问题。本书以学习者汉语成语理解习得实证研究为基础，探索构建学习者汉语成语理解习得模式，可以为对外汉语成语教学提供启发和参考，可以促进母语者汉语成语理解研究，也可以为英语成语教学与学习提供有效的借鉴，具有一定的理论价值和实践意义。

4. 研究对象

按照母语文字背景分国别进行考察是学习者成语理解习得研究的发展方向。汉语学习者分别来自汉字文化圈和非汉字文化圈，前者以日韩母语者为代表，后者则以英语母语者为代表。在成语理解习得过程中，日韩母语学习者可能会受到汉语语言和文化的较深影响，而英语母语学习者跟汉语语言和文化的距离相对较远。为保证成语理解习得实证研究的准确性和单纯性，本书选择以英语为母语的中高级水平的成年汉语学习者为研究对象。实验被试主要来自澳大利亚等英语国家，大部分在本国有汉语学习经历，当时在北京大学学习汉语。在日常生活中被试能够用汉语跟周围的朋友、老师和同学进行交流，属于中高级水平的汉语学习者。本研究邀请的被试分为两组，第一组 30 名被试为中级水平汉语学习者（当时在北京大学对外汉语学院中级班学习汉语，使用的教材主要是《博雅汉语》冲刺系列和《中级汉语口语》），只参加成语语义测量实验，完成成语语义测量表；第二组 30 名被试为高级水平汉语学习者（当时在北京大学对外汉语学院高级班学习汉语，使用的教材主要是《博雅汉语》飞翔系列和《高级汉语口语》），首先参加成语语义测量实验，完成成语语义测量表，然后参加成语有声思维实验，进行成语理解习得的单独访谈。

5. 研究方法

本书以英语母语学习者为研究对象，以语料库数据为依据，以理论探讨为基础，以实证实验为核心，从语言学科的角度对汉语成语的理解习得过程进行探索性研究，尝试构建对外汉语教学中的汉语成语理解习得模式；本研究采用定性分析与定量分析相结合、理论探讨与实证研究相结合的研究方法。

（1）语料库数据：利用北京大学中国语言学研究中心（CCL）现代汉语语料库和 HSK 动态作文语料库，结合常用汉语成语词典与典型对外汉语教材，确定汉语成语的语料选择，为学习者成语理解习得实验材料的编制提供语料来源。

（2）理论探讨：以心理语言学和认知语言学中有关成语理解习得的理论为基础，分析汉语成语的结构特征、语义特征和认知理解特点，评定汉语成语的分解性和熟悉度，为学习者成语理解习得实验材料的编制提供变量支持。

（3）实证实验：以澳大利亚中高级水平英语母语学习者为研究对象，以成语的熟悉度、分解性和对称性为变量，设计语义测量实验探讨汉语成语理解习得的影响因素;以高级水平英语母语学习者为研究对象,以语境中各种类型的汉语成语为测试语料,设计有声思维实验考察汉语成语的理解习得策略。

6. 语料来源

本书以《新华成语词典》(商务印书馆,2002)和《商务馆学成语词典》(杨寄洲、贾永芬,2010)中收录的成语为基本语料,分析汉语成语的结构特征、语义特征和理解认知特点;同时以 HSK 动态作文语料库中汉语学习者使用的成语为基本语料,同《博雅汉语》系列教材与《发展汉语》系列教材中收录的成语进行比对,从中选出对称性成语和非对称性成语各 60 条,分别编制成语分解性评定表和成语熟悉度评定表,考察汉语成语的分解性和熟悉度分布。以此为基础,编制成语语义测量表,形成实验测试问卷,邀请 60 名英语母语学习者(中级和高级水平各 30 名)参加成语语义测量实验,考察成语理解习得的影响因素;同时编制成语语境例句,形成实验数据收集说明,邀请 30 名高级水平英语母语学习者参加成语有声思维实验,考察成语理解习得的基本策略和成功策略,并对成语理解习得的影响因素进行验证。

7. 研究问题

最近三十多年来,汉英成语研究大体都是从语言本体领域逐渐转向语言认知领域,心理语言学和认知语言学理论将成语理解习得带进新的研究领域。英语成语研究成果非常丰富,也较为成熟,主要围绕成语的分解性和隐喻性等中心问题,探索成语理解习得的影响因素和策略,既有对母语者成语加工模式的假设,也有对学习者成语习得模式的调查。汉语成语的本体研究成果较多,有学者也在逐步应用心理语言学和认知语言学的理论成果,但汉语成语理解习得方面的研究(尤其是定量实证分析)

比较少，鲜有涉及汉语成语理解习得影响因素和基本策略的考察，尚未建立起成熟的汉语成语理解习得模式，还存在进一步研究的空间。

汉语成语的理解与习得是对外汉语教学的重要环节，也是教学难点；尤其是在中高级阶段，汉语成语的正确理解是学习者习得真实、地道汉语的关键。借鉴相对成熟的英语成语理解习得研究成果，本书重点考察学习者汉语成语理解习得过程，分析汉语成语理解习得的影响因素和基本策略，检验汉语成语的结构和语义特征在成语理解习得过程中的作用，进而探索构建学习者汉语成语理解习得模式。以澳大利亚中高级水平英语母语学习者为考察对象，本书研究问题如下：

（1）学习者汉语成语理解习得影响因素。熟悉度、透明度和语境效应等因素会对成语的理解习得过程产生重要影响；汉语成语在结构上具有对称性突出的特点，在语义上表现出明显的可分解倾向，也是影响汉语成语理解习得的重要变量。本书以英语母语学习者为对象设计成语语义测量实验，从相对客观的角度考察熟悉度、分解性和对称性等因素对汉语成语理解习得的影响，探讨中高级水平学习者理解习得汉语成语的发展趋势，并研究诸多因素在成语理解习得过程中的交互作用。

（2）学习者汉语成语理解习得策略。学习者在理解和习得汉语成语时会使用大量的策略，包括准备性策略与猜测性策略，采用启发探索的方式，综合语素和语境两方面的线索，逐步推断成语的隐喻意义；本书以英语母语学习者为对象设计成语有声思维实验，从相对主观的角度分析学习者汉语成语理解习得的基本策略和成功策略，讨论学习者面对不同语义结构类别的汉语成语采用的理解习得策略是否存在差异，并考察汉语成语的认知理解特点对汉语成语加工的影响。

（3）学习者汉语成语理解习得模式。本书以英语母语学习者成语语义测量实验和成语有声思维实验为基础，对其实验成果进行一定的理论提升，分析汉语成语提取与构造并存的理解习得过程，把握汉语成语理解认知的突出特点，结合熟悉度、分解性、对称性、语言水平和语境效应等成语理解习得影响因素，综合学习者理解习得成语的基本策略和成功策略，探讨英语成语理解习得模式的普适性和汉语成语理解习得模式的独特性，探索构建学习者汉语成语理解习得的一般模式，以期应用于澳大利亚等英语国家汉语教学特别是成语教学实践，进而服务于蓬勃发展的对外汉语教学事业。

第一章

汉英成语及相关研究

成语在任何语言中都是其精华成分,也是语言中稳定而又有活力的组成要素。汉语和英语分属两种不同的语系,代表着两种不同的文化;而作为语言精华的汉英成语体现出两个民族各具特色的历史背景、地理环境和思维方式等特点。成语又是普遍存在的语言现象,汉英成语在各自语言中都有着重要的地位,表意相同或相近的成语数量十分可观。最近三十多年来,汉英成语理解习得研究大体都是从语言本体领域逐渐过渡到语言认知领域,经历从规范、描写到解释的各个阶段;新兴的心理语言学和认知语言学理论将成语理解习得研究带进全新的领域。本书对成语的定义和分类进行论述和界定,综合梳理过去三十多年间国内外汉英成语理解习得研究具有代表性的理论成果,探讨汉英成语理解习得的影响因素、策略和模式研究,分析母语者与学习者成语理解和习得过程的异同,为探索构建学习者汉语成语理解习得模式寻找进一步研究的空间。

1. 成语的定义与分类

成语定义问题是成语研究的起点和基础,只是由于涉及诸多相关的因素,成语概念的界定还没有形成也难以形成完全统一的定义和范畴，但对成语的认识逐步深化，对成语的界定也渐趋明确。成语分类问题同样既重要又复杂，因为分类角度不同其分类方式也有很大差异，但各种分类方式之间又有相通之处，值得进行整合性研究。

1.1 成语的定义

汉语中的成语和英语中的 idiom 经常作为互译的对应词，但这两个概念有同有异，大同小异，意义比较接近但并不完全对等。刘叔新(2005)指出英语中的 idiom 大约等同于汉语中的习用语(成语＋惯用语)；因此，成语/idiom 定义都有广义和狭义的区分，汉语中成语与英语中 idiom 的概念界定也各有偏重。

1.1.1 英语成语的界定

在英语中，idiom 在广义上包括固定短语(set phrase)、俗语(colloquialism)、谚语(proverb)和俚语(slang)等形式；如 Fraser(1970)将 idiom 界定为“a constituent or a series of constituents for which the semantic interpretation is not compositional fuction of the formatives of which it is composed”，即从构成要素无法分解出其语义解释的一个或一系列词语组合；另如《牛津高阶英汉双解词典》(1997)对 idiom 的释义：“phrase or sentence whose meaning is not clear from the meaning of its individual words and which must be learnt as a whole unit”，即由各单词无法推断出其意义且必须作为整体单位来学习的词组或句子。因此，广义的 idiom 内涵丰富，包含短语和句子两种类型，结构固定而且要从整体上来把握其语义，强调其习用性，一般译为习语。李赋宁先生(1979)使用 idiom 的广义概念，将英语习语分成五类：(1)特殊的语法结构(如 It's me；a friend of mine 等)；(2)相当于各语法特性的短语(如名词性的 brain drain；动词性的 look into；形容词性的 pure and simple；副词性的 cats and dogs)；(3)具有特殊词义的习语短语(如 gild the lily；take one's breath away 等)；(4)问候、感叹、称赞、批评用语(如 You can say that again；I'm telling you 等)；(5)格言或谚语(如 First come，first served；

Once bitten, twice shy 等)。

但 idiom 在狭义上只包括短语,将短句排除在外,如《英汉双解剑桥国际英语词典》(2001)对 idiom 的定义:"a group of words in a fixed order that have a particular meaning that is different from the meanings of each word understood on its own",即形式固定并且意义不能从组成的各单词推断出来的短语。Nunberg 等(1994)则认为难以对 idiom 进行完全准确的界定,除了结构定型(inflexbility)和蕴含隐喻义等特征之外,idiom 还具有约定性(conventionality)、透明度和分解性等三个语义维度,定义成语时需要加以综合考虑。因此,虽然在 idiom 范围界定方面还存在分歧,但对其显著特征的表述观点较为一致,即 idiom 具有历史的习用性、结构的固定性和语义的整体性等特征。本研究采用 idiom 的狭义定义,包括李赋宁先生提到的第二、三类习语,排除第一、四、五类习语,其基本结构是短语形式,是英语习语的主体部分,译作英语成语。

1.1.2 汉语成语的界定

在汉语中,熟语是常用而定型的词组或句子,包括成语、惯用语、俗语、谚语、歇后语等多种形式。汉语中的成语在广义上跟熟语的范围相当,但近年来逐渐倾向于严格的用法,认为成语是熟语的一种,是跟惯用语、俗语、谚语、歇后语等并列的下位概念。随着研究的进展,对成语的概念界定也逐步深化、渐趋明确。早期的辞书认为成语是古语,具有流行性和习用性,如《辞源》(1915)对成语的定义:"谓古语也。凡流行于社会,可证引以表示己意者皆是。"而《辞海》(1936)则将成语定义为:"古语常为今人所引用者曰成语。或出自经传,或来自谣言,大抵为社会间口习耳闻,为众所熟知者。"但修订后的《辞海》(1979)将成语界定为:"熟语的一种。长期以来惯用的、简洁、精辟的固定词组或短句。在汉语中多数由四字组成。组织多样,来源不一。"此定义放弃成语是古语的提法,将成语看作一种熟语,强调其四字格特征(详见莫彭龄,1999)。

后来的成语研究重点关注其习用性、定型性和整体性等显著特征,但对成语是否包括短句认识并不一致,如马国凡(1978)认为:"成语是人们习用的、具有历史性和民族性的定型词组;汉语成语以单音节构成成分为主,基本形式为四音节。”而史式(1979)则认为:“凡在语言中长期沿用,约定俗成,一般具有固定的结构形式与组成成分,有其特定含义,不能望文生义,在句子中的功能相当于一个词的定型词组或短句,谓之成语。”倪宝元、姚鹏慈(1990)也认定成语是短语而非短句,“成语是人们长期习用的、意义完整、结构稳固、形式简洁、整体应用的定型词组”;他们对成语特征的概括比较准确也较为全面,指明汉语成语具有历史的习用性、意义的完整性、结构的稳定性、形式的简洁性、应用的整体性等突出特点。周荐(1994;1997)则提出成语的经典性特质,认为“成语多出自权威性的著作,如十三经、官修和私撰的正史、子书和集书中的名家名作”,因而从结构形式和语义内容上看都具有经典性。

近年来出版的工具书对成语范围的界定仍然有宽有狭,如《辞海》(1999)认为成语是固定词组,“熟语的一种。习用的固定词组。在汉语中多数由四字组成。组织多样,来源不一。有些可从字面理解,如‘万紫千红’、‘乘风破浪’;有些要知道其来源才懂,如‘青出于蓝’出自《荀子·劝学》,‘守株待兔’出自《韩非子·五蠹》。”而《现代汉语词典》(2005)还是认定成语包括定型词组和短句,“人们长期以来习用的、简洁精辟的定型词组或短句。汉语的成语大多由四个字组成,一般都有出处。有些成语从字面上不难理解,如‘小题大做’、‘后来居上’等。有些成语必须知道来源或典故才能懂得意思,如‘朝三暮四’、‘杯弓蛇影’等”。从教学的目的出发,刘月华(2008)则认为:“成语应该是形式和意义都是很固定的、习用的、以四字形式为主的短语。”因此,对成语的定义和范畴虽未达成完全的统一,但认识逐渐深化;在此,本研究也倾向采用成语的狭义界定,认为汉语成语是相沿习用的、书面色彩较强的固定短语,其基本形式是四字格,结构的固定性和意义的整体性是其较为显著的特征。

综上所述,汉语中成语和英语中 idiom 的概念界定都有广义和狭义的区分。广义的 idiom 类似汉语中的熟语,跟广义的成语范围大致相当。狭义的 idiom 称作英语成语,是英语习语的主体部分,强调其习用性;而近年来倾向使用汉语成语的严格定义,认为它是汉语熟语的主体部分,强调其定型性。汉英成语概念界定各有偏重,四字格是其在格式上的显著区别,而习用性、定型性、整体性等特征则较为接近,还可以进行对比研究。

1.2 成语的分类

汉英成语是各自语言词汇/语汇系统中特有的成员,具有历史的习用性、结构的固定性和意义的整体性等特点;因此,成语的分类也有透明度、分解性、构成成分、语义结构、句法功能等诸多角度,视角不同其分类方法也不完全相同。从成语的本体研究到认知领域,各种不同的分类方式又有相通之处。

1.2.1 英语成语的分类

李赋宁先生(1979)将英语习语分成五类还处在语言本体研究阶段;而在语言认知领域,由于成语意义的双层性特点,英语成语大多以成语表层字面意义与深层隐喻意义的匹配关系进行分类。Cacciari 和 Tabossi(1993)根据语义透明度将成语分为透明成语(transparent idiom)和非透明成语(opaque idiom)两大类,前者字面意义与隐喻意义关联较为密切,如"a wet blanket"(泼冷水);后者则较为模糊,如"to burn the candle at both ends"(起早贪黑)。

Nunberg 等(1994)则以分解性为依据将成语分为三类:(1)可分解成语(decomposable idiom),其字面意义与隐喻意义直接匹配,如"button your lips"(守口如瓶);(2)不可分解成语(non-decomposable idiom),其字面意义跟隐喻意义毫无关系,如"spill the beans"(说漏嘴);(3)不规则可分解成语(abnormal decomposable idiom),其字面意义跟隐喻意义有关系但不能直接匹配,如"carry a torch"(单相思)。由于在实证研究中可操作性程度较低,后来的研究者如 Abel(2003)则摒弃第三类不规则可分解成语而直接将英语成语分为可分解成语和不可分解成语两大类。

Fernando(1996)则考虑构成成分的差异将成语也分为三类:(1)纯成

语(pure idiom),从构成成分看不出成语的整体意义,如“kick the bucket”(死掉);(2)半成语(semi-idiom),构成成分中至少有一个词能表达成语的内在意义,如“catch fire”(着火);(3)直义成语(literal idiom),指结构固定的搭配词组,如“on foot”(步行)。

其实,这三种英语成语分类方式虽然角度不同,但亦有相通之处,Fernando 的纯成语从构成成分上无法看出其内在含义,因此其意义不可分解,在语义上表现为非透明。如英语中“kick the bucket”其字面意义是“踢桶”,但隐喻意义却是“死去、翘辫子”,就是典型的非透明成语、不可分解成语和纯成语。

1.2.2 汉语成语的分类

目前,汉语成语的分类主要还是从语言本体角度出发,进行细致的归纳和总结。按照音节分类,成语分为四字格和非四字格两大类,其中四字格是汉语成语最典型的格式,如“冰清玉洁、谨小慎微”等;但并非所有的四字格结构都是成语,如“不好意思”等;而非四字格成语也是存在的,从三五字到七八字甚至更多字的成语都有,如“星星之火,可以燎原”等。

按照语义结构来划分,成语可以分成联合结构,如“海阔天空、冷嘲热讽”等;主谓结构,如“情同手足、草木皆兵”等;偏正结构,如“汗马功劳、豁然开朗”等;动宾结构,如“混淆黑白、雾里看花”等;动补结构,如“感激涕零、精益求精”等;连动结构,如“画龙点睛、抛砖引玉”等;以及兼语结构,如“调虎离山、望子成龙”等;其中联合结构成语是最为普遍的现象,体现出汉语成语均衡对称的突出特征。

按照句法功能来分类,成语分为体词性成语和谓词性成语,还可以再细分成名词性成语,如“暴风骤雨、千军万马”等;动词性成语,如“开天辟地、前赴后继”等;形容词性成语,如“光明正大、天长地久”等;还有副词性成语,如“明目张胆、振振有词”等;在句中可以充当主语、谓语、宾语、定语、状语等句子成分,有些成语还可以充当独立语。

按照来源分类,成语的来源有书面语系统,包括寓言故事,如“刻舟求剑、愚公移山”等;神话传说,如“精卫填海、女娲补天”等;历史事件,如“破釜沉舟、卧薪尝胆”等;以及诗文语句,如“夙兴夜寐、诲人不倦”等。其中前三类大多有情节,具有事件性;还有口语系统,包括古代民间的口头流传,如“亡羊补牢、投鼠忌器”等,以及产生较晚的通俗作品,如“咬文嚼字、顺水推舟”等。汉语中还有少数外来成语,如“顶礼膜拜”源自佛教经典,“天方夜谭”来自阿拉伯民间故事,“火中取栗”源于法国寓言等,这些成语都是中西合璧的特例。当然,汉语成语的分类也只能进行概略的划分,各种分类方式之间互有渗透,难以做到泾渭分明。

武占坤(1962)将成语分为组合性成语和非组合性成语两类,前者实际意义跟其字面意义的逻辑组合是一致或基本一致的,人们可以根据其字面意义来理解和运用,后者则是实际意义和字面意义的差异较大,这种分类方式跟英语成语中可分解成语和不可分解成语的分类方式可谓异曲同工。近年来,还有学者尝试从语言认知的视角研究汉语成语的分类,从新的角度对成语进行界定,如徐盛桓(2006a;2006b)借用认知语言学中构块语法的概念,以成语语法成分的缺失为出发点,将汉语成语分成五类:(1)非语法构块,不符合汉语语法结构,如“杯弓蛇影”;(2)假语法构块,看上去符合汉语句法,但同表述内容要求的句法结构有距离,如“信口雌黄”;(3)超语法构块,语法成分缺省较多,需要补足的成分超出原来语法结构框架,如“黄粱一梦”;(4)准语法构块,很接近现代汉语的语法结构,如“沧海一粟”;(5)语法构块,完全符合语法规则的要求,如“天崩地裂”。

2. 英语成语的理解习得

英语成语理解习得研究从语言本体的结构和语义研究逐渐转向心理语言学和认知语言学等更为广阔的领域;以英语母语者对成语的理解模式假说为出发点,探讨成语理解的影响因素,逐步过渡到对英语学习者成语习得模式的实证研究,分析成语习得的基本策略,重点关注母语者成语理解模式与学习者成语习得模式的差异,研究成果非常丰富。近年来,国内学者以中国英语学习者为对象也加入英语成语的研究中来,成为英语成语理解习得研究的重要力量。国内外英语成语理解习得研究较为成熟的理论成果可以为汉语成语的相关研究提供参考和借鉴，推动汉语成语研究由本体领域向语言认知领域过渡。

2.1 英语成语理解习得模式研究

英语母语者如何理解和识别语言中的成语是英语成语理解习得研究的起点和重点，主要从心理语言学和认知语言学两个角度围绕成语的分解性和隐喻性进行研究，产生成语理解习得的多种模式与假说。成语的理解和习得向来是英语作为第二语言教学的关键领域，也是其薄弱环节，既是重点又是难点，学习者英语成语的理解习得模式研究也是英语成语理解习得研究的重要内容。

2.1.1 心理语言学角度

从心理语言学视角，英语成语的母语理解模式主要围绕成语的分解性进行研究，中心问题是在成语理解过程中优先处理成语的字面意义还是隐喻意义，争论焦点在于成语的理解是一个提取的过程还是一个构造的过程。各种成语理解模式考察角度不同，研究结论也有差异，但近年来对成语的认识逐步深化，逐渐统一到更为全面的综合理解模式。

(1) 不可分解模式

早期的成语理解模式共有三种，分别是成语序列假说(Idiom List Hypothesis)、词汇表征假说(Lexical Representation Hypothesis)和直通假说(Direct Access Hypothesis)。这些假说模式认为成语是不可分解的，在心理词典中以长单词的形式储存，成语的理解是一个提取的过程。Bobrow 和 Bell(1973)在实验的基础上提出成语序列假说，认为母语者对成语字面意义的加工先于对其隐喻意义的理解。母语者在面对成语时，首先从其字面意义进行解释；如果字面意义和语境不相符合，学习者才转向心理词典中的成语序列激活成语的隐喻意义。Swinney 和 Cutler(1979)也是以实验为基础提出词汇表征假说，认为母语者在成语处理过程中，成语的字面意义和隐喻意义同时被激活。成语是以长单词的形式直接存储在心理词典中，当母语者面对成语进行理解时，其字面意义和隐喻意义同时处理并互相竞争，最后由语境决定哪种解释最为合理。Gibbs(1980)同样以实验为基础提出直通假说，认为母语者在面对成语时很少考虑其字面意义，而是直接从心理词典中提取成语的隐喻意义。

不可分解模式开创了成语理解的心理语言学视角，但各有其不足之处。后续实验证实成语序列假说难以成立，因为母语者理解成语的隐喻意义比对其字面意义进行加工速度要更快；词汇表征假说可以解释成语隐喻意义加工速度更快的现象，也是对成语序列假说的反驳，但不能有效说明透明度对成语理解的影响；直通假说是对词汇表征假说的延伸，证实母语者对熟悉成语的理解速度比对类似字面表达(literal paraphrase)的处理速度要快得多，但用来解释母语者对不熟悉成语的理解则显得说服力不够。

(2) 可分解模式

后来的成语理解模式又有两种，分别是结构整合假说(Configuration Hypothesis)和成语可分解假说(Idiom Decomposition Hypothesis)；这两个假说认为成语具有分解性，其构成成分的字面意义对成语隐喻意义的获取起着重要作用，成语的理解是一个构造的过程。Cacciari 和 Tabossi(1988)提出的结构整合假说认为成语是可以分解的，成语以节点(成语中的每个单词)的形式储存在心理词库中。成语中的各个节点联系紧密，在理解成语时，首先处理节点的意义，同时各个节点联结起来作为一个整体单元；当足够多的节点出现时，就能激活成语的隐喻意义。这个激活点叫成语键(idiomatic key)，其位置在不同类型的成语中有所变化，处理时间也有所不同。Gibbs 和 Nayak(1989)以系列研究为基础提出成语可分解假说，认为分解性是成语理解过程的影响因素和重要变量。成语构成成分的字面意义有助于整体理解和解释成语的隐喻意义，而成语字面意义与隐喻意义的联系紧密性受到分解性程度的影响。成语分解性程度越高，其字面意义和隐喻意义的联系就越紧密，母语者对成语的句法加工能力、词汇处理能力和语义分析能力也就越强。

成语可分解模式是对传统的成语不可分解观点的挑战，指出成语分解性是影响成语理解的重要因素与变量；这两个理解模式虽然没有解决如何界定可分解和不可分解成语的问题以及如何处理两者之间的重合部分，但对成语理解过程的阐释更接近语言事实，明显优于早期的三种假说。

(3) 综合理解模式

以先前成语理解假说为基础，近年来有学者提出成语理解的综合模式(Hybrid Model)。Titone 和 Connine(1999)比较总结可分解模式与不可分解模式，认为这两种模式都无法单独解决成语理解中的全部问题，据此提出成语理解综合模式，重点关注在成语理解过程中优先处理成语的字面意义还是隐喻意义以及成语意义提取的程度。实验结果表明，成语中长单词序列和分解性词组同时起作用，两种意义自动被激活；成语理解速度因分解性程度的高低而有所不同，不可分解成语处理时间更长。Caillies 和 Butcher(2007)以成语理解综合模式为基本框架研究成语的分解性对成语语义加工处理的影响。实验假设不可分解成语和可分解成语在记忆中表现是不同的，而这种差异影响成语的加工时间。实验结果证实其预先的假设：分解性程度对成语隐喻意义的激活有明显的影响，可分解成语比不可分解成语处理加工速度要快。Libben 和 Titone(2008)运用在线和离线理解模式综合研究成语的加工过程，分析成语的分解性、熟悉度以及成语中动词和名词的词频等多个影响因素。研究结果表明在成语理解过程中，成语隐喻意义的获取受到多重语言因素的限制，加工时间快慢不定，而成语的分解性程度在成语理解的最初阶段作用有限。

成语理解的综合模式能够总结先前各类假说模式的优势，对成语的分解性程度进行控制性分析，认为成语的分解性是一个从不可分解到可分解逐步过渡的连续统，不是简单地认定成语的理解是一个提取的过程或者是一个构造的过程，而是更加全面准确地认识成语理解的进程，这是未来研究发展的方向。

2.1.2 认知语言学角度

隐喻(metaphor)是语言认知领域的重要概念，在人们的日常生活中无处不在;而成语本身就是具有隐喻性的语言表达形式。从认知语言学视角,英语成语的母语理解范式主要围绕成语的隐喻性进行研究,中心问题是成语在本质上是概念性的还是语言性的,其理解和处理是有理据的还是任意的。各位学者大都认可概念隐喻在成语理解识别过程中的重要作用,将成语看成概念体系的产物,但从认知语言学角度还没有建立起成熟的成语理解模式。

(1) 死隐喻/活隐喻

传统的观点将成语称为"死隐喻"(dead metaphor),认为成语最初来源于隐喻,但随着时间的推移而逐渐丧失其隐喻性,只能作为死亡的隐喻存在着,其隐喻义是直接在心理词典中规定的;因此,成语在本质上是语言性而非概念性的,在掌握时也只能把成语作为固定结构来模仿、记忆和使用。但这种观点受到认知语言学研究的挑战。Gibbs(1993)通过实验研究证实,成语并非死隐喻,而是有着非常明确的隐喻意义,其隐喻义并不是在心理词典中独立存在的具体单位,而是由人们的概念隐喻提供认知理据,反映隐喻概念连贯的系统性。因此,成语恰恰是一种活的隐喻,在本质上是概念性而非语言性的,其认知和处理是有理据而非任意的;这种观点得到一系列实验和调查的支持。

(2) 任意性/理据性

Gibbs 和 O'Brien(1990)通过对成语"spill the beans"(说漏嘴)的问卷调查指出,这个隐喻性成语的理解涉及 MIND IS A CONTAINER(头脑是容器)和 IDEAS ARE PHYSICAL ENTITIES(观点是实体)这两个概念隐喻的映射过程;并进而说明,成语"spill the beans"和"let the cat out of the bag"(泄露秘密)虽形式各异但意义相同,正是由于同一隐喻概念为其提供认知理据。因此,他们认为成语隐喻意义的理解识别是概念隐喻的源域特征向目标域映射的加工过程,成语的认知理解并非是任意的。

Gibbs(1992)设计系列实验考察隐喻性成语与其字面表达的差异;英语成语"blow the stack""flip your lid"和"hit the ceiling"字面意义都表示

"to get very angry"(非常愤怒),但人们使用这三个隐喻性成语是要表达更为明确的隐喻意义,是由概念隐喻 MIND IS A CONTAINER(头脑是容器)和 ANGER IS HEATED FLUID IN A CONTAINER(愤怒是容器中被加热的液体)共同驱动的。因此,成语的理解过程反映出人们在思维中使用了概念隐喻,再次说明成语的隐喻意义不同于其字面表达,其认知理解是有理据的。

Kövecses 和 Szabo(1996)则区分成语意义的预测性与成语认知的理据性,认为成语的意义虽然难以从其构成成分进行准确的推测,但大多数成语的意义都存在系统性的认知理据,而其理据性来自源域特征和目标域之间的概念映射。他们还通过实验证明,学习者对概念隐喻的认知,如 UP IS MORE(多为上)和 DOWN IS LESS(少为下)等,有助于成语隐喻意义的理解和习得。Kövecses(2002)设专章讨论隐喻和成语的关系,认为隐喻理论最有潜力的应用领域就是成语的加工处理过程,强调隐喻在成语认知与理解中的重要作用,并进一步指明成语的认知理据包括概念隐喻、概念转喻以及规约知识等,其中概念隐喻是成语最为重要的认知理据。上述调查和讨论基本都是举例性或概括性的研究,对成语理解过程中人们如何使用概念隐喻还没有形成系统性的认识。

(3) 隐喻概念的通达

成语隐喻意义的形成需要运用人们的概念隐喻知识,但在成语的理解过程中,隐喻概念是否总是能够自动地得到通达(access)呢?Gibbs 等(1997)针对此问题设计实验,采用更加敏感的在线启动任务,考察概念隐喻在成语快速识别过程中的作用。实验结果发现,母语者在成语在线理解过程中可以快速地通达隐喻概念;但并非每次面对成语时隐喻概念都会自动地通达,尤其是在处理成语字面表达的时候。成语在线识别实验还发现,母语者可能只会自动地通达高度常规化的隐喻概念,因为这些概念在语言和思维中都是普遍存在的,但对于其他非常规化的概念隐喻则难以快速地通达,而高度熟悉的成语则可能不必每次都要使用概念隐喻的映射过程。

因此,无法断定人们是否必须通达隐喻概念才能获取成语的隐喻意义,概念隐喻在成语理解和识别中的作用是受到限制的。由于隐喻理论的普适性,对成语理解的隐喻机制进行研究日趋重要,但在成语加工过程中是否必须使用隐喻概念以及如何使用概念隐喻仍是一个悬而未决的问题,主要是因为人们对头脑内部隐喻概念源域和目标域之间具体的映射过程认识不够,这也导致成语处理加工的认知理解模式难以最终确立。

2.1.3 第二语言习得角度

受英语母语者成语理解假说的影响,学习者英语成语的理解习得模式也是研究的重点领域,但研究结论并不一致。跟母语者成语理解的诸多模式与假说相比,学习者英语成语的理解习得模式研究显得丰富性稍差,但随着英语教学在国内的发展,有学者以中国英语学习者为对象考察英语成语习得的模式,成为英语成语理解习得研究的重要力量。

(1) 国外学习者英语成语理解习得模式研究

Nelson(1992)认为英语学习者在理解习得成语时直接提取其隐喻意义,但是 Liontas(2002)却主张英语学习者首先处理成语的字面意义,然后才能获取成语的隐喻意义;Kecskes(2000)指出由于缺乏足够的隐喻能力,英语学习者可能要通过字面意义以及母语的概念系统来理解隐喻性成语;而 Abel(2003)则提出双向成语表征模式,发现母语为德语的英语学习者在处理非透明和不可分解的成语时也倾向于利用其字面意义(转引自 Cieslicka,2006)。这跟已有的母语成语理解模式存在差异,英语学习者在成语理解习得过程中处理字面意义和隐喻意义的优先性可能会有不同。Cieslicka(2006)因此以母语为波兰语的高级水平英语学习者为研究对象,探讨英语学习者的成语理解习得模式,尤为关注成语字面意义和隐喻意义的处理顺序。Cieslicka 根据实验结果提出英语学习者的成语习得模式:认为英语学习者对成语字面意义更为熟悉,因此优先提取成语较为突显(salient)的字面意义,以字面意义激活其隐喻意义从而完成对成语的理解习得。

Siyanova-Chanturia 等(2011)则采用眼球跟踪技术分别考察英语母

语者与英语学习者在语境中如何在线加工处理英语成语。测试用的材料分为三类：隐喻义成语（at the end of the day—eventually）、字面义成语（at the end of the day—in the evening）和新颖短语（at the end of the war）。研究结果发现，英语母语者理解成语比理解新颖短语有加工优势（眼球注视次数少、时间短），但在理解隐喻义成语和字面义成语时处理速度没有显著区别；而英语学习者习得成语跟习得新颖短语的速度较为接近，但对隐喻义成语的处理要慢于对字面义成语的处理。这项调查从侧面证实 Cieslicka（2006）的字面突显理解模式，也启发我们在实证实验中可以对母语者和学习者的理解模式进行对比研究。因此，学习者英语成语的习得模式明显不同于母语者成语理解模式，有自身的特点，但其研究成果相对贫乏，也很少考虑熟悉度和透明度等因素的影响，还需要进一步完善。

（2）国内学习者英语成语理解习得模式研究

王颖（2005）对英语成语的理解习得模式进行梳理，提出适用于学习者的英语成语整合处理法（the holistic approach），强调成语的交际功能、语用价值和认知效应，明确指出语用能力、形象表达能力和社会文化能力的均衡开发应该贯穿成语教学乃至英语教学的全过程。成语整合处理法主要特征包括：对相关背景知识和信息、形成成语构建成分意义的基本概念以及由此引申出的假设和蕴涵做总体整合；在处理成语时，将句法、语义、语用、认知和社会文化五大要素整合成有机的统一体；将成语看作实际运用中生成的概念结构，探讨成语如何以一种在线、实时结构出现在真实的语境中。该法还推出七种具体的成语处理策略，如重复阅读成语、讨论分解成语、利用上下文猜测、使用字面义、采用背景知识、与熟悉成语进行类比、考察隐喻意义等，引导学习者对成语的相关背景信息、内在语义结构以及外部语境等进行分析、推理、联想、类比并加以整合，达到对成语的准确理解和阐释。英语成语整合处理法有一定的前瞻性，类似于母语者成语理解的综合模式，以原有的各类假说模式为基础，对成语理解习得的认识更加深刻，在英语学习者成语加工处理方面有一定的优势。

周彩庆(2007)则主要研究学习者因素(母语背景以及目的语水平)对正确理解英语成语的影响以及学习者策略使用的通常模式。实验研究发现,学习者母语背景和目的语水平对正确理解习得英语成语均有显著影响。学习者母语对英语成语理解的影响可分为语言形式和概念基础两个层次:英语成语在语言形式和概念基础上与汉语差别越大,理解难度就越大;概念基础不同但语言形式相同的英语成语,习得难度高于概念基础相同而语言形式不同的成语,揭示了母语和目的语在概念基础上的差别对语言理解习得的影响更为深刻。有声思维报告则表明,学习者在选择理解英语成语的基本策略时呈现出一定的模式。从策略的使用频率来看,字面意义>母语策略>讨论分析>背景知识>重复/阐释>形象构建。从成语理解习得过程来看,学习者首先激活成语构成成分的字面意义,然后在母语中搜索对应的成语,如果匹配成功则选定为该英语成语的意义;如果匹配不成功,则使用母语背景知识等其他策略,逐步猜测英语成语的意义。该研究提出的学习者成语理解习得通常模式就如何在外语课堂教学环境中实施英语成语教学有所建议,对第二语言教学中的英语成语理解与习得有一定的指导意义和实践价值。

2.2 英语成语理解习得影响因素研究

分解性和隐喻性是成语的本质属性,对英语成语理解习得模式的形成起着主导性作用。除去分解性和隐喻性,母语者英语成语的理解还受到熟悉度、透明度、预测性和语境效应等因素的影响;在第二语言习得领域,英语成语的习得还要受到学习者母语背景、隐喻迁移以及目的语水平等因素的影响,也是研究的重点领域,在构建学习者成语理解习得模式时应予以充分考虑。

2.2.1 母语者英语成语理解影响因素研究

熟悉度(familiarity)、透明度(transparency)、预测性(predictability)以及语境效应(contextual effect)等诸多因素都可能影响母语者(尤其是儿童和青少年)英语成语的理解过程,近年来受到不少学者的关注。

(1) 熟悉度

熟悉度一般是指人们对成语字面意义和隐喻意义的熟悉程度，而狭义的熟悉度则仅指对成语隐喻意义的熟悉程度。“语言经验假设”认为，对处于语言发展阶段的儿童和青少年母语者来说，有效接触成语的机会越多，对成语的掌握越好，正确理解成语的隐喻意义也就更容易(Ortony等，1985)。Schweigert (1986)系统地探讨熟悉度与成语理解的关系，指出包含高熟悉度成语句子的阅读时间明显短于包含低熟悉度成语的句子。Cronk 和 Schweigert(1992)也发现阅读高熟悉度成语的速度要快于阅读低熟悉度的成语，并且即便年龄层次不同，熟悉度也同样起作用。Qualls 等(2003)同样证明成语无论是在语境中还是单独出现，成语熟悉度越高，意义理解就越准确。因此，熟悉度会明显影响成语的处理速度和准确性程度，越熟悉的成语加工时间越短，理解也就越准确。

(2) 透明度

透明度是指从成语的字面意义可以推知其隐喻意义的程度，直义度(literality)是指成语能够按照构成字词的意义来理解的程度，而分解性程度则是指成语构成字词的意义对成语整体意义的贡献程度；这三个概念的内涵是相一致的，都表明成语字面意义与隐喻意义之间联系的紧密程度，常与熟悉度进行共同研究。Nippold 等(1993；1995；2002)设计系列实验讨论熟悉度和透明度在成语理解中的功用。研究对象以儿童和青少年为主(包括 5 年级、8 年级和 11 年级等各个年龄段的学生)，实验发现成语理解能力随着年龄增长而逐步加强，并且证实高熟悉度、高透明度的成语更加容易处理和解释，而低熟悉度、低透明度的成语则难以加工和理解。因此，容易理解的成语往往透明度较高，而非透明成语比透明成语需要更长的加工时间。

(3) 预测性

预测性是指成语的构成成分对成语整体意义的激活程度，预测性不同的成语有着不同的认知机制，高预测性的成语更容易理解。Cacciari 和 Tabossi(1988)发现预测性会影响成语字面意义和隐喻意义的通达顺序，高预测性成语比低预测性成语更快地获得隐喻意义，更早地拒绝其字面意义。Cacciari 等(2007)也发现预测性高的成语其隐喻意义在呈现时即可通达，而低预测性成语则不能。此外，预测性还同其他因素共同作用影响成语的理解过程。Titone 和 Connine(1994)研究证实，如果成语熟悉度较高，即使呈现的只是片段，也能直接获取成语的完整意义。因此，成语的预测性与熟悉度存在高度相关性，成语的高熟悉度可能会削弱预测性的影响。

(4) 语境效应

语境效应则是指成语出现的语境在成语隐喻意义理解时产生的效应，包括促进作用和抑制作用。Nippold 和 Martin(1989)通过实验考察 14 到 17 岁的青少年对成语在语境中与单独出现时的理解状况，实验发现两种状况下成语理解的正确率都随着年龄递增，但在语境中理解成语的准确性明显更高。Levorato 和 Cacciari(1992)则证实在丰富的上下文语境中，儿童更容易掌握成语内在的隐喻意义，此时熟悉度的作用较为有限；而如果没有语境，儿童则难以理解成语的隐喻意义而只能从字面意义进行解释。因此，合适的语境有明显的正面效应，能促进成语的理解和加工。

熟悉度、透明度、预测性和语境效应，还有直义度、接触频率(frequency of exposure)等诸多因素单独或者共同起作用，可能会增加或减少成语加工的时间，提高或降低成语理解的准确性，都会在不同程度上影响成语理解的进程。因此，在将来的成语理解习得模式研究中，无论是从心理语言学角度还是认知语言学角度抑或第二语言习得角度，这些都是不可忽视的重要因素，应充分考虑它们对成语理解过程的影响，不然容易导致成语习得模式的缺陷。

2.2.2 学习者英语成语习得影响因素研究

学习者英语成语的习得同样可能受到熟悉度、分解性(透明度/直义度)和上下文语境等因素的影响；此外，学习者母语知识的迁移和隐喻知识的应用也会影响到英语成语的理解习得进程，同样是国内外学者重点关注的领域。

(1) 熟悉度、透明度和语境

谢华(2007)以某重点高校二年级两个平行班的学生为研究对象,考察熟悉度、透明度和上下文语境对中国学习者习得英语成语的影响。实验结果发现,学习者对英语成语的熟悉程度总体较低,熟悉度和成语习得之间存在一定的相关性,而透明度与成语习得之间则没有明显的相关性,但学习者对熟悉度较高、透明度较高的成语习得更为准确;上下文语境能提供推测或提取成语意义所需的相关信息,帮助学习者正确习得成语的隐喻意义,学习者在习得有语境信息的成语时准确度也更高;熟悉度和语境两个因素之间有明显的交互效应,在习得成语时首先发挥作用的是学习者对成语的熟悉程度。如果学习者对某些成语非常熟悉,不需要语境信息的提示作用就可以正确地习得成语;当学习者不太熟悉或初次遇到某些成语时,语境信息就会发挥更大的作用,帮助学习者根据上下文语境合理推测成语的正确含义。

该实验证明熟悉度和语境效应等因素在学习者英语成语习得过程中仍然发挥作用和影响,需要增加学习者有效接触成语的机会,提高其熟悉度,在习得成语时提供上下文语境信息,使学习者对成语的意义有更加深刻的理解。但作者指出透明度与成语习得的相关性程度较低,有些值得怀疑,这可能是因为实验成语的透明度区别性不够,使得透明度的促进作用得不到充分验证。

(2) 母语迁移

Irujo(1986)开展实验研究母语为西班牙语的高级水平英语学习者在习得和产出英语成语时是否使用母语隐喻知识。实验结果给出肯定的答案:英语中与西班牙语对等的成语学习者最容易习得,母语产生正迁移;英语中与西班牙语相似的成语习得没有困难,但产出时母语干扰较为明显,母语具有双重作用;英语中与西班牙语完全不同的成语学习者习得和产出最为困难,但没有证据表明母语是正迁移还是负迁移。Irujo 通过实验发现高水平的英语学习者在母语和目的语对等或相似时,会运用母语隐喻知识去理解目的语中的隐喻性成语；也就是说，隐喻性语言此时会产生积极的迁移作用。

林维燕（2003）以 80 名非英语专业一年级学习者为研究对象进行实验调查，考察母语迁移和文化差异对英语成语习得的影响。结果表明，母语迁移在成语加工中起着重要的作用：在习得与汉语成语表达和意义相同的英语成语时，母语产生正迁移；在习得表达和意义都相近或者表达相似而意义不同的英语成语时，母语产生负迁移。此外，研究还发现，具有与汉语相同隐喻主题意义的英语成语比具有不同隐喻主题意义的英语成语更容易理解。

（3）隐喻迁移

Roth（1997）设计实验方案考察母语为希伯来语的学习者处理英语成语的情况。实验发现英语学习者在习得和产出英语成语时几乎毫无例外地都需要依靠母语的帮助，再次证明学习者母语隐喻迁移现象的发生和影响。Roth 因此提出应该重视在英语成语学习中引入隐喻教学方法，我们也认为很有必要，但如何进行系统性的隐喻概念讲解和隐喻能力培养还需要进一步研究。

吴旭东等（2006）以成语的概念基础/文化内涵和语言表达方式等因素为基础，调查我国英语专业中级和高级水平学习者对包含隐喻和文化内涵的成语的理解习得。结果显示，成语类型对习得结果产生显著影响，学习者成语理解实质上是概念或文化迁移的过程，迁移的前提是学习者能够发现两种语言在概念或文化上的共同点；而目的语水平的影响则不明显，学习者通常只能靠与母语相关的概念体系和文化内涵的迁移来理解成语。因此，要加强成语隐喻教学，注重帮助学习者发现英语成语中体现出来的概念体系和文化内涵，以提高学习效果；上述实验在一定程度上呼应了 Irujo（1986）和 Roth（1997）等学者的研究，但同样也还需要系统性、大规模的成语隐喻机制考察。

2.3　英语成语理解习得策略研究

母语者在面对成语时可能采用不同的理解模式，但几乎都可以不假思索就给出成语的内在意义，而学习者则因为语言能力的差距而难以即时地获取成语的深层含义。在成语理解习得过程中，学习者需要采用一系列策略以求获取相对可靠的成语意义阐释，否则在成语使用过程中可能会产生回避现象或者导致偏误的发生。因此，众多研究者选择关注学习者理解习得成语时采用的基本策略，进而描述学习者的成语理解习得模式。

2.3.1 国外学习者英语成语理解习得策略研究

Cooper(1999)采用有声思维的方法开展实验研究，考察不同母语背景的学习者英语成语的在线理解加工策略。实验选用的成语都是日常生活中经常使用的，包括正式用语、非正式用语和俚语三种类型，要求学习者不假思索地口头解释这些成语的意义，形成有声思维言语报告。研究结果发现，英语母语者的成语加工模式并不适用于英语学习者的成语理解习得：学习者使用启发探索的方式，成语加工过程充满着试探和偏误；学习者在理解和习得英语成语时使用大量的策略，从而逐步推断出成语的内在意义。

学习者的成语在线理解习得策略分为两大类：准备性策略和猜测性策略，前者能使学习者澄清和加深对成语表达方式和意义的理解，为语义推测争取时间，包括重复或重述、讨论与分析以及请求附加信息等策略；后者则是学习者在猜测时运用的各种策略，包括根据语境猜测、使用字面意义、利用背景知识、参考母语成语以及采用其他策略等，其中根据语境猜测成语意义是学习者最常使用的策略。Cooper 对成语在线理解习得策略的研究具有开创性的意义，有利于构建学习者成语理解习得模式；此后又有多位学者(如 Bulut 和 Celik-Yazici，2004)复制其实验，以证实和发展成语理解习得策略的研究。

Laufer(2000)则通过实验调查母语为希伯来语的学习者学习英语成语时出现的回避现象。研究发现学习者母语和目的语之间的相似程度直接影响着英语成语的使用或者回避。学习者母语和目的语的相似程度分为四类，即形式完全相似(total formal similarity)、形式部分相似(partial formal similarity)、形式缺乏相似(lack of formal similarity)、形式完全不同(distributional difference),其相似度的差异对学习者的回避策略有不同的影响。学习者成语回避现象产生最多的是形式部分相似的成语以及形式完全不同的成语。Laufer实验表明英语学习者在成语学习过程中整体上并未回避使用成语,个别成语的回避现象跟学习者母语和目的语的相似度有关;另外学习者目的语水平的差异也是成语回避的重要因素;其研究结论可以在一定程度上解释英语学习者成语理解和习得过程中出现回避现象或发生偏误的原因。

2.3.2 国内学习者英语成语理解习得策略研究

林维燕(2006)复制Cooper(1999)的实验,采用有声思维方法,探讨20名非英语专业三年级学习者在阅读过程中对英语成语的在线理解习得过程,分析其加工策略。结果发现,英语学习者采用母语者成语理解模式的特征并不明显,而是采取启发探索的方式来逐步理解习得英语成语;对成语字面意义的理解有助于其整体隐喻意义的获得,而上下文语境对成语的理解起到显著的促进作用,没有语境会给学习者造成极大的理解困难;学习者对英语成语意义的理解习得是动态的,先后经历两个主要阶段:猜测与肯定、替换或重组。

唐玲(2009)同样借鉴Cooper(1999)的研究方法,使用有声思维方式,调查语言水平和成语类型对中国大学生英语成语理解习得策略使用情况的影响。实验结果表明,语言水平对策略的使用有显著影响:高级水平学习者比中级水平学习者采用的策略更多也更加有效。成语类型对理解习得策略的使用也有显著影响:从策略类型和数量来看,理解正式与非正式成语的策略都大大超过习得俚语的策略。从上述有声思维的实验过程和结果分析来看,中国英语学习者在理解习得英语成语时基本遵循同样的模式,即结合上下文语境和成语的构成成分来分析猜测成语意义,证实Cooper提出的根据语境猜测成语意义是最常用的策略。因此,在英语成语教学中,应锻炼学习者的成语猜测能力,培养策略观念,通过上下文语境信息促进成语的理解习得。

综上所述，英语成语的理解习得研究以理解模式、影响因素和理解策略为中心，在母语者成语理解和学习者成语习得领域都取得重大进展，研究成果非常丰富。从心理语言学角度、认知语言学角度和第二语言习得角度都建立起成语理解习得的模式与假说，虽然还需要考虑熟悉度和透明度等因素的影响，还需要对成语理解习得策略进行验证，在具体结论方面可能还有相互对立或矛盾之处（如成语字面意义和隐喻意义处理的优先顺序），对成语的理解习得过程也还没有绝对统一的解释（如母语者成语理解模式和学习者成语习得模式的差异），但对英语成语的认识更为深入，结合影响因素和基本策略构建学习者成语理解习得综合模式还有进一步研究的余地，这些都可以为汉语成语的理解习得研究提供有效的借鉴。

3. 汉语成语的理解习得

国内学者从语言本体的角度对汉语成语进行大量研究，大多聚焦于成语的结构和语义考察。随着语言认知理论的发展与盛行，汉语成语研究也经历从语言本体研究向语言认知研究的转向。当代学者把心理语言学和认知语言学的理论成果应用于汉语成语理解习得研究，界定汉语成语的分解性和对称性等本质属性，总结汉语成语的偏误类型并分析发生偏误的原因，考察汉语成语理解习得的影响因素，探讨汉语成语理解习得的基本策略，探索构建汉语成语的理解习得模式，汉语成语研究从规范和描写推向解释的新阶段。只是相较于英语成语理解习得的诸多假说模式，汉语成语理解习得研究还有较大的空间，尤其是针对汉语成语的突出特征而构建学习者成语理解习得模式的研究还较为缺乏。

3.1 汉语成语理解习得模式研究

母语者汉语成语理解研究还未诞生各种成熟的假说模式，但已有学者从心理语言学角度界定汉语成语的分解性并同英语成语的分解性分类标准进行对比研究，还有学者从认知语言学角度分析汉语成语的结构对称性特征以求发现对称性成语的理解认知特点，更多的学者是从第二语言习得角度探讨汉语成语的教学方式、总结成语习得偏误类型并分析成语习得发生偏误的原因，这些都为将来构建汉语成语理解习得模式奠定了良好的基础。

3.1.1 心理语言学角度

分解性是成语的本质属性，是成语理解的重要影响因素，也是英语成语理解习得研究的重心。钟毅平等(2009)借鉴 Titone 和 Connine(1994)实验中英语成语的归类方法，设计认知心理实验考察汉语成语的分解性，要求 60 名被试把 300 条成语分为可分解成语和不可分解成语两类。实验调查采用 67%的标准进行分类，即如果有 67%以上的被试将某条成语归为可分解，则该成语为可分解成语；如果有 67%以上的被试将某条成语归为不可分解，则该成语为不可分解成语。实验结果表明，在 300 条汉语成语中有 222 条归类到可分解成语，如“有始有终”(90%)，占成语总数的 74.00%，但只有 5 条归类为不可分解成语，如“洛阳纸贵”(73.33%)，只占成语总数的 1.67%，这说明汉语成语具有非常明显的可分解倾向，但也表明分解性在本实验中对汉语成语的分类效果不够显著；而英语成语根据分解性则能较好地完成分类，如在 Titone 和 Connine(1994)实验中，依据 67%的分类标准 171 条英语成语中有 72 条成语(42.11%)为不可分解成语，而有 38 条成语(22.22%)为可分解成语。

对于汉英成语分解性的差异有两种可能的解释：(1)因为汉英语言的差异，分解性可能不适用于汉语成语。由于汉语和英语分属不同的语系，英语表音而汉语表意，即英语单词主要表现其发音，而汉语字词更多地表现其意义。根据可分解性的定义，即字面解释有助于构建成语整体意义的为可分解成语，被试在面对汉语成语时会更多地领会其内在含义，因此倾向于将汉语成语归为可分解成语。(2)英语成语中 67%的分类标准可能不适用于汉语成语。在英语成语的分解性研究中，Gibbs 等(1989)采用 75%的标准将英语成语进行可分解和不可分解分类，即如果有 75%以上的被试将某条成语归为可分解，则该成语为可分解成语。但后来的研究者认为这个标准过于苛刻，故 Titone 和 Connine（1994）实验中采用67%的分类标准。因此，英语成语的分解性采用哪种分类标准还存在分歧，而汉语成语的分解性如何界定以及采用哪种标准进行分类也有待进一步探讨。

3.1.2 认知语言学角度

汉语成语基本形式为四字格，对称性特征突出，可能显著影响成语理解习得的过程。黄希庭等（1999）运用命名作业，从识别和再认两个方面探讨对称性成语的认知理解特点。研究结果发现，成语识别有显著的结构对称效应和熟悉度效应，对称性成语的识别明显快于非对称性成语，高熟悉度成语的识别明显快于低熟悉度的成语；成语再认反应有显著的结构对称效应，熟悉度效应不显著，而反应错误率则有显著的熟悉度效应，结构对称效应不显著；结构对称性和熟悉度之间不存在显著的交互作用。陈传锋等（2000）运用词素启动作业，进一步考察对称性成语的识别过程。实验结果表明，无论是用成语的前两个字还是后两个字启动，在成语识别过程中都存在明显的词素结构对称效应；成语前两个字启动具有更强的预期加工作用，能够更快地促进整个成语的理解认知；成语的对称性、熟悉度和启动词素位置之间存在显著的交互作用。因此，对称性汉语成语的认知具备突显性，其理解过程明显快于非对称性成语。

刘振前、邢梅萍（2000）分析汉语四字格成语的语义结构类型，统计发现具有对称性的占很大比例，接近40%，均衡对称性是汉语成语较为突出的结构特征；并通过快速呈现条件下的短时获得和短时保持实验以及汉字猜测实验，考察语义结构对称性与成语理解认知的关系。实验结果证实，语义结构对称的成语显然比非对称的成语易于理解和识别，可以应用于汉语成语教学实践。现有的英语成语理解习得模式难以恰当地解释汉语成语的理解认知特点，这是因为对称性四字格成语前后两段各自构成整体性的完形（Gestalt）单元，其理解过程明显快于非对称性成语，且准确性更高。因此，应根据汉语成语的理解认知特点，构建新的成语理解习得模式来加以说明。

3.1.3 第二语言习得角度

近年来以汉外对比为出发点，对外汉语成语教学研究集中在教学方法探讨、偏误类型总结、偏误原因分析、语法功能考察以及对外汉语成语词典编撰等领域，有不少研究成果问世，也有学者开始尝试构建适合英汉成语理解习得的通用模式，只是以实验为基础的实证分析还比较少，鲜有涉及汉语成语理解习得影响因素和基本策略的考察，也缺乏汉语成语理解习得模式的调查与研究，具体研究结论也还有待深化和整合，以便探索构建学习者汉语成语的理解习得模式，解决对外汉语教学中成语理解与习得的关键性难题。

(1) 成语教学方法

对外汉语成语教学实践是成语研究的目的所在，对其教学方法的探讨可以为成语理解习得研究带来启示。杨晓黎(1996)针对汉语学习者在成语习得中遇到的难题，介绍自己"由表及里、形神俱生"的教学方法：即从成语的字面入手，偏重于字面分析，抓住形式做文章，"说文解字"，由表及里，由形式而内容，步步推进，在成语教学中具有一定的实用性。洪波(2003a)提出对外汉语成语教学要重视成语意义的教学，重视成语语法功能和句法功能的教学，还要特别注意成语的搭配和偏误分析；在教学中不仅要解决成语的字面意义，还要讲清其隐含意义、引申义、比喻义、附加义等，使学习者能够全方位地掌握成语。王美玲(2004)针对汉语学习者在成语习得中出现的重点和难点，结合成语运用的偏误分析，提出成语教学的六种具体方法，即说文解字法、溯源及流法、触类旁通法、辨体定性法、创设语境法和汉外对比法，具有较强的可操作性。

成宁(2006)探讨总结成语习得的价值，提出成语分类教学法，在成语教学中分别按照成语的语法功能、语义组合和交际功能进行分类。分类教学可以促进成语的学习，但由于成语数量庞大，分类标准目前还难以确定统一。潘先军(2006)则提出成语教学的层次性问题，认为应区分学习者汉语水平与母语文化背景的层次，还要区分成语本身的层次，包括成语本身的出现频率(最常用、常用、次常用)和成语意义的难易程度(相同、引申、比喻);据此提出成语教学策略要从语义、语法、语用三个层面进行,以便全方位地完成成语教学的任务。这些教学方法基本上是概括性的举例研究,并没有形成具有指导性和系统性的成语理解习得模式,还需要进一步的理论研究和教学实践。

(2) 成语偏误分析

偏误分析是第二语言习得研究的重要手段,对成语习得的偏误类型进行总结并分析发生偏误的原因可以加深对汉语成语的认识并应用于成语教学实践。张永芳(1999)对汉语学习者使用汉语成语时出现的偏误进行语义和语法分析,以教学中收集的病句为基础归纳出多种偏误类型,如对成语的语法意义不理解或掌握不好在造句时出现语法错误,对成语语义不理解、理解不对或理解不准确造成错误,随意乱拆成语等;并解释出现偏误的原因是学习者没有掌握好汉语成语的三个特点,即成语结构和构成成分的固定性、成语具有的语法功能以及成语意义的复杂性。以此为基础,作者提出对成语教学的启示:学习者理解成语以后,要想办法教会他们如何把握成语的语法意义;在教成语时,涉及成语的语义受文化影响时,还需要把中外文化的差异揭示给学习者。但张亚茹(2006)对此持有不同看法,她根据对汉语成语学习调查问卷和成语病句的分析,将学习者的成语偏误分为两类:一是基本理解成语意义,但未能恰当使用,这类占绝大多数;二是因意义理解错误而产生偏误。作者据此指出汉语学习者习得识别成语的难点在于不能全面深刻地理解成语的意义与用法,不能准确恰当地使用成语,因此提出在成语教学中应加强对汉语成语的语义、语法功能和使用语境等方面的教学,并加强对成语的复练。

上述两位学者是以教学中收集的病句作为语料,对汉语成语习得过程中偏误类型的总结和偏误原因的分析还不够系统和全面。石琳(2008)对 HSK 动态作文语料库收集的外国考生的作文答卷(共计 10740 篇,约 400 万字)中所出现的涉及 373 条汉语成语、共计 718 句偏误用例进行系统的分类和分析。汉语学习者成语习得偏误类型包括形式(多字、少字、易序、错字、生造），语义（不明、矛盾、重复、偏离、以偏概全），语法意义和句法功能（语性不明、成分多余、成分缺失、成分误代、变形不当），搭配和语用等各个方面；偏误发生的原因主要在于文化隔阂、语内迁移、交际策略和学习策略的干扰以及汉语成语本身在语法意义和语法功能上的复杂性等诸多层面。因此，作者建议应该从成语的意义轻重、范围大小、搭配对象、感情色彩、语体色彩等方面入手，兼顾语义、语法、语用等多方面，把成语放在具体的语境中，加强成语的搭配训练，使学习者学会综合运用汉语成语。各位学者对成语习得中偏误类型进行总结、对偏误原因进行分析都很有意义，但大多过于宽泛而显得指导性不够，还很少涉及具体的成语理解习得策略研究，难以进行系统深入的探讨。

(3) 成语功能考察

目前汉语成语的功能研究还不够全面，对成语的功能进行考察可以发现成语的使用规律和入句条件，加深对成语的认识并减少使用中的偏误。李燕凌(2006)从偏误分析入手，以常用汉语成语的本体研究为基础，对成语的语法功能进行系统的考察；采用定量分析和静态描写相结合的方法，从语法角度为成语划分出“词性”，如名词性成语、动词性成语和形容词性成语，统计出成语充当各种句子成分的频率，初步总结常用成语的功能体系。研究发现，成语在充当各种句子成分时的频率和词大致相当，在句中可以充当主语、谓语、宾语、定语、状语或补语；由于成语是意义比较复杂的固定短语，和词类相比，相当数量的成语还可以独立成句，在句中充当独立语；成语充当句子成分时不太灵活，受到的句法限制也较多；成语受到修饰时，多数修饰语和中心语之间需要用结构助词相连接，直接受到修饰的情况比较少。

夏秀文(2009)则利用CCL现代汉语语料库对《汉语水平词汇与汉字等级大纲》中成语的语法功能进行分析，将其功能按照原型理论分成定语性成语、状语性成语、宾语性成语、谓语性成语、补语性成语和插入性成语等六类，并细致分析各类成语的特点。研究发现谓语性成语最多也最为复杂，而插入性成语在句中的位置比较特殊；与状语性、宾语性、补语性成语最常搭配的都是各类动词，而定语性成语和状语性成语还要注意修饰顺序以及修饰语与中心语的连接词问题。对汉语成语的语法功能进行分析可以应用于对外汉语教材编写，减少成语习得过程中的偏误，也可以为对外汉语成语词典编撰提供依据，但对汉语成语功能分类标准的确定还有可以商量的余地（如将成语分为定语性成语、状语性成语等类型是否恰当），各类成语的具体分布也还需要系统和科学的统计。

（4）成语词典编撰

成语词典编撰与成语教学应该是同步进行的，在对外汉语教学领域，需要就如何编撰专供外国学习者使用的成语词典进行研究。王若江（2001）从汉语学习者成语偏误例句出发，就成语词典在语义训释、语法说明、语用条件等方面存在的问题进行描写和分析，并指出成语词典在释义方面存在的问题，认为没有适合汉语学习者使用的成语词典是导致大量偏误产生的重要原因。因此，作者指出专门编写以留学生为对象的成语词典势在必行，同时就该类词典在语义、语法及语用方面所应具备的内容提出基本的参考框架：语义解释要关注成语的字面义、深层义以及语义轻重和褒贬色彩；语法解释要包括成语的语性、语法结构方式以及语法功能；语用解释应该包括成语的适用范围、限制条件、句型选择以及相应的否定意义表示方法。洪波（2003b）则认为对外汉语成语词典的编撰要以第二语言学习为出发点，在使用对象、词典性质、成语条目的选择与释义以及例句的数量和功能等方面做出探讨和完善，这样才能更好地为汉语学习者编撰出学习和掌握汉语成语的外向型成语词典。

魏庭新（2007）指出留学生在学习汉语成语时的难点主要是对成语的意义理解有偏差，对其句法功能不明确，对其固定搭配不清楚，另外成语活用时也经常犯错误；作者结合偏误分析，提出应加强成语句法功能和词义教学，完善课文注释，并特别指出应该编写一部针对汉语学习者的成语词典来帮助其学习汉语。杨玉玲（2011）分析汉语学习者在成语习得过程中经常出现的语法偏误和语义偏误及其成因，以此为基础指出编写留学生多功能成语词典的必要性，并提出基本设想：基于实用性原则确定成语条目，简单明确地进行成语释义；详细有效地进行功能说明，精心选择或编造例句，并举例说明有代表性的偏误分析。

杨寄洲、贾永芬编著的《商务馆学成语词典》于 2010 年出版，这是一部从对外汉语教学角度编写，专门为外国留学生和国外汉语学习者使用的成语工具书，收条原则侧重常用性和知识性，收录常用成语 3000 余条，每个条目依“词目、注音、语义解释、感情色彩、例句、注意”顺序表述，并为有些条目提供反义成语或近义成语，可以基本满足汉语学习者学习、生活和将来工作的需要。《商务馆学成语词典》的出版在一定程度上填补了对外汉语成语词典的空白，但其实用性和适用性还有待外国汉语学习者的检验。

(5) 成语理解习得模式

叶琳(2012)对英汉成语的理解习得过程进行全面系统的实证研究，拟构出适合英汉成语理解习得的模式。为考察英汉成语理解过程，实验首先评定影响英汉成语理解习得的因素，包括成语的熟悉度、字面义程度和语义透明度等。汉语成语的在线理解过程采用有声思维方式进行，结果表明成语的熟悉度等因素、字面突显义、隐喻机制和语义蕴涵关系在汉语成语理解过程中起着至关重要的作用；而英语成语的习得过程则运用心理语言学中跨模式通道的实验方式，通过反应时来考察学习者对英语成语理解习得的过程，结果表明成语的可分解性、字面突显义和隐喻机制在成语在线加工过程中起着关键的作用。通过对英汉成语理解习得过程的对比研究，认识到英汉成语理解习得的相似性和差异性，作者由此提出适用于英汉成语理解习得的普适性模式，即英汉成语理解习得模型，并以这一模型为整体框架，衍生出适合英汉成语理解习得的模式，为外国留学生学习汉语成语也能提供一种可行的理解习得方式。这项研究对英汉成语理解习得进行对比考察，提出英汉成语理解习得的普适性模式，具有一定的开拓性意义，但实验中英汉成语理解习得的研究对象分别是英语学习者和汉语母语者，缺乏足够的匹配性，而英汉成语各自的独有特征也使得成语理解习得模式的普适性有待商榷。

3.2 汉语成语理解习得影响因素研究

汉语成语的理解习得同样要受到熟悉度、分解性(透明度/直义度)、预测性以及语境效应等因素的影响,有学者以汉语母语者为实验对象考察汉语成语理解的影响因素,并分析诸多因素的交互作用;而在对外汉语教学领域,也有学者开始考察学习者汉语成语理解习得的影响因素。

张萌、张积家(2008)以108名中学生为研究对象,以四字格成语为实验材料,考察熟悉度和语境对汉语成语理解的影响。研究结果表明,熟悉度和语境均显著影响中学生对成语的理解;熟悉度、语境和年级之间的交互作用显著,熟悉度对成语理解的作用受到语境和年龄的影响。跟初中生相比,高中生能更好地利用语境帮助其理解习语,特别是帮助其理解中、低熟悉度的成语。

雷潇、钟毅平(2010)则以40名大学生为研究对象,通过行为学实验探讨语境和熟悉度对汉语成语理解的影响。研究结果发现,语境有助于母语者对成语的理解,无语境情况下被试的反应时长于有语境情况下的反应时,有语境情况下被试的正确率高于无语境情况下的正确率;熟悉度也影响母语者对成语的理解,被试对低熟悉度成语的反应时长于对高熟悉度成语的反应时,对低熟悉度成语的反应正确率低于对高熟悉度成语的反应正确率。因此,熟悉度和语境都是成语理解的重要影响因素,在成语教学中需要加强中、低熟悉度成语的学习,并提供有效的语境信息。

钟毅平等(2009)借用英语成语理解的影响因素如熟悉度、分解性、预测性以及直义度等概念,以270名高校学生为研究对象,以300条汉语成语为实验材料,调查汉语母语者理解成语时的影响因素。考察结果显示,母语者理解汉语成语时其不可分解性、不规则可分解性与使用频率、理解程度呈负相关;预测性与使用频率、理解程度、直义度显著相关;直义度与熟悉度、预测性显著相关,但与不可分解性呈现出显著负相关。实验结果表明,母语者汉语成语的理解也受到熟悉度、分解性、预测性和直义度等因素的影响,且作用明显,其中熟悉度是最为关键的影响因素。

罗家平(2010)以中国高校大学生为研究对象，采用反应时考察熟悉度和语境对成语理解的影响，同时采用启动条件下的词汇判断法，考察预测性对成语理解的影响。实验结果显示，被试阅读含有高熟悉度成语句子的速度会显著快于阅读含有低熟悉度成语的句子；受语境影响，高熟悉度成语在隐喻语境下阅读速度会快于在字面语境中，低熟悉度成语在字面语境下的阅读速度会快于在隐喻语境中。高预测性成语的隐喻意义激活得早，低预测性成语隐喻意义激活得比字面意义迟。因此，熟悉度会影响成语的理解速度，语境信息能帮助被试理解低熟悉度成语，促进成语理解，预测性也是影响成语理解的重要因素。汉语成语理解不是成语意义直接提取的过程，而是成语意义构造的过程。

曾雪晴(2011)则在控制成语熟悉度和分解性的基础上，采用成语词义理解测量的方法，考察二年级、四年级、六年级三个年级的儿童对不同熟悉程度及分解性的成语意义理解情况，并分析不同年级儿童成语理解认知过程的发展变化。实验结果表明，儿童对汉语成语理解的能力随着年级的增长而逐渐增强；成语熟悉度对成语的理解有帮助，越熟悉的成语，其理解越容易；在高熟悉度成语中可分解成语比不可分解成语容易理解。

吴杏红(2012)采用定量的实验(句子启动技术和词汇判断任务)和定性的访谈(实验后要求被试口头解释目标成语意义及猜测依据)相结合的方式，分析具体的语境类型(同义语境、反义语境，解释语境、推理语境)和不同的语义透明度(高透明度与低透明度)对高级水平留学生成语理解习得的作用。实验考察 30 名欧美和日韩高级水平留学生猜测成语语义的过程，结果发现语境类型会影响高级水平留学生对成语的理解，语义透明度也会影响高级水平留学生对成语的习得，而语境和语义透明度存在一定程度的交互作用，并据此对成语教学及词典例句设置提出有针对性的参考建议。

马利军等(2013)选取 132 条对称性成语与 132 条非对称性成语，邀请 270 名大学生评定成语的各项语义性质，探讨汉语成语的语义性质及其关系。结果表明，这两类成语的预测度、熟悉度、字面义合理度（即直义度）、表象度、理解度呈现显著的正相关，习得年龄与其他语义性质呈现显著的负相关；对称性成语与非对称性成语在直义度上存在显著差异。熟悉度和直义度显著影响对称性成语的预测度；熟悉度和表象度显著影响非对称性成语的预测度；而熟悉度、直义度和表象度则显著影响两类成语的理解度。因此，上下文语境有助于汉语成语的理解，而透明度对成语理解也有明显的促进作用，在构建学习者汉语成语理解习得模式时需要充分考虑熟悉度、分解性和语境效应等因素对成语加工的影响。

3.3 汉语成语理解习得策略研究

我们对汉语成语理解习得策略的研究还比较缺乏，成果较少，尤其是在对外汉语教学领域。叶琳（2012）选择有声思维方法考察汉语母语者理解习得汉语成语的过程，从中可以发现汉语成语理解习得的基本策略。实验选用的 8 条汉语成语兼顾不同熟悉度、语义透明度和字面义的成语，这些成语也考虑到联合式、偏正式、主谓式、紧缩式等具有代表性的结构类型，同时顾及成语出处和典故来源的差异。实验采用有声思维方式，要求 63 名高校学生写出成语的意义，同时说出自己的想法，研究人员收集录音并转录成文字，最终形成有声思维言语报告。

对言语报告的分析发现被试面对汉语成语有着不同的理解习得过程，也发现被试在理解各类成语时采取的基本策略。实验表明，熟悉度和分解性对成语意义的阐释起着显著性影响作用。对熟悉度和分解性程度较高的成语，被试从字面意义就能完全推测出成语的整体意义，且基本解释正确；对不熟悉且分解性程度较低的成语，被试更多地使用概念隐喻、联想方式以及字面意义来推测成语的意思，同时会求助于被试自身的百科知识和学习经验，但正确率难以保证；当成语中不含有隐喻概念时，被试在理解成语时更多地从成语结构类型着手来获取成语的整体意义。而如果成语来源于寓言故事、神话传说或历史事件等典故，被试在理解这些高度常规化的成语时，会形成超转喻和超隐喻，即成语的使用语境超越原有语境，出现的曲解和偏差就会很大，导致成语理解的正确率降低。母语者理解汉语成语时采用的各种策略跟学习者汉语成语的理解策略有共通之处，可以为学习者汉语成语理解习得实验带来启发和借鉴。

综上所述，汉语成语的理解习得研究在母语者理解和学习者习得领域也都取得进展，但从总体来看，对汉语成语理解模式、影响因素和基本策略的分析与调查大多还只是初步的探索性研究；汉语成语研究，尤其是对外汉语教学中的成语研究，还比较分散，大多是在成语的教学方法、偏误分析、语法功能以及词典编撰等传统领域进行考察，主要是从形式和结构出发，对汉语成语的深层理解特点还没有形成系统性的认识，另外较少考虑英语成语理解习得假说在汉语环境中的适用性（如怎么确定汉语成语的分解性），也很少考虑学习者的母语文字背景分国别进行研究。近年来，学习借鉴英语成语理解习得的理论成果，汉语成语理解研究的学者和文献都在不断增加，但以母语者成语理解研究居多，较少涉及学习者汉语成语理解习得影响因素和基本策略研究，导致理论成果难以在对外汉语成语教学中得到充分应用。因此，要加强对汉语成语结构和语义特征的研究，考察汉语成语的认知理解特点，从而逐步构建汉语成语特有的理解习得模式。

4. 小结

综观最近三十多年来国内外汉英成语具有代表性的研究成果，可以发现汉英成语研究大体都经历从语言本体研究向语言认知研究的转向，心理语言学和认知语言学理论将汉英成语理解习得带进全新的研究领域，研究内容和研究方法都在不断拓宽，成果非常丰富。虽然对汉英成语理解习得研究的综述难免挂一漏万，但从中不难看出以下特点：

（1）随着研究的进展，对汉英成语的认识逐步深化，虽然还没有形成完全统一的定义和范畴，但对成语的界定和分类渐趋准确和一致：汉英成语概念都有广义和狭义的区分，这两个概念大同小异，虽不完全对等但意义比较接近;汉英成语在意义上都具有双层性特点,四字格是其形式上的显著区别,而其习用性、定型性、整体性等特征则较为类似;英语成语大多以字面意义与隐喻意义的匹配关系进行分类,各种分类方式有相通之处,汉语成语分类主要是从语言本体角度出发,各种分类方式也互有渗透。

(2) 母语者英语成语理解和学习者英语成语习得研究都取得重大进展,以成语理解模式、影响因素和基本策略为中心,从心理语言学角度、认知语言学角度和第二语言习得角度都建立起英语成语理解与习得的模式或假说:从母语者成语理解的不可分解模式(如成语序列假说、词汇表征假说和直通假说),到可分解模式(如结构整合假说和成语可分解假说),再到综合理解模式和认知处理模式,最后发展到学习者成语理解习得模式,辅以成语理解习得的影响因素和基本策略,英语成语理解习得研究日益成熟。

(3) 汉语成语不仅本体研究成果非常丰富,还从心理语言学角度对汉语成语的分解性特征做出界定并同英语成语的分解性分类标准进行对比研究,从认知语言学角度分析汉语成语的对称性特征以求发现对称性成语的理解认知特点,还从第二语言习得角度就汉语成语的教学方法探讨、偏误类型总结、偏误原因分析、语法功能考察以及对外汉语成语词典编撰进行研究,近年来还有学者尝试考察汉语成语理解习得的影响因素,探讨汉语成语理解习得的基本策略,这些都为构建学习者汉语成语理解习得模式奠定了良好的基础。

鉴于英语成语理解习得研究较为成熟的理论成果,结合汉语成语理解习得研究相对薄弱的现状,面向对外汉语教学的汉语成语理解习得研究视角还应进一步拓宽,现有的研究领域还应进一步深化,已有的研究内容也还应进一步丰富。具体来看,以英语母语学习者为对象,以汉语成语特征研究为基础,我们就汉语成语理解习得还需要加强以下几个方面的考察与研究:

(1) 加强对学习者汉语成语理解习得影响因素的研究。熟悉度、分解性和语境效应等因素会对汉语成语的理解习得过程产生重要影响;汉语成语在结构上对称性特点较为突出，在语义上表现出明显的可分解倾向，在成语理解和习得过程中存在着显著性效应；通过实证实验，要研究熟悉度、分解性和对称性等单个因素的影响，还要考察不同水平学习者理解习得汉语成语的发展趋势，并研究诸多因素在成语理解习得过程中的交互作用。

(2) 加强对学习者汉语成语理解习得基本策略的研究。在成语理解习得过程中，英语学习者采用一系列策略以求获取相对可靠的成语意义，而学习者在理解习得汉语成语时同样需要使用大量的策略，包括准备性策略与猜测性策略，采取启发探索的方式，利用语素和语境两方面的线索，逐步推断成语的内在含义，但学习者在成语理解习得过程中具体使用哪些策略、哪些是成功的策略以及如何使用这些策略，面对不同类别的汉语成语采用的策略是否存在差异，这些问题都还需要进行实证实验研究。

(3) 探索构建学习者汉语成语理解习得模式。英语成语理解习得模式在汉语环境中适用性并不明确，汉语成语的母语者理解模式也尚未成熟，需要考察成语理解习得模式的普适性，准确把握汉语成语特有的理解认知特点，结合熟悉度、分解性、对称性、语言水平以及语境效应等影响因素，充分运用学习者理解习得成语的基本策略和成功策略，探索构建对外汉语教学中的学习者汉语成语理解习得模式。

第二章

汉语成语的特征

现今汉语成语理解习得研究从语言本体领域逐渐转向语言认知领域，我们也需要分析汉语成语结构和语义上的突出特点，考察汉语成语理解与习得的基本规律，从而应用于对外汉语成语理解与教学。因此，本书以《新华成语词典》和《学成语词典》中收录的汉语成语为基本语料研究汉语成语的特征，重点分析汉语成语的结构特征、语义特征并理解认知特点，为学习者汉语成语理解习得的实证研究提供实验材料和变量支持，从而考察汉语成语理解习得的影响因素和基本策略，为探索构建学习者汉语成语理解习得模式奠定基础。

1. 汉语成语的语料来源

汉语成语的数量可谓浩如烟海，考察汉语成语的结构特征和语义特征需要对汉语成语的规模做出合适的界定；对汉语成语的认知理解特点进行分析需求的成语数目更为有限，同样要求选出典型的汉语成语。因此，汉语成语特征研究首先需要确定成语的语料来源。

1.1　汉语成语的数量

关于汉语成语的数量，很难给出一个具体、明确的数字。各类成语词典因为编写目的和使用对象不同，收录成语的数量差异也很大。目前常见的、规模较大的汉语成语词典有《中华成语辞海》（吉林大学出版社，1994），收成语 35,758 条；《中国成语大辞典》（上海辞书出版社，1987），收成语 17,934 条。因为成语词典中常设有主条、副条或主条、附见条，如果将副条或附见条排除在外，张铁文（1999）推测汉语成语的总数可能在 10,000 条左右，实际数量可能还要再多些，但这只是对汉语成语数量的大体估计，没有得到语料库数据的支持。

刘长征、秦鹏（2007）以中国主流报纸动态流通语料库（DCC）为基础，对 2005 年中国 15 种主流报纸的全部语料中汉语四字格成语的使用情况进行考察。调查以 28,353 条成语为底表，搜索发现 15 种报纸 2005 年全年的语料共使用四字格成语 915,533 次，成语条目总数为 8637 条。曾小兵、邱丽娜（2010）利用国家语言资源监测语料库（平面媒体）2006—2008 年的真实语料考察汉语成语的年度使用情况，从共时与历时的角度进行统计分析。调查发现在 28,351 条成语底表中，三年语料中共使用成语 12,402 条，而稳定使用的成语为 7437 条（即三年中共同使用的交集部分）。这两个考察都以大型语料库为基础，所得数据较为接近，基本可以反映汉语母语者使用成语的数量在 8000 条左右，而倪宝元、姚鹏慈（1990）则认为汉语母语者常用成语的数量有 3500 多条。

唐雪凝、许浩（2010）根据认知语言学的原型理论，考察汉语成语中的典型成语。通过对《中国成语大辞典》（上海辞书出版社，1987）、《中华成语大辞典》（吉林文史出版社，1986）、《新华成语词典》（商务印书馆，2002）、《现代汉语成语规范词典》（长春出版社，2000）、《汉语成语考释词典》（商务印书馆，1989）和《现代汉语词典》（商务印书馆，2005）等辞书进行比对，共统计出六部辞书全都收录的常用成语 2291 条，认为这些典型成语适用于对外汉语成语教学。曾小兵等（2010）使用北京语言大学汉语中介语语料库考察汉语学习者的成语使用情况。统计发现在 7437 条稳定使用的汉语成语中，HSK 动态作文语料库中共使用 2397 条（使用正确和错误的成语条数均计算在内，其中正确用例 1487 条，错误用例 910

条)。这两个报告分别以大型辞书或语料库为基础,所得数据也较为接近,基本能够表明汉语学习者使用成语的数量在2000余条,而汉语学习者常用成语的数量还要再少些。

1.2　汉语成语的选择

汉语学习者实际使用的成语在数量上远远超出对外汉语教学大纲的要求。据张文一(2006)统计:《汉语水平词汇与汉字等级大纲》共收词汇8822个,其中成语仅有146条,占词汇总数的1.65%,且多属于高级词(甲级:0;乙级:1;丙级:20;其余为丁级);而《汉语水平等级大纲》列出常用词汇5168个,成语更是只有16条;另据李继娜(2012)统计:《新汉语水平考试大纲》(HSK一级—六级)中收录的成语也只有118条。因此,对外汉语教学大纲收录的100余条成语恐怕难以适应对外汉语成语教学实践的需要。

现有对外汉语典型教材选用的成语数量已经大大超出教学大纲的要求,只是离汉语学习者实际使用的成语数量还有一定距离。据刘小琳(2010)统计:《博雅汉语》系列教材共收录成语412条,且多集中在中高级阶段,其中《博雅汉语　初级·起步篇》只收2条成语,《博雅汉语　准中级·加速篇》收8条成语,《博雅汉语　中级·冲刺篇》收成语162条,而《博雅汉语　高级·飞翔篇》收成语多达240条;《发展汉语》系列教材较为类似,共收录成语350条,也是大多分布在中高级阶段,其中《发展汉语·初级汉语》只收9条成语,《发展汉语·中级汉语》收33条成语,而《发展汉语·高级汉语》收成语多达308条。

《新华成语词典》是适合中等文化水平读者使用的、源流并重、突出实用的中型词典,在选收条目时以常用和常见成语为主,收录成语8000余条,能够涵盖汉语母语者使用的大部分汉语成语,可以基本满足汉语母语者日常工作学习的需要;《学成语词典》则是专门为中高级水平的外国留学生和国外汉语学习者编写的成语词典,收条原则侧重常用性和知识性,收录常用成语3000余条,能够涵盖外国学习者使用的大部分汉语成语,可以基本满足汉语学习者学习、生活和将来工作的需要。由于这两部词典也收录了一些常用的俗语、格言或名句，为保证选用成语的经典性，本研究将《新华成语词典》与《学成语词典》进行比对，统计出两部词典共同收录的四字格成语为 2864 条。

以这 2864 条成语为底表，在 CCL 现代汉语语料库中进行验证，统计发现只有 1 条成语（“解铃系铃”）没有用例，其余 2863 条成语均有用例，总的使用频次为 675,882 次，平均每条成语使用 236.07 次，其中使用频次最高的是“实事求是”（5489 次），体现出汉语母语者使用汉语成语的数量和频率；在 HSK 动态作文语料库中做进一步验证，统计发现 1278 条成语有用例，占考察成语总数的 44.62%，总的使用频次为 6297 次，平均每条成语使用 4.93 次，其中使用频次最高的是“不知不觉”（324 次），基本能够表明汉语学习者使用汉语成语的数量和频率。

因此，汉语成语特征研究以《新华成语词典》和《学成语词典》中收录的成语为基本语料，分析汉语成语结构上的对称性特点；同时以 HSK 动态作文语料库中汉语学习者使用的成语为基本语料，分析汉语成语语义上的可分解倾向并进行验证；另外对汉语成语（尤其是对称性成语）的隐喻概念和源域结构进行举例说明，探讨汉语成语理解认知的规律与特点。这些分析和考察将为学习者汉语成语理解习得实验材料的编制提供语料来源和变量支持。

2. 汉语成语的结构特征

成语在汉语语言中有着重要的地位，至今仍具有旺盛的生命力；汉语母语者喜欢使用，汉语学习者也兴趣浓厚。成语是汉语词汇系统中特殊的成员，也是语汇系统中最为重要的成员，具有历史的习用性、意义的完整性、结构的稳定性、形式的简洁性以及应用的整体性等特点（倪宝元、姚鹏慈，1990），可以从多个视角进行分析与研究。本研究从成语的基本形式和基本结构入手，采用定量分析的方法，去发现汉语成语的结构特征与优势。

2.1 汉语成语的基本形式

汉语成语的基本形式是四字格；从数量上看，四个字的成语在汉语成语中占绝大多数。关于这一论断，诸位学者的看法较为一致。早在1955年，周祖谟先生在《谈成语》一文中就指出："成语的结构是固定的，一般都是四个字。"此后，马国凡（1978）和刘洁修（1985）都指明四音节或四字格是汉语成语的基本形式。对《新华成语词典》和《学成语词典》的统计数据也表明汉语成语的基本形式是四字格，但是不能排除其他形式的可能，非四字格的成语也是存在的。

据统计，如果不计算副条或附见条，《新华成语词典》共收录成语7320条，而《学成语词典》共收录成语3191条。根据成语字数或音节数的不同，将其分为以下几种类型：

2.1.1 四字成语

四字格是汉语成语的基本形式，在《新华成语词典》中共7007条，占收录成语的绝大多数，是总数的95.72％；在《学成语词典》中共3058条，也占收录成语的绝大多数，是总数的95.83％。常见的例如：

拔苗助长；垂头丧气；德高望重；赴汤蹈火；回味无穷；家喻户晓；狼吞虎咽；莫名其妙；抛砖引玉；倾家荡产；深恶痛绝；推陈出新；无地自容；胸有成竹；咬牙切齿；纸上谈兵。

2.1.2 骈体成语

骈体成语是指分为前后两句、成双作对、骈体连用的成语，字数一般为八字或者更多（吴越，1982）；马国凡（1978）也指出："八音节的成语，大部分都分为两个四音节，两两并列，成对使用"；周祖谟先生（1985）在《汉语骈列的词语和四声》一文中对这类成语也有提及。骈体成语在《新华成语词典》中共108条，占总数的1.48％，而在《学成语词典》中共62条，占总数的1.94％，具体分布如下：

（1）六字骈体成语，前后两段各有三字；例如：

丁是丁，卯是卯；高不成，低不就；满招损，谦受益；前怕狼，后怕虎；胜不骄，败不馁；言必信，行必果；

(2) 八字骈体成语，前后两段各有四字，是其基本形式；例如：

兵来将挡，水来土掩；聪明一世，糊涂一时；得道多助，失道寡助；江山易改，本性难移；金玉其外，败絮其中；仁者见仁，智者见智；言者无罪，闻者足戒；有则改之，无则加勉；

(3) 十字骈体成语，前后两段各有五字；例如：

工欲善其事，必先利其器；留得青山在，不怕没柴烧；路遥知马力，日久见人心；少壮不努力，老大徒伤悲；世上无难事，只怕有心人；以小人之心，度君子之腹；只要功夫深，铁杵磨成针；

(4) 十二字骈体成语，前后两段各有六字，为数较少；例如：

只许州官放火，不许百姓点灯。

2.1.3 其他形式的成语

其他形式的成语从三字成语到九字成语都有，在《新华成语词典》中共205条，占总数的2.80%，而在《学成语词典》中共71条，占总数的2.23%，具体分布如下：

(1) 三字成语，较为少见；例如：

安乐窝；闭门羹；莫须有；敲门砖；势利眼；一言堂；

(2) 五字成语，是基本形式；例如：

兵败如山倒；功到自然成；疾风知劲草；久旱逢甘雨；礼轻情意重；民以食为天；名师出高徒；树倒猢狲散；桃李满天下；无风不起浪；物以稀为贵；小巫见大巫；坐山观虎斗；

(3) 六字成语，也较为常见；例如：

百闻不如一见；风马牛不相及；化干戈为玉帛；家丑不可外扬；井水不犯河水；事实胜于雄辩；天有不测风云；英雄所见略同；有志者事

竟成;远亲不如近邻;真金不怕火炼;

(4) 七字成语,是基本形式;例如:

长江后浪推前浪;初生牛犊不怕虎;君子之交淡如水;冒天下之大不韪;情人眼里出西施;胜败乃兵家常事;识时务者为俊杰;书到用时方恨少;树欲静而风不止;小不忍则乱大谋;

(5) 八字成语,不太常见;例如:

巧妇难为无米之炊;

(6) 九字成语,也比较少见;例如:

搬起石头砸自己的脚;冰冻三尺,非一日之寒。

综上分析,四字格是汉语成语的基本形式,《新华成语词典》共收录四字格成语 7007 条,占总数 95.72%;《学成语词典》共收录四字格成语 3058 条,占总数 95.83%;而周荐(1997)对《中国成语大辞典》(上海辞书出版社,1987)进行统计,结果发现 95.57%的成语是四字格,跟我们的统计数据比较接近。汉语成语的基本形式分布可参见表 2.1;以下对汉语成语基本结构的分析主要是考察四字格成语的结构特点。

表 2.1 汉语成语的基本形式

形式	《新华成语词典》		《学成语词典》	
	数量	百分比	数量	百分比
四字成语	7007	95.72%	3058	95.83%
骈体成语	108	1.48%	62	1.94%
其他形式成语	205	2.80%	71	2.23%
合计	7320	100%	3191	100%

2.2 汉语成语的基本结构

马国凡(1978)在分析汉语成语的语法结构时指出:“从语法角度分析

成语的内部结构，可以把成语分为两大类。第一类是从结构上明显地把成语分为前后两截或两段，两段之间有并列、对举、承接、目的、结果等关系；第二类是不分两截或两段，各成分之间有主谓、述宾、偏正、动补等关系。”刘洁修(1985)在分析成语的语序变换时也指出：“能够变换语序的成语，绝大部分是分成两段的并列结构。其上下两段不仅结构相应，词类也相应，意义或相同，或相近，有的甚至相反。语序变换而意义随之改变是前后非对称或前后不分两段的成语。”因此，按照其结构能否分成前后并列的两段，汉语成语可以分为对称性成语和非对称性成语。

2.2.1 对称性成语

对称性成语是指可以分为前后两截或两段，两部分字数相等，结构相应，意义相同、相近甚或相反的成语。对称性成语的语法结构一般都是联合式，即前后两段是并列结构，语法结构相同，词类也相对应。根据统计，《新华成语词典》共收录联合结构成语 2586 条，占总数 36.91%，而《学成语词典》共收录联合结构成语 1126 条，占总数 36.82%，在各种结构类型中数量上都是最多的。这些成语内部语法结构复杂，根据成语前后两段构成字词的语法结构，联合结构成语可以再分为主谓、动宾、偏正和并列等类型。

(1) 主谓型：成语前后两部分都是主谓关系。其中谓语部分可以是动词，如(a)；也可以是形容词，如(b)。

(a) 车载斗量；耳闻目睹；风驰电掣；纲举目张；鬼使神差；魂飞魄散；剑拔弩张；手舞足蹈；天崩地裂。

(b) 冰清玉洁；根深蒂固；海枯石烂；口干舌燥；柳暗花明；眉清目秀；秋高气爽；水深火热；源远流长。

(2) 动宾型：成语前后两部分都是动宾关系，数量较多。其中动词位置可以是典型的行为动词，如(a)；也可以是名词、形容词活用为动词，如(b)。

(a) 跋山涉水；沉鱼落雁；雕梁画栋；扶老携幼；开源节流；披荆斩棘；偷梁换柱；咬文嚼字；斩钉截铁。

(b) 粉身碎骨;丰衣足食;富国强兵;好逸恶劳;欢天喜地;急公好义;乐善好施;平心静气;痛心疾首。

(3) 偏正型:成语前后两部分都是偏正关系,数量是最多的。其中又可以细分为定中型,如(a);还有状中型,如(b)。

(a) 沧海桑田;陈词滥调;凤毛麟角;高风亮节;鸿篇巨制;金科玉律;龙潭虎穴;天经地义;真知灼见。

(b) 粗制滥造;道听途说;高瞻远瞩;精雕细刻;旁征博引;潜移默化;深谋远虑;夙兴夜寐;朝思暮想。

(4) 并列型:成语前后两部分都是并列关系,这类成语数量较少。其中每部分的两个字之间是并列关系,如(a);或者是重叠关系,如(b)。

(a) 博大精深;悲欢离合;奔走呼号;短小精悍;分崩离析;风花雪月;青红皂白;酸甜苦辣;喜怒哀乐。

(b) 沸沸扬扬;鬼鬼祟祟;浩浩荡荡;轰轰烈烈;浑浑噩噩;兢兢业业;林林总总;熙熙攘攘;战战兢兢。

(5) 其他类型。除上述各种结构类型,对称性成语前后两截还可以是名词的并列,如"鸡毛蒜皮、艰难险阻"等;可以是动词的并列,如"敲诈勒索、招摇撞骗"等;也可以是形容词的并列,如"光明磊落、慷慨激昂"等。当然,也还有一些成语虽然是对称的,但是已经很难从字面上把握其语法关系,如"不三不四、乱七八糟"等。

通过对对称性成语结构的分析,可以发现这类成语具有对偶或对仗关系,前后两段字数相等,地位相当,彼此并列;前后两截结构相同,词性相应,意义相辅相成,体现出联合式成语均衡对称的特点,是典型的对称性汉语成语。

2.2.2 非对称性成语

非对称性成语是指意义整体性比较强的成语。从整体意义来说,这类成语不能分成前后并列的两截或两段;从语法结构来看,这类成语不是联合结构,而是主谓结构、偏正结构、动宾结构、动补结构、连动结构、兼语结构等类型。根据统计,《新华成语词典》共收录非联合结构成语 4421 条,占总数 63.09%,而《学成语词典》共收录非联合结构成语 1932 条,占总数 63.18%,在绝对数量上都占有很大的优势。非对称性成语同样类型众多,形式各异,也需要进行具体分析:

(1) 主谓结构,是除联合结构以外数量最多的。其中又可以分为主谓型,如(a);还有主谓宾型,如(b)。

(a) 才华横溢;道貌岸然;妇孺皆知;肝胆相照;金蝉脱壳;门庭若市;声名狼藉;虚怀若谷;怨声载道。

(b) 八仙过海;东施效颦;节外生枝;精卫填海;老马识途;泥牛入海;蚍蜉撼树;塞翁失马;叶公好龙。

(2) 偏正结构,其中又可以再分为定中结构,如(a);以及状中结构,如(b)。

(a) 沧海一粟;肺腑之言;汗马功劳;惊弓之鸟;弥天大谎;晴天霹雳;世外桃源;轩然大波;掌上明珠。

(b) 背道而驰;高歌猛进;刮目相看;患难与共;豁然开朗;梦寐以求;屈指可数;脱颖而出;袖手旁观。

(3) 动宾结构,其中还可以细分为动宾结构,如(a);还有状动宾结构,如(b)。

(a) 搬弄是非;蛊惑人心;混淆黑白;绞尽脑汁;看破红尘;明察秋毫;拾人牙慧;望穿秋水;崭露头角。

(b) 初出茅庐;隔岸观火;虎口拔牙;浑水摸鱼;临阵磨枪;瓮中捉鳖;雾里看花;因祸得福;走马观花。

(4) 动补结构,其中动词位置可以是动词,如(a);又可以是形容词,如(b)。

(a) 暴露无遗;恨之入骨;噤若寒蝉;惊慌失措;浪迹天涯;屡教不改;浅尝辄止;锲而不舍;直言不讳。

(b) 惨不忍睹;精益求精;狼狈不堪;淋漓尽致;亲密无间;肆无忌惮;微不足道;欣喜若狂;易如反掌。

(5) 连动结构,两个动词连用表示先后发生的动作;例如:

触目惊心;过河拆桥;画龙点睛;借花献佛;开门见山;立竿见影;量体裁衣;瞒天过海;破涕为笑;水到渠成;顺理成章;谈虎色变;闻风丧胆;削足适履;饮水思源;捉襟见肘。

(6) 兼语结构,前一动词的宾语兼作后一动词的主语;例如:

按兵不动;点石成金;调虎离山;含苞待放;化险为夷;挥金如土;弄巧成拙;望子成龙;无人问津。

(7) 其他结构。有些成语是复句的紧缩式,其中有转折复句紧缩式,如"爱莫能助"等;条件复句紧缩式,如"得过且过"等;假设复句紧缩式,如"不见不散"等;因果复句紧缩式,如"多难兴邦"等;选择复句紧缩式,如"宁缺毋滥"等;并列复句紧缩式,如"爱搭不理"等。另外有些成语则是难以分析其语法结构类型,如"脍炙人口、人云亦云"等。

通过对非对称性成语结构的分析,可以发现这类成语前后不分段或可以分段但前后两段结构并不相同,不是并列关系,而其意义具有较强的整体性和关联性。综上分析,对称性是汉语四字格成语较为突出的结构特征;刘振前、刑梅萍(2000)对《中华成语辞海》(吉林大学出版社,1994)进行统计,结果发现 39.29%的成语是对称性成语,崔希亮(2005)对《分类实用成语词典》(高光烈,1987)进行统计,结果发现对称性的并列四字格所占比例是 26%略强,而对《新华成语词典》和《学成语词典》进行统计则发现对称性成语的比例分别为 36.91%和 36.82%,介于上述研究者统计的数据之间。因此,对称性成语在汉语成语中占有很大的比例,只是也不能就此忽略四字格成语表面对称下真正的不对称现象;非对称性成语在数量上占有绝对优势,也很有必要进行研究。汉语成语的基本结构分布可参见表 2.2。

表 2.2 汉语成语的基本结构

对称性	结构类型	《新华成语词典》		《学成语词典》	
		数量	百分比	数量	百分比
对称性成语	联合结构	2586	36.91%	1126	36.82%
非对称性成语	非联合结构	4421	63.09%	1932	63.18%
合计		7007	100%	3058	100%

3. 汉语成语的语义特征

成语的内在意义并非构成字词含义的简单加和，逐字理解往往无法得出成语的正确意义。马国凡(1978)指出，成语的隐喻意义是以字面意义构筑的语义为基础，又超越了字面意义的语义基础，否则成语只能就事论事，缺乏概括性和深刻性。因此，在语义上成语表现出双层性特点，既具有表层的字面意义，又蕴藏着深层的隐喻意义，而且两者并不完全相等同，其间存在着引申、比喻等关系(王吉辉，1995;1998)。分解性是指成语构成成分的字面意义对构建成语整体意义的贡献，表明成语的语义倾向性和语义透明度；虽然成语的意义具有双层性特点，但成语语义的分解性程度存在很大差异。本研究从成语的分解性入手，采用定量分析和语义评定相结合的方法，去发现汉语成语的语义特征。

3.1 成语语义特征分布

成语的来源有书面语系统，包括寓言故事、神话传说、历史事件以及诗文语句；还有口语系统，包括古代民间的口头流传以及产生较晚的通俗作品(马国凡，1978)。汉语成语在语义上表现出双层性特点，但字面意义和隐喻意义的突显程度并不相同。有些成语在语义上倾向于字面意义，语义透明度较高，不涉及事件和典故，在很大程度上可以按字面理解出成语意义，称为字面义成语；有些成语在语义上倾向于隐喻意义，语义透明度较低,也不涉及事件和典故,但难以按字面解读出其意义,需要进行引申或比喻,称为隐喻义成语;还有些成语是对事件或典故的高度概括,语义透明度非常低,成语意义是对事件或典故的诠释,要理解成语的意义需要追溯其源头,称为事件性成语。

我们首先考察《新华成语词典》中汉语成语的语义特征分布,共计四字格成语 7007 条,然后考察《学成语词典》中汉语成语的语义特征分布,共计四字格成语 3058 条,这两个成语底表基本能够表明汉语母语者和汉语学习者使用汉语成语的数量。将《新华成语词典》与《学成语词典》进行比对,统计出两部词典共同收录的四字格成语,并在 HSK 动态作文语料库中进行验证,以此为基础,考察 HSK 动态作文语料库中汉语成语的语义特征分布,共计四字格成语 1278 条,可以基本表明汉语学习者理解和掌握成语的数量。

3.1.1 字面义成语

在成语词典中,字面义成语是根据成语构成字词的意义直接给出成语的意义,一般用“指……”或“表示……”格式,这类成语在语义上倾向于字面意义,分解性程度较高,大多属于可分解成语。根据统计,在《新华成语词典》中字面义成语有 3990 条,占总数的 56.94%。常见的例如:

> 鼻青脸肿;窗明几净;交浅言深;民富国强;奇耻大辱;识文断字;头晕目眩;污言秽语;招贤纳士。

同样根据统计,在《学成语词典》中字面义成语有 2028 条,占总数的 66.32%;由于字面义成语透明度较高,而这些成语主要是面向汉语学习者的,因此字面义成语的比例要高一些。常见的例如:

> 茶余饭后;愁眉苦脸;大失所望;地大物博;花言巧语;苦尽甘来;千真万确;入乡随俗;争分夺秒。

同样根据统计,在 HSK 动态作文语料库中字面义成语有 919 条,占总数的 71.91%;由于字面义成语较为容易掌握,而这些成语都是汉语学习者在 HSK 作文考试中用得到的,因此字面义成语的比例要更高一些。

常见的例如：

不知不觉；成千上万；大吃一惊；手忙脚乱；四面八方；无可奈何；一见钟情；助人为乐；自由自在。

3.1.2 隐喻义成语

在成语词典中，隐喻义成语是在列出成语的字面意义之后再给出其引申义或比喻义，一般用“形容……”或“比喻……”格式，这类成语在语义上倾向于隐喻意义，分解性程度较低，大多属于不可分解成语。根据统计，在《新华成语词典》中隐喻义成语有 2749 条，占总数的 39.23%。常见的例如：

蚕食鲸吞；晨钟暮鼓；鬼斧神工；金戈铁马；敲骨吸髓；搜肠刮肚；兔起鹘落；洗心革面；移花接木。

同样根据统计，在《学成语词典》中隐喻义成语有 933 条，占总数的 30.51%；由于隐喻义成语透明度较低，而这些成语大多是面向汉语学习者的，因此隐喻义成语的比例要低一些。常见的例如：

闭门造车；风雨同舟；灵丹妙药；藕断丝连；燃眉之急；昙花一现；雪中送炭；捉襟见肘；掌上明珠。

同样根据统计，在 HSK 动态作文语料库中隐喻义成语有 326 条，占总数的 25.51%；由于隐喻义成语较难掌握，而这些成语都是汉语学习者在 HSK 作文考试中用得到的，因此隐喻义成语的比例要更低一些。常见的例如：

笨鸟先飞；鹤立鸡群；开门见山；两袖清风；落井下石；水深火热；望子成龙；雪上加霜；斩草除根。

3.1.3 事件性成语

由于是来自寓言故事、神话传说或历史事件，事件性成语大多有情节，在成语词典中一般要先直接引用原文或用叙述体文字说明其典故，然后再给出成语意义的诠释，这类成语具有高度的概括性，分解性程度非常低，基本都属于不可分解成语。根据统计，在《新华成语词典》中事件性成语有 268 条，占总数的 3.82%。常见的例如：

杯弓蛇影；焚书坑儒；环肥燕瘦；指鹿为马；河东狮吼；萧规曹随；围魏救赵；图穷匕见；朝秦暮楚。

同样根据统计，在《学成语词典》中事件性成语有 97 条，占总数的 3.17%；由于事件性成语透明度非常低，而这些成语基本是面向汉语学习者的，因此事件性成语的比例要低一些。常见的例如：

风声鹤唳；负荆请罪；高山流水；画龙点睛；江郎才尽；精卫填海；破镜重圆；黔驴技穷；卧薪尝胆。

同样根据统计，在 HSK 动态作文语料库中事件性成语有 33 条，占总数的 2.58%；由于事件性成语非常难以掌握，而这些成语都是汉语学习者在 HSK 作文考试中用得到的，因此事件性成语的比例要更低一些。常见的例如：

对牛弹琴；画蛇添足；狐假虎威；鸡鸣狗盗；刻舟求剑；乐不思蜀；洛阳纸贵；三顾茅庐；胸有成竹。

从整体来看，大部分汉语成语是倾向于字面意义的，在语义上表现出透明性和可分解性；倾向于隐喻意义的成语所占的比例要小些，在语义上表现出非透明性和不可分解性；意义高度概括化的事件性成语只是很少一部分，而这些事件性成语透明度和分解性程度都非常低，对汉语母语者和学习者都是最难掌握的。当然，在字面义成语中也有分解性程度稍低的，如“开卷有益、通宵达旦”等；在隐喻义成语中也有分解性程度稍高的，如“目中无人、易如反掌”等；即便是事件性成语也并非完全不可分解的，如“卧薪尝胆、破釜沉舟”等成语的构成字词对成语整体意义的构建都是有贡献的。汉语成语语义特征的分布可参见表 2.3，我们将从成语语义评定的角度对其进行验证。

表 2.3　汉语成语的语义特征

分解性	语义特征	《新华成语词典》		《学成语词典》		HSK 作文语料库	
		数量	比例	数量	比例	数量	比例
可分解	字面义	3990	56.94%	2028	66.32%	919	71.91%
不可分解	隐喻义	2749	39.23%	933	30.51%	326	25.51%
	事件性	268	3.82%	97	3.17%	33	2.58%
合计		7007	100%	3058	100%	1278	100%

由于数据计算中的四舍五入,《新华成语词典》各项百分比加和是 99.99%。

3.2　成语分解性特征

3.2.1 成语分解性评定

我们将《博雅汉语》与《发展汉语》这两套典型对外汉语教材中收录的成语同 HSK 动态作文语料库中汉语学习者使用的成语进行比对,得到共现的成语 290 条;从中选出对称性成语和非对称性成语各 60 条,涵盖汉语成语的各种结构类型,然后邀请 5 位对外汉语教师从语言教学的角度进行筛选,主要是剔除明显超出英语母语学习者理解水平的成语,并添加同等数量教学高度需要的成语。本研究以反馈得到的这 120 条成语作为基本语料编制成语分解性评定表以考察验证汉语成语的语义特征。

在成语分解性评定表中给出成语的字面意义和隐喻意义,要求被试具有较高的阅读水平和辨析能力;考虑到外国汉语学习者(即便是高级水平的汉语学习者)分辨能力相对有限,本研究选择由 30 名以汉语为母语的高校学生评定成语是否可分解,要求被试根据成语字面意义与隐喻意义联系的紧密程度(语义倾向性和语义透明度)来评定成语是否可分解:如果认为成语可分解,即字面意义跟隐喻意义联系较为紧密,成语倾向于字面义,语义透明,就在可分解栏内划√;如果认为成语不可分解,即字面意义跟隐喻意义缺少关联,成语倾向于隐喻义,语义非透明,就在不可分解栏内划√。由于被试是北京大学大学英语基础课的学生,是来自各个院系的本科生，成语分解性的评定采取集体测试的方式进行。我们向被试分别发放成语分解性评定表，说明评定指导语并进行示范，待被试完成测试后统一回收评定表。成语分解性评定表可参见附录1。

3.2.2 分解性评定结果

分解性是根据成语字面意义与隐喻意义联系的紧密程度进行判定的，将上述30名汉语母语者对成语分解性的评定进行综合并计算出百分比，成语分解性评定结果可参见附录2。在30名被试进行评定的120条汉语成语中，认为成语可分解的多达2332人/次，占64.78%，而认为成语不可分解的有1268人/次，占35.22%，表明被试判定大部分汉语成语更倾向于字面意义，认为汉语成语是倾向于可分解的，这跟我们统计的《新华成语词典》《学成语词典》和HSK动态作文语料库中成语语义特征分布的比例也是相吻合的。在评定的120条汉语成语中，分解性程度最高的是“千言万语、五颜六色、一见钟情”等19条成语，均为100%，即所有被试都认为该成语可分解，而分解性程度最低的是“七上八下、青梅竹马”，均为0%，即全部被试都认为该成语不可分解。

由于成语的分解性采用67%或者75%的分类标准还存在分歧(Gibbs等，1989；Titone和Connine，1994；钟毅平等，2009)，针对汉语成语分解性程度较高的特点，本研究评定选择相对宽松的67%的分类标准，即如果有67%以上的被试将某条成语归为可分解，则该成语为可分解成语；而如果有67%以上的被试将某条成语归为不可分解，则该成语为不可分解成语。根据成语分解性程度不同，将这120条成语分为可分解成语和不可分解成语两类，介于两类之间的是从可分解向不可分解过渡的成语。根据成语分解性评定结果，选定的可分解成语共有69条，占评定成语总数的57.50%，其中字面义成语65条，隐喻义成语4条，没有事件性成语；选定的不可分解成语共有35条，占评定成语总数的29.17%，其中字面义成语2条，隐喻义成语28条，事件性成语5条。这跟我们统计的《新华成语词典》《学成语词典》和HSK动态作文语料库中可分解成语(字面义成语)和不可分解成语(隐喻义成语+事件性成语)分布的比例也是一致的；这同时也说明成语的分解性是从可分解向不可分解过渡的连续统，而字面义成语、隐喻义成语和事件性成语的分类方式也存在互相渗透的情况。

根据统计，被试对成语可分解性的判定较为集中，全部可分解成语的平均分解性程度为 90.00%，而且有 19 条成语的可分解性程度达到 100%，即所有被试都认为该成语是可分解的。这些均显示被试认为大部分汉语成语倾向于字面意义，语义透明度和分解性程度较高，可以为学习者成语理解习得实验提供充足的选择。在选定的 69 条可分解成语中，对称性成语有 38 条，而非对称性成语有 31 条，分布较为平衡。我们将评定出的这 69 条可分解成语用作学习者汉语成语理解习得实验的基本语料。

被试对成语不可分解性的判定则相对分散，全部不可分解成语的平均不可分解性程度为 79.00%，而且只有 2 条成语的不可分解性程度达到 100%，即所有被试都认为该成语是不可分解的。这些均显示被试认为小部分汉语成语倾向于隐喻意义，语义透明度和分解性程度较低，但由于样本量足够大，也可以为学习者成语理解习得实验提供相对充分的选择。这跟英语成语分解性的分布正好相反，如在 Titone 和 Connine (1994)成语分解性评定实验中，依据 67%的分类标准在 171 条英语成语中有 38 条成语(22.22%)为可分解成语，而有 72 条成语(42.11%)为不可分解成语。这可能跟汉语成语的语义特征有关，由于汉语和英语分属不同的语系，英语表音而汉语表意，即英语单词主要表现其发音，而汉语字词更多地表现其意义，被试在面对汉语成语时会更多地领会其内在含义，因此倾向于将汉语成语归为可分解成语。在选定的 35 条不可分解成语中，对称性成语有 17 条，而非对称性成语有 18 条，分布也较为平衡。我们将评定出的这 35 条不可分解成语也用作学习者汉语成语理解习得实验的基本语料。

4. 汉语成语的理解认知特点

对称性成语和非对称性成语都具有结构的定型性，在使用中不能随意添加、缩减或删改。结构固定的汉语成语在语义上具有整体性，并非表层字面意义的简单叠加，而是另有深层的隐喻含义；结构定型的汉语成语在意义上具有双层性，其内在含义虽然难以准确预测，但认知有其理据性。本研究借用认知语言学的概念隐喻理论，初步分析汉语成语（尤其是结构语义特征较为突出的对称性成语）的隐喻概念和源域结构，探讨汉语成语理解认知的规律与特点，为将来研究其在汉语成语理解习得过程中的作用做好准备。

4.1　概念隐喻理论

隐喻（metaphor）是语言认知领域的重要概念。隐喻理论研究由来已久，亚里士多德等传统修辞学家都将隐喻仅仅看作一种修辞方法，一种语言现象；直到 1980 年，Lakoff 和 Johnson 具有划时代意义的著作《我们赖以生存的隐喻》（*Metaphors We Live By*）出版才将隐喻理论带入全新的认知研究领域。Lakoff 和 Johnson（1980）认为隐喻既是一种语言现象，更是一种认知现象；隐喻是人类赖以生存的思维方式，其实质就是通过一种事物来认识和理解另一种事物。人类的日常生活思维以致整个世界都是一个概念系统，隐喻在人们的日常生活中无处不在，不但在语言中，而且在思想和行动中；人们赖以思考和行动的日常概念系统基本上都是隐喻性质的。概念隐喻理论的核心观点是将隐喻提升到概念层次和思维层次，认为隐喻不仅是一种语言现象，其本质更是一种思维现象，是人们认知和识解世界的工具和手段。概念映射（conceptual mapping）是联系源域（source domain）和目标域（target domain）的桥梁；通过源域去认识和理解目标域，最终达到认知世界的目的。

隐喻是一种重要的理解认知机制，是根植于人类头脑的概念结构，是新的语言意义产生的根源。Lakoff 和 Johnson(1980)认为隐喻概念的本体和喻体分属不同的领域,而概念映射只涉及部分特征的运用。隐喻意义的形成,即隐喻化,是两个概念域或认知域之间的结构投射,是源域事物向目标域事物映射的结果。在概念隐喻化过程中,源域事物的某些内涵特征以人类经验为基础有选择地投射到目标域事物,形成新的概念,即概念隐喻。语言认知的观点认为,成语不仅仅是语言问题,还是概念体系的产物,来源于人们对整个世界的认识。成语在本质上是概念性的而非语言性的,其认知是有理据的而不是任意的。成语的认知理据包括概念隐喻、概念转喻以及规约知识等,其中概念隐喻是成语最为重要的认知理据(Kövecses,2002)。在成语隐喻意义形成过程中,源域事物的哪些特征得以选择、哪些特征遭到舍弃跟历史条件、教育水平、文化背景以致思维方式等都有着密切的联系。

4.2 汉语成语与概念隐喻

汉语成语的重要特征是意义的整体性和双层性,字面意义和隐喻意义以认知体验为基础的相似性是成语隐喻化的根本条件。因此,可以说成语本身就是一种隐喻,成语的理解和识别由隐喻概念驱动,成语的理解和习得可以通过系统性的概念隐喻有效地进行,根据成语隐喻概念进行猜测可能成为学习者成语理解习得的重要策略。Lakoff 和 Johnson(1980)将英语中的隐喻分为方位隐喻、结构隐喻和实体隐喻三类;由于隐喻的普适性,汉语中的隐喻也可以进行类似的分类。汉语成语的概念隐喻分析尚缺乏系统性的研究,我们借鉴英语中隐喻概念较为成熟的研究成果(Lakoff 等,1991;Lakoff,1993),以《学成语词典》中的常用汉语成语为基点试作举例说明。

4.2.1 汉语成语与方位隐喻

方位隐喻是指人们参照上下、高低以及前后等空间方位概念建构的隐喻类型(Lakoff 和 Johnson,1980)。辨别空间方位是人类最基本的能力,也是人类最原始的经验。人们自然而然地以自身为参照物,借助方位概念去理解周围的数量、情绪、身体状况、社会地位等抽象概念。汉语成语中常见的方位隐喻有：

（1）上/下（UP/DOWN）

“上/下”是最基本的空间概念，经常被投射到其他的抽象概念。在质量上，好为上，差为下，如“蒸蒸日上”，表达事业天天向前发展；就时间而言，过去在上，将来在下，如“下不为例”，表示只通融宽恕这一次；就身心状况而言，高兴为上，难过为下，如“垂头丧气”，形容遇到困难或遭受挫折后情绪低落、失望懊丧的神情；就社会和经济地位而言，位高在上，位低在下，如“欺上瞒下”，表示对领导欺骗，对群众隐瞒真相，以便从中做坏事、谋私利；类似的还有“高高在上、不耻下问”等。

（2）高/低（HIGH/LOW）

汉语中也常用“高/低”来表达“上/下”的概念。同“上/下”类似，“高”总是和情绪高涨、身体状况健康、社会地位崇高等正面的意义相联系，而“低”则与之相反。如说“兴高采烈”表达精神饱满、兴致高昂、情绪热烈的状态，而用“低声下气”形容说话恭顺小心的样子；类似的还有“德高望重、低三下四”等。这跟人类的基本经验相一致：人们在身体健康、心情愉悦、状态颇佳、头脑清醒的时候是直立行走的，甚至昂首挺胸；这些姿态通常与“上、高”有关联。相反，人们在生病、伤心、状态糟糕、不太清醒时一般都要躺下，死亡时更是要倒下；这些姿态则往往和“下、低”相联系。

（3）前/后（FRONT/BACK）

“前/后”也是基本的空间概念，同样受到“上/下”隐喻意义的影响。一般来说，重要的在前，次要的在后，如“争先恐后”，表示大家争着向前，唯恐落后；发展快的、好的在前，发展慢的、差的在后，如“畏缩不前”，表示因害怕而退缩，不敢向前；公开的在前，隐藏的在后，如“螳螂捕蝉，黄雀在后”比喻只看见前面有利可图，不知道祸害就藏在自己的身后。汉语中还常用“前/后”的空间概念去表达更为抽象的时间概念：过去的在前，将来的在后，如“承前启后”，表示继承前代的并开创以后的学问或事业；类似的还有“前功尽弃、后患无穷”等。

4.2.2 汉语成语与结构隐喻

结构隐喻是指用高度结构化的概念来描述和构建其他抽象概念的隐喻类型(Lakoff 和 Johnson,1980)。结构隐喻同样以人类自身的认知体验为基础,其最大的特点是系统性。在结构隐喻中人们对源域事物更为熟悉,当源域和目标域在隐喻化过程中相互作用时,源域事物的显著特征就会映射到目标域,形成新的隐喻概念。汉语成语中常见的结构隐喻有:

(1) 辩论如战争(ARGUMENT IS WAR)

战争总是要分出胜负;在战争中人们竭力攻击对方漏洞、击中对方要害、摧毁对方据点,使用各种战略战术,最终赢得或者输掉战争。战争是人们较为熟悉的事物,战争中的各个环节系统性地映射到辩论的整个过程。同战争类似,辩论也需要武器,如"唇枪舌剑",形容争辩激烈、言辞锋利;辩论也需要声讨对方,如"口诛笔伐",表示用语言文字宣布罪状,进行声讨;辩论也会有相持阶段,如"针锋相对",比喻双方策略、论点和行动尖锐地对立;辩论也有轻而易举的胜利,如"不攻自破",比喻观点、言论等经不起批驳;类似的还有"暗箭难防、单刀直入"等。

(2) 人生如旅行(LIFE IS JOURNEY)

旅行有开始,有结束,也有过程;旅行中有风雨,有坎坷,也有欢乐。人们对旅行比较熟悉,旅行过程中的各种状况系统性地映射到人生道路上的诸多现象。同旅行相似,生活中人们开始行动,但不一定都能到达终点,如"半途而废",表示做事情没有完成就停下来了;人生本不想就此结束,但前面已经没有退路,如"穷途末路",形容一个人无路可走;生活中人们也有伴侣,但可能无法常伴左右,如"分道扬镳",比喻因为目标不同而各奔各的前程;人生中路有多条,但目的地最终相同,如"殊途同归",比喻采用不同的方法而得到相同的结果;类似的还有"东奔西走、背井离乡"等。

4.2.3 汉语成语与实体隐喻

实体隐喻是指人们将抽象和模糊的思想、感情、心理活动、事件或状态等无形的概念看作有形的实体,特别是人体本身(Lakoff 和 Johnson,

1980)。人类最初的生存方式是物质的，实体隐喻的基础同样是人类对周围事物的自身体验，其最大的特点就是将抽象事物看作具体事物。汉语成语中常见的实体隐喻有：

(1) 比拟(PERSONIFICATION)

比拟分为拟人和拟物两种。拟人是指赋予具体或抽象事物人的特点，各种熟悉的动物、植物或非生物都可以被当作人来看待，映射人类的思想、情感、气质或品质等抽象特征。动物可以有眼光，如“鼠目寸光”，比喻人目光短浅，见识狭小；动物还可以有技能，如“黔驴技穷”，比喻人虚有其表，本领有限。植物可以有仪容，如“花枝招展”，形容女子打扮得十分艳丽，引人注目；植物还可以有威慑，如“草木皆兵”，形容惊慌时疑神疑鬼，自我惊扰。非生物中风雨雷电都可以有表情，如“春风得意”，形容人事业顺心时得意扬扬的样子；山河湖海也可以发誓言，如“海誓山盟”，表示男女发誓真诚相爱，永不变心；甚至天与地都可以愤怒杀人，如“天诛地灭”，形容罪大恶极，为天地所不容。拟人是颇具代表性的实体隐喻类型，类似的成语还有很多，如“龙争虎斗、狐假虎威、鸟语花香、闭月羞花”等。拟物则是指赋予人具体事物的特点，人经过映射具备事物形象生动的特征。人可以比作老鼠，如“抱头鼠窜”，形容急忙逃走的狼狈相；人还可以比作狗，如“摇尾乞怜”，形容在别人面前谄媚的姿态，求取别人的欢心。这类成语大都具有贬义的感情色彩，用来描述反面人物。

(2) 容器隐喻(CONTAINER)

容器隐喻是指把行为、思想、心理及其他抽象的东西看作有形的容器进行具体分析与说明。容器隐喻在生活中有着深厚的物质基础，因为容器无时不在，无时不有。人体本身就是一个容器，如“满腔热忱”，形容对人热情，乐于助人；人体器官也可以被看作容器，如“胸有成竹”，比喻做事之前已经有通盘的考虑和计划。各类有形的物体可以被看作容器，如“泥牛入海”，比喻一去不复返，杳无音信；无形的事物也可以被看作容器，如“空中楼阁”，比喻虚幻的事物或脱离实际的理论和计划。人们可以把空间、时间也看作容器，如“走南闯北”，形容从南到北来回奔走，到过很多地方；而“年深日久”，则指已经过去的岁月，时间久远。人们甚至还可以把更为抽象的社会或文化看作容器，如“国破家亡”，形容国家遭受外敌侵略的景象，而“出生入死”则形容冒着生命危险去做事。容器隐喻是最典型的实体隐喻，因为人是独立于周围世界以外的实体，每个人自身就是一个容器，有界面，分内外。人类根据本身的认知体验将容器概念映射到周围的各种物体，形成各种各样的容器隐喻。

通常情况下，一条成语只运用某一种概念隐喻，但也有成语可能会同时应用两种概念隐喻，或交叉运用某种概念隐喻的两个小类。如成语“守口如瓶”形容一个人说话慎重或严守秘密，既可以看成比拟（人口拟作瓶口），也可以看作容器隐喻（瓶子是典型的容器）。出现这种情况是因为人们在看待同一条成语时往往不会局限于某个角度，而会从多个视角分别加以考虑，这有助于更加全面准确地理解和识别成语。通过对汉语成语与概念隐喻的分析，发现能够通过某个隐喻概念去理解和识别一类或一系列的成语，可以用作学习者理解习得汉语成语的重要策略，从而达到对汉语成语系统性的理解和认知，这有利于汉语成语理解习得模式的构建，也能够有效地促进对外汉语成语教学。当然，上述汉语成语的概念隐喻分析是以英语中的隐喻概念为基础的，在说明汉语成语的隐喻类型时可能存在表述不太自然的情况，还需要发现汉语中特有的隐喻概念用以系统性地考察汉语成语的理解认知特点，这是将来探索的方向。

4.3　汉语成语的源域结构

同英语成语相比，四字格是汉语成语特有的语言现象，而对称性是汉语四字格成语最为突出的结构特征。黄希庭等（1999）和陈传锋等（2000）通过心理实验从识别和再认两个方面探讨对称性成语的理解认知特点，结果发现对称性成语前后两段各自构成一个完形单元，其理解加工过程明显快于非对称性成语。刘振前、刑梅萍（2000）统计发现汉语成语中具有对称性结构的占很大比例，并设计快速呈现条件下的短时获得和短时保持实验，证实结构对称的成语显然比非对称的成语易于理解和认知。

王文斌、姚俊(2004)通过汉英隐喻成语内在认知机制的对比考察,发现由于思维认知模式的差异,汉语成语通常借用双源域来映射同一个目标域,而英语成语则往往借用单源域去映射一个目标域。

那么,汉语成语的双源域结构跟对称性特征有没有相关性?汉语对称性和非对称性成语中采用双源域结构的比例大体是多少?双源域结构是否增加目标域特征的突显度从而使得对称性成语更易于理解和加工?人类由近及远、由简单到复杂、由具体到抽象的认知规律,决定着人体及其器官在人类认知过程中的基础作用。人体词用作源域的隐喻化是以人类自身的认知经验为基础总结出具有高度抽象性的概念结构,是人类形成和表达新概念的重要手段。因此,本研究以概念隐喻理论为基础,着重分析《学成语词典》中四字格人体词成语(共289条,包含心、手、头、眼、足、脸等人体器官词),初步探讨其双源域突显特征,以求推而广之考察汉语成语的源域结构。

4.3.1 对称性成语的源域结构

对称性人体词成语共134条,全部都是联合结构,前后两段并列,包含两个互相对应的人体词;在隐喻化过程中都是借用两个源域来映射突显同一个目标域,双源域结构比例达100%;如“唇枪舌剑”就是借用“唇如枪”和“舌如剑”这两个源域去映射“争辩激烈、言辞锋利”这同一个目标域,目标域特征突显度增强。对称性人体词成语前后两段语法结构一致,在语义关系上可以是相承,如“手舞足蹈”,也可以是相反或相对,如“眉来眼去”。在此,我们对各类对称性人体词成语进行具体分析:

(1) 主谓型:共39条。

由人体词充当前后两段的主语,在成语隐喻化过程中作为双源域映射到成语的整体意义,如“唇亡齿寒、耳濡目染、口干舌燥、眉清目秀、手忙脚乱、头昏脑涨”等。这类成语隐喻意义的形成是通过对人体动作或特征的描述,表现人的行为特点与属性;作为源域事物的人体词,如“唇/齿、耳/目、口/舌、眉/目、手/脚、头/脑”等,联系非常紧密,互相映衬,跟各自的谓词共同作用,选择某些突出的特征投射到目标域,形成新的隐喻概念。如成语“唇亡齿寒”中，“唇亡”表示嘴唇没有了，“齿寒”表示牙齿受寒，这两个完形单元共同加工形成“关系密切、利害相关”的隐喻意义。主谓型对称性成语前后两部分在语义上大部分是相承关系，只有少数是相反关系，如“头重脚轻、眼高手低”等。

(2) 偏正型：共 34 条，基本上都是定中结构，很少有状中结构。

由人体词充当前后两段的中心语，在成语隐喻意义形成过程中作为双源域映射到成语的目标域特征，如“笨嘴拙舌、赤手空拳、愁眉苦脸、焦头烂额、伶牙俐齿、小肚鸡肠”等。这类成语的隐喻化是通过对人体词的修饰或限定，展现人在某个方面的突出特点；作为源域事物的人体词，如“嘴/舌、手/拳、眉/脸、头/额、牙/齿、肚/肠”等，联系也很紧密，前后相应，经过修饰词的限定选择最为突出的部分特征进行投射形成成语的隐喻意义。如成语“焦头烂额”中，“焦头”表示头被烧焦，“烂额”表示额头烂透，两个完形结构互相作用构建“处境狼狈、十分窘迫”的整体概念。同样，偏正型对称性成语前后两部分在语义上大部分是相承关系，也只有少数是相反关系，如“鹤发童颜”等。

(3) 动宾型：共 61 条，是数量最多的。

由人体词充当前后两段的宾语，在成语隐喻化过程中作为双源域向成语的目标域特征进行投射，如“改头换面、挤眉弄眼、刻骨铭心、摩拳擦掌、披肝沥胆、推心置腹”等。这类成语隐喻意义的形成是通过对人体实施的行动，表述人的行为、状态和突出特征；作为源域事物的人体词，如“头/面、眉/眼、骨/心、拳/掌、肝/胆、心/腹”等，联系同样紧密，互相对应，经动词作用各自选择最为突出的某些特征映射到目标域，形成新的隐喻概念。如成语“刻骨铭心”中，“刻骨”表示感受深切、永记不忘，“铭心”表示铭记在心、念念不忘，两个结构单元共同映射形成“铭记在心灵深处、牢记在心、永远不忘”的隐喻意义。同样，动宾型对称性成语前后两部分在语义上大部分是相承关系，也只有少数是相反关系，如“藏头露尾、张口结舌”等。

对称性四字格成语因前后两段语法结构相同，是联合式的并列结构，在隐喻化过程中常借用双源域人体词映射突显成语共同的目标域特征。

当然，这两个源域也是互有关联的，具有共同的属性而非无缘无故地共现于同一个成语，这种共现旨在强化成语的语义，使成语表达的概念更严密、意义更完整；如在上述对称性成语中，人们倾向于使用“耳/目、嘴/舌、肝/胆”等联系紧密的人体词，但很少采用“耳/舌、嘴/脚、肝/拳”等距离较远的人体词。在语义关系上，对称性成语前后两部分主要是相承关系，因为互相承接更符合人类自身的认知体验，如可以说“咬牙切齿”，但“咬牙开齿”则自相矛盾；同样可以说“愁眉苦脸”，但“愁眉笑脸”则难以实现。即便成语前后两段是相反或者是相对关系，整个成语在隐喻化过程中也要具有相承的关系，如“头重脚轻、眼高手低、鹤发童颜、张口结舌”等；这些成语中的两种情形有可能同时存在或发生，也符合人类的认知体验。

4.3.2 非对称性成语的源域结构

非对称性人体词成语共155条，可能包含一个或多个人体词，不能分为前后并列的两段，意义整体性较强。在语法结构上，可以是主谓结构，如“肝胆相照、孤掌难鸣”等；可以是偏正结构，如“铁石心肠、刮目相看”等；可以是动宾结构，如“感人肺腑、如雷贯耳”等；也可以是动补结构，如“胆大包天、望眼欲穿”等；也可以是连动结构，如“触目惊心、见钱眼开”等；还可以是兼语结构，如“令人捧腹、引人注目”等。

因为结构类型众多，非对称性人体词成语的隐喻意义形成经历较为复杂。在这类成语的隐喻化过程中，绝大部分是单个人体词作为单源域将部分特征投射到目标域，只有少数是两个人体词组合连用构成隐喻概念的双源域。据统计，双源域的非对称性人体词成语共16条，只占其总数的10.32%，其中主谓结构有11条，动宾结构有3条，连动结构有2条；常见的有“病入膏肓、骨肉团圆、面目全非、情同手足、沁人心脾、掩人耳目”等。作为源域事物的人体词，如“膏/肓、骨/肉、面/目、手/足、心/脾、耳/目”等，在成语整体意义的提炼过程中虽然可以看作双源域将各自的突出特征向目标域进行映射，但已经基本上凝固成词而难以分割开来。

对人体词成语源域结构的分析，可以自然推及动物词、颜色词、情感词、自然现象词等多种类型的汉语成语，体现出汉语成语较为独特的理解规律与特点。对称性成语在隐喻化过程中表现出双源域结构比较突出的特点，两个完形单元意义相承，目标域特征突显度增强，因此汉语母语者在理解过程中对称性成语加工速度更快，识别也更为容易。非对称性成语在隐喻意义形成过程中表现出单源域结构突出的特点，目标域特征突显度不强，因此理解速度相对较慢；而少数非对称性成语即便具有双源域结构，也会因为完形单元多于两个而影响到理解识别的速度和准确性。汉语成语中对称性成语占有很大比例，均衡对称性特点较为突出，而其双源域结构也表现出突显特征，都可能会导致对称性成语的处理速度加快，准确性提高，这正是学习者汉语成语理解习得的优势所在。汉语成语的隐喻概念与源域结构分布举例可参见表 2.4，而汉语成语的认知理解特点还需要在汉语学习者成语理解习得的实证研究中加以验证。

表 2.4　汉语成语的理解认知特点

汉语成语理解特点	汉语成语隐喻类型	方位隐喻	上/下(UP/DOWN)，如“欺上瞒下”
			高/低(HIGH/LOW)，如“兴高采烈”
			前/后(FRONT/BACK)，如“争先恐后”
		结构隐喻	辩论如战争(ARGUMENT IS WAR)，如“唇枪舌剑、口诛笔伐”
			人生如旅行(LIFE IS JOURNEY)，如“半途而废、穷途末路”
		实体隐喻	比拟(PERSONIFICATION)，如“黔驴技穷”
			容器隐喻(CONTAINER)，如“胸有成竹”
	汉语成语源域结构	对称性成语	主谓型双源域，如“耳濡目染”
			偏正型双源域，如“赤手空拳”
			动宾型双源域，如“刻骨铭心”
		非对称性成语	单源域结构，如“孤掌难鸣”
			双源域结构，如“情同手足”

5. 小结

汉语成语的数量浩如烟海，本书以《新华成语词典》和《学成语词典》中收录的成语作为语料研究汉语成语的结构特征，证实四字格是汉语成语的基本形式，前后对称的联合结构成语在数量上占据较大优势，汉语成语在结构上表现出对称性特点。我们以《新华成语词典》和《学成语词典》中收录的成语以及 HSK 动态作文语料库中汉语学习者使用的成语作为语料研究汉语成语的语义特征，证实汉语成语意义上的双层性特点，考察字面义成语、隐喻义成语和事件性成语的分布，发现汉语成语在语义上倾向于可分解；选择以汉语为母语的高校学生对选定汉语成语的分解性进行评定，验证成语语义的可分解倾向，并对可分解成语与不可分解成语做出界定和分类，将从中挑选学习者汉语成语理解习得实证研究的实验成语。成语本身又具有隐喻性，以举例的方式说明成语的理解和识别由隐喻概念驱动，成语的理解和认知能够通过系统性的概念隐喻有效地进行，根据成语隐喻概念猜测可以用作学习者理解习得汉语成语的基本策略；而对称性成语在隐喻化过程中表现出双源域突显特征，可能会导致成语理解处理速度加快，准确性提高，在学习者成语理解习得过程中具有一定的优势。

第三章

汉语成语理解习得影响因素

在英语成语理解习得方面，英语母语者（尤其是儿童和青少年）会受到熟悉度和分解性等因素的影响。熟悉度是指对成语字面意义和隐喻意义的理解程度以及成语使用的频率，熟悉度会明显影响成语的理解速度和准确性，越熟悉的成语处理时间越短，而理解则越准确（Schweigert，1986；Cronk 和 Schweigert，1992；Qualls 等，2003；Caillies 和 Butcher，2007）。分解性则是指成语字面意义与隐喻意义之间联系的紧密程度，容易理解的成语往往分解性程度较高，而不可分解成语通常比可分解成语需要更长的加工时间，且更加难以理解（Gibbs 和 Nayak，1989；Titone 和 Connine，1999；Caillies 和 Butcher，2007）。有实证实验证明，英语学习者理解习得成语同样受到熟悉度和分解性等因素的影响，学习者对熟悉、可分解的英语成语理解习得更为准确（谢华，2007；叶琳，2012）。在汉语成语理解习得方面，有研究者以汉语母语者为对象开展实验研究，证明熟悉度和分解性等因素单独或共同起作用，在不同程度上影响成语理解的进程，可能会增加或减少成语加工的时间，提高或降低成语理解的准确性（张萌、张积家，2008；钟毅平等，2009；雷潇、钟毅平，2010；罗家平，2010；曾雪晴，2011；马利军等，2013）。

因此，儿童和青少年母语者理解汉语成语时，熟悉度和分解性起到较为明显的促进作用，他们在理解熟悉和可分解的成语时有较好的表现，熟悉度和分解性跟成语的正确理解显著相关。就学习者来说，熟悉度对汉语成语理解习得的影响主要是学习者个体经验问题，即虽然某个成语的意义出现频率很高，但在经验上对个别学习者有可能是不熟悉的，不过对全体学习者来说熟悉度的影响是不容忽视的；分解性则是汉语成语本身较为稳定的属性，分解性对汉语成语理解习得的作用并不会因为学习者个体的差异而受到太大影响；对称性是汉语成语的突出特点，对称性成语表现出双源域突显特征，在理解习得过程中可能导致对称性成语加工速度更快，准确性也更高；而语言水平则是表明学习者个体差异的重要变量，语言水平较高的学习者成语理解习得能力也会更强。在汉语成语理解习得研究中，熟悉度、分解性、对称性和语言水平等都是不可忽视的重要因素，应充分考虑它们对学习者成语理解的影响，不然容易导致成语理解习得模式的缺陷。

1. 研究假设

本书借鉴汉语母语者（罗家平，2010；曾雪晴，2011）和英语学习者（谢华，2007；叶琳，2012）成语理解习得影响因素的研究思路，设计语义测量实验，以中级和高级水平的英语母语学习者为研究对象，编制汉语成语语义测量表，考察成语熟悉度、分解性和对称性等因素对汉语成语理解习得的影响，探讨学习者汉语成语理解习得的发展趋势，并分析各种影响因素之间的交互作用。综合以往研究结果，我们提出以下研究假设：

（1）熟悉度、分解性、对称性和被试级别主效应显著，被试级别同熟悉度、分解性和对称性等因素存在显著的交互作用；

（2）在熟悉度、分解性和对称性三因素中，熟悉度对中级和高级水平学习者成语理解习得都是最为重要的影响因素；

（3）分解性和对称性对学习者理解习得熟悉成语没有显著性影响，而对理解习得不熟悉成语则存在显著性影响。

2. 实验设计

2.1　实验材料

2.1.1 成语熟悉度评定

由于实验被试是以英语为母语的汉语学习者，本研究选择的成语力求控制在汉语学习者掌握的范围之内，尽量避免太过生僻的成语。我们以选定的 120 条汉语成语为基础编制成语熟悉度评定表，对称性和非对称性成语各 60 条，涵盖汉语成语的各种结构类型。考虑到成语理解习得实验的考察对象是英语母语汉语学习者，本研究选择由 30 名以英语为母语的中高级水平汉语学习者评定成语的熟悉度，测量采用 7 点量表，表明成语的熟悉度从熟悉向不熟悉过渡的过程。要求被试使用 7 点量表从对成语的理解程度以及成语使用的频率两个方面来评定成语的熟悉度，"7"表示非常理解，并且经常使用；"1"表示完全不理解，也从未见过；评价等级越高，则成语的熟悉度越高。成语熟悉度的评定主要采用小组测试或单独测试取样的方法，被试为当时在北京大学学习汉语的中高级英语母语学习者。我们向被试分别发放成语熟悉度评定表，说明评定指导语并进行示范，待被试完成测试后统一回收评定表。所有完成成语熟悉度调查的被试会得到一小笔现金作为报酬（￥20）。成语熟悉度评定表可参见附录 3。

熟悉度是通过对成语意义的理解程度以及成语使用的频率两个维度进行衡量的，我们将上述 30 名英语母语汉语学习者的评分取平均值并做标准偏差处理，成语熟悉度评定结果可参见附录 4。在进行评定的 120 条汉语成语中，成语熟悉度均值为 2.82 分，其中熟悉度分值最高的是成语"不知不觉"，为 5.40 分，而熟悉度分值最低的是成语"妙语连珠"，为 1.43 分。由于对成语熟悉度的测量采用的是 7 点量表，评定结果显示成语熟悉度均值还远不到极值的一半，说明被试对选定汉语成语的熟悉程度总体来说较低;而对评定数据做标准偏差分析,结果显示各位被试对选定汉语成语熟悉度的差异性较为显著,说明熟悉度在成语理解习得中的作用可能并不具体地在每名被试中都得到体现。根据成语熟悉程度不同,将这120条成语分为熟悉成语和不熟悉成语两类,其中均值高于3.00分的定为熟悉成语,均值低于2.50分的定为不熟悉成语,均值介于3.00分和2.50分之间是从熟悉向不熟悉过渡的成语。根据成语熟悉度评定结果,选定的熟悉成语共有42条,占评定成语总数的35.00%;选定的不熟悉成语共有47条,占评定成语总数的39.17%,熟悉成语和不熟悉成语的分布基本平衡。

根据统计,熟悉成语的熟悉度均值为3.69分,分值超过3.50分的熟悉成语只有22条,显示被试对选定成语的总体熟悉程度不高,适合用于学习者成语理解习得实验;而熟悉成语的熟悉度标准偏差数值介于1.69到2.66之间,表明各位被试对选定成语熟悉度的数据整体分布离平均值较远,差异性较为显著。在42条熟悉成语中,对称性成语有24条,而非对称性成语有18条,分布较为均衡;我们将评定出的这42条熟悉成语用作学习者汉语成语理解习得实验的基本语料。不熟悉成语的熟悉度均值为2.12分,分值低于2.00分的不熟悉成语达到16条,显示被试对选定成语的总体熟悉程度较低,可以用于学习者成语理解习得实验;而不熟悉成语的熟悉度标准偏差数值介于1.00到2.21之间,表明各位被试对选定成语熟悉度的数据整体分布离平均值有一定距离,差异性也较为显著。在47条不熟悉成语中,对称性成语有18条,而非对称性成语有29条,比较切合汉语成语中对称性成语和非对称性成语的分布;我们将评定出的这47条不熟悉成语也用作学习者汉语成语理解习得实验的基本语料。

2.1.2 实验成语选择

本研究对成语分解性和熟悉度的评定数据(详见附录2和附录4)进行分析处理形成实验材料,综合考虑成语的熟悉度、分解性和对称性等因素,最终选出32条实验成语。实验成语中对称性和非对称性成语各有16条,其中熟悉成语和不熟悉成语、可分解成语与不可分解成语各占

50%；而如果按照成语语义特征分布，则是字面义成语 16 条，隐喻义成语 14 条，事件性成语 2 条。根据假设，对称性实验成语按照从易到难的排列原则分布如下：1—4 是熟悉可分解成语；5—8 是熟悉不可分解成语；9—12是不熟悉可分解成语；13—16 是不熟悉不可分解成语；可参见表 3.1。

表 3.1 对称性实验成语

序号	成语	结构类型	语义特征	熟悉度	可分解	不可分解
1	不知不觉	状动＋状动	字面义	5.40	26	4
2	大同小异	定中＋定中	字面义	3.17	24	6
3	千方百计	定中＋定中	字面义	3.40	27	3
4	五颜六色	定中＋定中	字面义	4.73	30	0
5	青梅竹马	定中＋定中	隐喻义	3.20	0	30
6	提心吊胆	动宾＋动宾	隐喻义	3.10	9	21
7	天涯海角	定中＋定中	隐喻义	3.17	10	20
8	五花八门	定中＋定中	隐喻义	3.97	7	23
9	归根结底	动宾＋动宾	字面义	2.23	23	7
10	深思熟虑	状动＋状动	字面义	2.23	30	0
11	损人利己	动宾＋动宾	字面义	2.50	30	0
12	言传身教	主谓＋主谓	字面义	1.93	23	7
13	废寝忘食	动宾＋动宾	隐喻义	2.03	8	22
14	挤眉弄眼	动宾＋动宾	隐喻义	2.10	8	22
15	摇头晃脑	动宾＋动宾	隐喻义	2.37	8	22
16	指手画脚	动宾＋动宾	隐喻义	2.40	7	23

同样是根据假设，非对称性实验成语按照从易到难的排列原则分布如下：1—4 是熟悉可分解成语；5—8 是熟悉不可分解成语；9—12 是不熟悉可分解成语；13—16 是不熟悉不可分解成语；可参见表 3.2。

表 3.2　非对称性实验成语

序号	成语	结构类型	语义特征	熟悉度	可分解	不可分解
1	不约而同	状动结构	字面义	3.30	27	3
2	迫不及待	动补结构	字面义	3.27	29	1
3	微不足道	形补结构	字面义	3.23	30	0
4	一无所有	动宾结构	字面义	4.27	29	1
5	不可救药	状动结构	隐喻义	3.00	9	21
6	刮目相看	状动结构	隐喻义	3.07	8	22
7	画蛇添足	连动结构	事件性	3.10	5	25
8	开门见山	连动结构	隐喻义	3.53	1	29
9	半途而废	状动结构	字面义	2.50	27	3
10	不遗余力	动宾结构	字面义	2.40	27	3
11	为人师表	动宾结构	字面义	1.97	27	3
12	习以为常	主谓结构	字面义	2.30	28	2
13	隔岸观火	状动宾结构	隐喻义	1.67	4	26
14	滚瓜烂熟	主谓结构	隐喻义	1.97	4	26
15	妙语连珠	主谓结构	隐喻义	1.43	7	23
16	胸有成竹	主谓结构	事件性	1.83	5	25

从表 3.1 和表 3.2 可知，本研究选定的 32 条实验成语熟悉度均值为 2.84 分，还不到熟悉度评定表中极值的一半，表明总体来说学习者对实验成语的熟悉程度较低，熟悉度的作用可能无法通过接触频率的增加在每名被试身上都得以体现，但对整个级别的被试来说熟悉度还是能够表现出其在成语语义测量过程中的重要影响。选定的 32 条实验成语可分解性均值为 55.94%，不可分解性均值为 44.06%，表明实验成语分解性的评定比较集中，是成语本身较为稳定的属性，分解性在成语语义测量过程中的作用并不会因为学习者个体的差异而受到太大影响。在选定的 32 条实验成语中，熟悉成语和不熟悉成语、可分解成语和不可分解成语、

对称性成语和非对称性成语各占 50%，跟汉语成语中熟悉度、分解性和对称性实际的比例分布可能存在一些差异；按照成语语义特征来看，字面义成语占 50.00%，隐喻义成语占 43.75%，事件性成语占 6.25%，跟汉语成语中语义特征实际的分布比例可能也存在一些区别，但是实验成语的平均分布更有利于实证实验的开展和实验数据的收集与分析。

2.1.3 实验材料编制

为考察英语母语学习者理解习得汉语成语的情况，需要编写实验成语的意义以形成测试调查问卷。为体现汉语学习者习得成语时可能会出现的不同意义，包括正确的和偏误的，本研究参考新 HSK6 级选词填空题，结合对外汉语教师意见，考察汉语学习者对成语理解的可能意义，最终为每条实验成语编写四个答案选项（一个隐喻意义选项、一个字面意义选项、两个干扰意义选项），答案选项采取随机排列的方式，最终形成汉语成语语义测量表。语义测量表包括指导语、示范和题目三个部分；题目包含 32 条实验成语，每条成语配置四个答案选项，各选项之间尽量避免太大的差异，确保被试选择答案时各选项中没有明显的暗示作用。成语语义测量表可参见附录 5。

2.2　被试

实验被试是以英语为母语的中级和高级水平成年汉语学习者，各有 30 名，成语语义测量实验主要采用小组测试或单独测试取样的方法。被试主要来自澳大利亚等英语国家，大部分在本国有汉语学习经历，当时在北京大学对外汉语学院中级班或高级班学习汉语；中级水平被试使用的教材主要是《博雅汉语》冲刺系列和《中级汉语口语》，高级水平被试使用的教材主要是《博雅汉语》飞翔系列和《高级汉语口语》。被试在第二语言教学环境下学习汉语，在日常生活中能够用汉语跟周围的朋友、老师和同学进行交流，属于中高级水平的汉语学习者。

2.3　预测

本研究选择中级和高级水平的英语母语汉语学习者各 3 名，分别向其发放汉语成语语义测量表。回收结果表明，这些中高级汉语学习者都能顺利地完成汉语成语理解习得测试，用时大约30分钟，在各答案选项中未发现明显的暗示性。

2.4 实验程序

成语语义测量实验属于认知心理实验，实验采用2(成语熟悉度：熟悉、不熟悉)×2(成语分解性：可分解、不可分解)×2(成语对称性：对称性、非对称性)×2(被试级别：中级、高级)的多因素混合设计，其中成语的熟悉度、分解性和对称性均为被试内变量，被试级别为被试间变量，因变量则是成语理解的成绩均值。

实验工具主要有成语语义测量表、铅笔和橡皮等文具。由于水平相近的中高级英语母语学习者分布于多个班级，受到各个班级教学计划与课程安排的限制，无法采取集体测试的方式进行。为确保实验测试的信度，将被试分成大小不等的若干小组进行测试，分别向其发放成语语义测量表，说明实验指导语并进行示范，待被试完成实验测试后统一回收测量表。所有完成成语语义测量实验的被试会得到一小笔现金作为报酬(￥20)。

2.5 数据统计

在成语语义测量表中，为每条实验成语编写四个答案选项(一个隐喻意义选项、一个字面意义选项、两个干扰意义选项)，答案选项采取随机排列的方式。选择隐喻意义选项表明被试对成语的理解正确，选择字面意义选项表明被试对成语有所理解但并没有完全掌握，选择干扰意义选项则表明被试对成语的理解错误。本研究采用1—3分三个等级的计分方法：如对成语“坐井观天”的理解，被试选择隐喻意义“目光狭小(narrow)，所见有限”计为3分，选择字面意义“坐在井底(bottom)看天”计为2分，而选择干扰意义“天像井口一样大小”或“从井中观察(observe)天气”则计为1分。本研究将实验结果用Spss19.0软件包进行数据录入与统计，并进行多因素方差分析和标准方差分析。

根据统计，在成语语义测量实验中30名中级被试和30名高级被试均完成成语语义测量表，对32条成语的语义测量平均分值为2.09分，其中均值最高的成语是“五颜六色”，为2.57分，而均值最低的成语是“不可救药”，为1.63分。实验成语语义测量的总均值可参见表3.3。

表3.3 成语语义测量总均值

因变量：成绩

均值	标准误差	95%置信区间	
		下限	上限
2.089	.021	2.046	2.132

根据统计，在成语语义测量各答案选项中，选择隐喻意义的有770人/次，占40.10%，即为成语理解的正确率；选择字面意义的有551人/次，占28.70%，即为部分理解成语的比率；而选择干扰意义的有599人/次，占31.20%，即为成语理解的错误率。实验成语的语义测量选项分布可参见表3.4。

表3.4 成语语义测量选项分布

	隐喻意义	百分比	字面意义	百分比	干扰项	百分比
成语	770	40.10	551	28.70	599	31.20

表3.5 成语理解习得影响因素主效应检验

因变量：成绩

源	III型平方和	Df	均方	F	Sig.	偏Eta方	非中心参数	观测到的幂[b]
校正模型	4.848[a]	15	.323	10.970	.000	.774	164.546	1.000
截距	279.308	1	279.308	9479.772	.000	.995	9479.772	1.000
被试	1.134	1	1.134	38.496	.000	.445	38.496	1.000

续表

源	III 型平方和	Df	均方	F	Sig.	偏 Eta 方	非中心参数	观测到的幂[b]
熟悉度	2.288	1	2.288	77.644	.000	.618	77.644	1.000
分解性	.860	1	.860	29.197	.000	.378	29.197	1.000
对称性	.305	1	.305	10.360	.002	.178	10.360	.884
被试 * 熟悉度	.212	1	.212	7.182	.010	.130	7.182	.747
被试 * 分解性	.000	1	.000	.003	.954	.000	.003	.050
被试 * 对称性	.006	1	.006	.217	.643	.005	.217	.074
熟悉度 * 分解性	.001	1	.001	.026	.873	.001	.026	.053
熟悉度 * 对称性	.001	1	.001	.017	.896	.000	.017	.052
分解性 * 对称性	.000	1	.000	.010	.919	.000	.010	.051
被试 * 熟悉度 * 分解性	.021	1	.021	.714	.402	.015	.714	.131
被试 * 熟悉度 * 对称性	.000	1	.000	.008	.931	.000	.008	.051
被试 * 分解性 * 对称性	.013	1	.013	.449	.506	.009	.449	.101
熟悉度 * 分解性 * 对称性	.000	1	.000	.005	.942	.000	.005	.051
被试 * 熟悉度 * 分解性 * 对称性	.006	1	.006	.217	.643	.005	.217	.074
误差	1.414	48	.029					
总计	285.570	64						
校正的总计	6.262	63						

a. R 方＝ .774(调整 R 方＝ .704)

b. 使用 alpha 的计算结果＝ .05

本研究使用 Spss19.0 软件对实验统计数据进行多因素方差分析，结果发现在学习者成语理解习得过程中熟悉度主效应显著，分解性主效应显著，对称性主效应显著，被试级别主效应显著，被试级别与熟悉度之间交互作用显著，但其他各种影响因素之间交互作用并不显著。汉语成语的语义测量整体情况可参见附录 6，而成语理解习得各影响因素的主效应检验可参见表 3.5，下面将对成语理解习得语义测量结果做详细分析与讨论。

3. 结果与分析

3.1 熟悉度对成语理解习得的影响

在成语语义测量实验中共有 32 条成语，熟悉成语和不熟悉成语各占 16 条。根据统计，对 16 条熟悉成语的语义测量均值为 2.28 分，其中均值最高的成语是“五颜六色”，为 2.57 分，而均值最低的成语是“不可救药”，为 1.63 分。同样，对 16 条不熟悉成语的语义测量均值为 1.90 分，其中均值最高的成语是“损人利己”，为 2.30 分，而均值最低的成语是“隔岸观火”，为 1.70 分。熟悉和不熟悉成语的语义测量均值可参见表 3.6。

表 3.6 熟悉和不熟悉成语语义测量均值

因变量：成绩

熟悉度	均值	标准误差	95%置信区间	
			下限	上限
熟悉	2.278	.030	2.217	2.339
不熟悉	1.900	.030	1.839	1.961

在熟悉成语语义测量各答案选项中，选择隐喻意义的有 475 人/次，占 49.48%，选择字面意义的有 277 人/次，占 28.85%，而选择干扰项的有 208 人/次，占 21.67%。同样，在不熟悉成语语义测量各答案选项中，

选择隐喻意义的有 295 人/次，占 30.73%，选择字面意义的有 274 人/次，占 28.54%，而选择干扰项的有 391 人/次，占 40.73%。熟悉和不熟悉成语的语义测量选项分布可参见表 3.7。

表 3.7　熟悉和不熟悉成语语义测量选项分布

成语	隐喻意义	百分比	字面意义	百分比	干扰项	百分比
熟悉成语	475	49.48	277	28.85	208	21.67
不熟悉成语	295	30.73	274	28.54	391	40.73

3.1.1 熟悉成语的理解习得

熟悉成语是指熟悉程度较高的成语，学习者对其理解程度和使用频率都比较高。在成语语义测量表中，熟悉成语共有 16 条，被试对这些成语理解的正确率都比较高，其语义测量均值也比较高。从表 3.6 和表 3.7 可知，被试理解熟悉成语的均值为 2.28 分，熟悉成语理解正确率有 49.48%，而错误率则只有 21.67%，另有 28.85%的被试则是因不能够完全理解成语而选择其字面意义。例如对成语"五颜六色"的理解：大部分被试可能都学过这个成语，能够理解并且经常使用这个成语，熟悉度有 4.73 分，属于熟悉成语，因此在成语语义测量实验中均值达到 2.57 分，有 71.67%的被试选择其隐喻意义选项"色彩繁多(various)，各色各样"，正确率很高；另有 13.33%的被试选择其字面意义选项"五六种颜色"，也能够部分掌握成语的意义；只有 15.00%的被试选择其干扰意义选项"色彩很混乱(confusing)"或者"颜色非常接近(close)"，错误率比较低。分析成语语义测量结果可以发现：熟悉成语学习者熟悉程度较高，理解的正确率也比较高，熟悉成语的习得较为容易。

3.1.2 不熟悉成语的理解习得

不熟悉成语是指熟悉程度较低的成语，学习者对其理解程度和使用频率都相对比较低。在成语语义测量表中，不熟悉成语共有 16 条，被试对这些成语理解的正确率都相对要低些，其语义测量均值也不高。从表 3.6 和表 3.7 可知，被试理解不熟悉成语的均值为 1.90 分，比熟悉成语的均值低 0.38 分；不熟悉成语理解正确率有 30.73%，比熟悉成语的正确率要低 18.75%；而错误率则达到 40.73%，比熟悉成语的错误率要高 19.06%；另有 28.54%的被试则是因不能够完全理解成语而选择其字面意义，跟熟悉成语的理解基本持平。例如对成语“妙语连珠”的理解：大部分被试可能都没有学过这个成语，难以理解也很少使用这个成语，熟悉度只有 1.43 分，属于不熟悉成语，因此在成语语义测量实验中均值只有 1.73 分，有 26.67%的被试选择其隐喻意义选项“妙句（punch line）一个接一个，讲话很精彩”，正确率较低；另有 20.00%的被试选择其字面意义选项“巧妙风趣的话如同串珠（a string of beads）”，能够部分掌握成语的意义；只是还有 53.33%的被试选择其干扰意义选项“连接成串的珠子很美妙（splendid）”或者“语言很奇妙（intriguing），就像珍珠一样”，错误率非常高。分析成语语义测量结果可以发现：不熟悉成语学习者熟悉程度较低，理解的错误率比较高，不熟悉成语的习得较为困难。因此，从整体来看熟悉成语理解习得的成绩远高于不熟悉成语的成绩，熟悉和不熟悉成语的语义测量均值趋势可参见图 3.1。

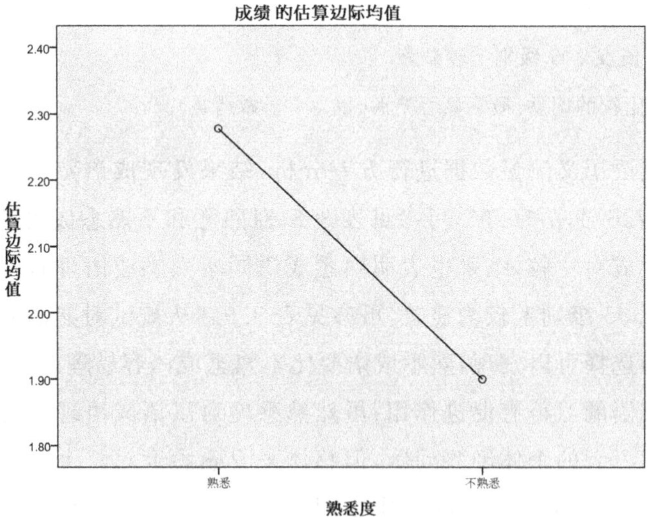

图 3.1　熟悉和不熟悉成语语义测量均值趋势

表 3.8　成语理解习得熟悉度单变量检验

因变量:成绩

	平方和	Df	均方	F	Sig.	偏 Eta 方	非中心参数	观测到的幂[a]
对比	2.288	1	2.288	77.644	.000	.618	77.644	1.000
误差	1.414	48	.029					

F 检验熟悉度的效应。该检验基于估算边际均值间的线性独立成对比较。

a. 使用 alpha 的计算结果=.05

表 3.9　熟悉和不熟悉成语理解习得均值成对比较

因变量:成绩

(I)熟悉度	(J)熟悉度	均值差值(I—J)	标准误差	Sig.[a]	差分的 95%置信区间[a]	
					下限	上限
熟悉	不熟悉	.378*	.043	.000	.292	.464
不熟悉	熟悉	—.378*	.043	.000	—.464	—.292

基于估算边际均值

*. 均值差值在 .05 级别上较显著。

a. 对多个比较的调整:最不显著差别(相当于未做调整)。

对成语语义测量数据进行方差分析,结果发现成语熟悉度主效应显著,F=77.644,p<0.05,可参见表 3.8;对熟悉和不熟悉成语的语义测量均值进行成对比较,结果也表明熟悉成语同不熟悉成语理解习得的均值差值在 0.05 级别上较为显著,可参见表 3.9。从被试对熟悉和不熟悉成语意义的选择可以发现:熟悉成语要比不熟悉成语容易理解,说明熟悉度对汉语成语的习得有促进作用;虽然熟悉度对汉语成语理解习得的影响主要是学习者的个体经验问题,但总体来看熟悉度对整个级别的被试理解汉语成语仍然发挥着重要作用,是学习者汉语成语习得的重要影响因素。

3.2 分解性对成语理解习得的影响

在成语语义测量实验中共有32条成语,可分解成语和不可分解成语各占16条。根据统计,对16条可分解成语的语义测量均值为2.21分,其中均值最高的成语是“五颜六色”,为2.57分,而均值最低的成语是“不遗余力”,为1.85分。同样,对16条不可分解成语的语义测量均值为1.97分,其中均值最高的成语是“画蛇添足”,为2.35分,而均值最低的成语是“不可救药”,为1.63分。可分解和不可分解成语的语义测量均值可参见表3.10。

表3.10 可分解和不可分解成语语义测量均值

因变量:成绩

分解性	均值	标准误差	95%置信区间	
			下限	上限
可分解	2.205	.030	2.144	2.266
不可分解	1.973	.030	1.912	2.034

在可分解成语语义测量各答案选项中,选择隐喻意义的有426人/次,占44.38%,选择字面意义的有305人/次,占31.77%,而选择干扰项的有229人/次,占23.85%。同样,在不可分解成语语义测量各答案选项中,选择隐喻意义的有344人/次,占35.83%,选择字面意义的有246人/次,占25.63%,而选择干扰项的有370人/次,占38.54%。可分解和不可分解成语的语义测量选项分布可参见表3.11。

表3.11 可分解和不可分解成语语义测量选项分布

成语	隐喻意义	百分比	字面意义	百分比	干扰项	百分比
可分解成语	426	44.38	305	31.77	229	23.85
不可分解成语	344	35.83	246	25.63	370	38.54

3.2.1 可分解成语的理解习得

可分解成语是指分解性程度较高的成语，其字面意义跟隐喻意义联系较为紧密，从成语构成成分的字面意义能够理解其隐喻意义，在语义上倾向于字面意义，语义透明度较高。在成语语义测量表中，可分解成语共有 16 条，均为字面义成语，被试对这些成语理解的正确率都比较高，其语义测量均值也比较高。从表 3.10 和表 3.11 可知，被试理解可分解成语的均值为 2.21 分，低于熟悉成语的均值；可分解成语理解正确率有 44.38%，也低于熟悉成语的正确率；而错误率则只有 23.85%，稍高于熟悉成语的错误率；另有 31.77%的被试因不能够完全理解成语而选择其字面意义，这个比例较高是因为成语字面意义跟隐喻意义差异不大，被试不太容易进行区分。例如对成语“大同小异”的理解：这个成语字面意义跟隐喻意义联系非常紧密，从其构成字词的字面意义能够基本理解其内在的隐喻意义，属于可分解成语，也是字面义成语，因此在成语语义测量实验中均值达到 2.43 分，有多达 55.00%的被试选择其隐喻意义选项“大体相同，略有(slightly)差异”，正确率较高；另有 33.33%的被试选择其字面意义选项“大部分相同，小部分不同”，也能够部分掌握成语的意义，非常接近成语的隐喻意义；只有 11.67%的被试选择其干扰意义选项“大的跟小的有差别”或者“不论大小都是一样的”，错误率非常低。分析成语语义测量结果可以发现：可分解成语语义透明度较高，理解的正确率比较高，可分解成语的习得较为容易。

3.2.2 不可分解成语的理解习得

不可分解成语是指分解性程度较低的成语，其字面意义跟隐喻意义缺乏足够的联系，从成语构成成分的字面意义难以看出其隐喻意义，在语义上倾向于隐喻意义或具有事件性，语义透明度较低。在成语语义测量表中，不可分解成语共有 16 条，均为隐喻义成语或事件性成语，被试对这些成语理解的正确率都相对要低些，其语义测量均值也不高。从表 3.10 和表 3.11 可知，被试理解不可分解成语的均值为 1.97 分，比可分解成语的均值低 0.24 分；不可分解成语理解正确率有 35.83%，比可分解成语的正确率要低 8.55%，但错误率则高达 38.54%，比可分解成语的错误率要高 14.69%；另有 25.63%的被试因不能够完全理解成语而选择其字面意义，这个比例相对较低是因为成语字面意义跟隐喻意义距离较远，被试不太容易混淆。例如对成语"摇头晃脑"的理解：这个成语字面意义跟隐喻意义缺乏足够的联系，从其构成字词的字面意义难以发现其内在的隐喻意义，属于不可分解成语，也是隐喻义成语，因此在成语语义测量实验中均值只有 1.78 分，有 23.33%的被试选择其隐喻意义选项"十分得意(complacent)、自以为是的样子"，正确率比较低；另有 18.33%的被试选择其字面意义选项"脑袋(head)摇来晃去、来回摆动"，能够理解成语的字面意义，但跟成语的隐喻意义缺乏足够的联系；却有 58.33%的被试选择其干扰意义选项"一直摇头，表示自己不能同意"或者"脑袋晃得都要晕倒(dizzy)了"，错误率非常高。分析成语语义测量结果可以发现：不可分解成语语义透明度较低，理解的错误率比较高，不可分解成语的习得较为困难。因此，从整体来看可分解成语理解习得的成绩要高于不可分解成语的成绩，可分解和不可分解成语的语义测量均值趋势可参见图 3.2。

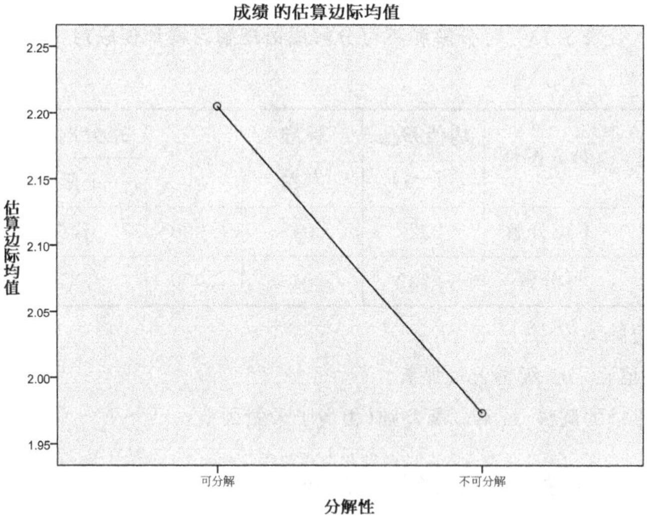

图 3.2 可分解和不可分解成语语义测量均值趋势

对成语语义测量数据进行方差分析，结果表明成语分解性主效应显著，$F=29.197$，$p<0.05$，可参见表 3.12；对可分解和不可分解成语的语义测量均值进行成对比较，结果也表明可分解成语同不可分解成语理解的均值差值在 0.05 级别上较为显著，可参见表 3.13。从被试对可分解和不可分解成语意义的选择可以发现：可分解成语要比不可分解成语容易理解，说明分解性对汉语成语的习得有促进作用；分解性能够体现出汉语成语在语义上的可分解倾向，是汉语学习者理解习得汉语成语的重要影响因素。

表 3.12　成语理解习得分解性单变量检验

因变量：成绩

	平方和	Df	均方	F	Sig.	偏 Eta 方	非中心参数	观测到的幂[a]
对比	.860	1	.860	29.197	.000	.378	29.197	1.000
误差	1.414	48	.029					

F 检验分解性的效应。该检验基于估算边际均值间的线性独立成对比较。

a. 使用 alpha 的计算结果＝.05

表 3.13　可分解和不可分解成语理解习得均值成对比较

因变量：成绩

(I)分解性	(J)分解性	均值差值(I—J)	标准误差	Sig.[a]	差分的 95%置信区间[a]	
					下限	上限
可分解	不可分解	.232*	.043	.000	.146	.318
不可分解	可分解	—.232*	.043	.000	—.318	—.146

基于估算边际均值

*. 均值差值在 .05 级别上较显著。

a. 对多个比较的调整：最不显著差别(相当于未做调整)。

3.3　对称性对成语理解习得的影响

在成语语义测量实验中共有 32 条成语，对称性成语和非对称性成语各占16条。根据统计,对16条对称性成语的语义测量均值为2.16分,其中均值最高的成语是“五颜六色”,为2.57分,而均值最低的成语是“挤眉弄眼”,为1.75分。同样,对16条非对称性成语语义的测量均值为2.02分,其中均值最高的成语是“不约而同”,为2.37分,而均值最低的成语是“不可救药”,为1.63分。对称性和非对称性成语的语义测量均值可参见表3.14。

表3.14 对称性和非对称性成语语义测量均值

因变量:成绩

对称性	均值	标准误差	95%置信区间	
			下限	上限
对称性	2.158	.030	2.097	2.219
非对称性	2.020	.030	1.959	2.081

在对称性成语语义测量各答案选项中,选择隐喻意义的有418人/次,占43.54%,选择字面意义的有276人/次,占28.75%,而选择干扰项的有266人/次,占27.71%。同样,在非对称性成语语义测量各答案选项中,选择隐喻意义的有352人/次,占36.67%,选择字面意义的有275人/次,占28.64%,而选择干扰项的有333人/次,占34.69%。对称性和非对称性成语的语义测量选项分布可参见表3.15。

表3.15 对称性和非对称性成语语义测量选项分布

成语	隐喻意义	百分比	字面意义	百分比	干扰项	百分比
对称性成语	418	43.54	276	28.75	266	27.71
非对称性成语	352	36.67	275	28.64	333	34.69

3.3.1 对称性成语的理解习得

对称性成语是指可以分为前后两截或两段,两部分字数相等,结构相应,意义相同、相近或相反的成语;在理解习得过程中对称性成语加工速度更快,识别也更为容易。在成语语义测量表中,对称性成语共有16条,被试对这些成语理解的正确率都相对较高，其语义测量均值也相对较高。从表 3.14 和表 3.15 可知，被试理解对称性成语的均值为 2.16 分，低于熟悉成语和可分解成语的均值；对称性成语理解正确率有 43.54%，也低于熟悉成语和可分解成语的正确率；而错误率则有 27.71%，比熟悉成语和可分解成语的错误率都要高；另有 28.75%的被试因不能够完全理解成语而选择其字面意义。例如对成语“千方百计”的理解：这个成语分为前后两段，两部分字数相等，意义相近，在结构上属于对称性成语，在理解过程中双源域结构突出，更为容易识别，因此在成语语义测量实验中均值达到 2.40 分，有 55.00%的被试选择其隐喻意义选项“想尽一切办法，用尽一切计谋”，这里“方法”和“计谋”的双源域较为突显，正确率较高；另有 30.00%的被试选择其字面意义选项“一千种方法，一百种计谋(scheme)”，也能够部分掌握成语的意义；只有 15.00%的被试选择其干扰意义选项“方法和计划多得用不完”或者“一千种方法等于(equal)一百种计划”，错误率相对较低。分析成语语义测量结果可以发现：对称性成语双源域特征突显，理解的正确率相对比较高，对称性成语的习得也较为容易。

3.3.2 非对称性成语的理解习得

非对称性成语是指意义整体性比较强的成语；从整体意义来说，这类成语不能分成前后并列的两截或两段；从语法结构来看，这类成语不是联合结构，而是主谓结构、偏正结构、动宾结构、动补结构、连动结构或兼语结构等类型；在理解习得过程中非对称性成语加工速度会更慢，识别也更困难。在成语语义测量表中，非对称性成语共有 16 条，被试对这些成语理解的正确率都相对要低，其语义测量均值也不高。从表 3.14 和表 3.15 可知，被试理解非对称性成语的均值为 2.02 分，比对称性成语的均值低 0.14 分；非对称性成语理解正确率有 36.67%，比对称性成语的正确率要低 6.87%，而错误率则高达 34.69%，比对称性成语的错误率要高 6.98%；另有 28.64%的被试因不能够完全理解成语而选择其字面意义，跟对称性成语的理解基本持平。

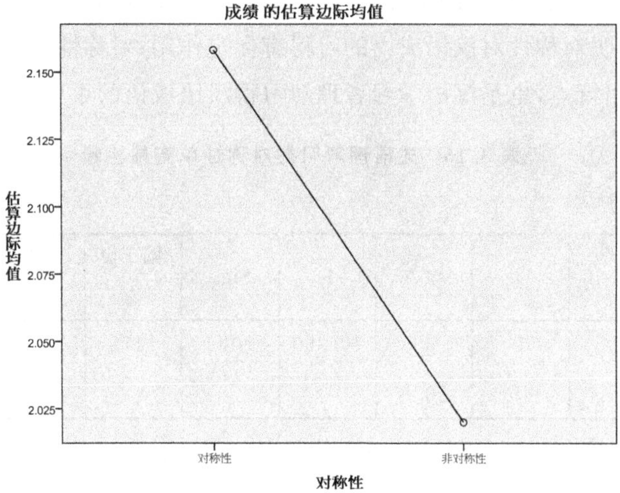

图 3.3　对称性和非对称性成语语义测量均值趋势

例如对成语“半途而废”的理解：这个成语不能分为前后并列的两段，意义整体性比较强，在结构上属于非对称性成语，在理解过程中单源域结构更为突出，比较难以识别，因此在成语语义测量实验中均值只有 1.92 分，有 28.33％的被试选择其隐喻意义选项“做事不能坚持到底（stick out），有始无终”，正确率比较低；另有 35.00％的被试选择其字面意义选项“半路上停下来不再前进（go forward）”，能够基本理解成语的字面意义，但对“废”字这个单源域（表示“停止”）理解得不够透彻；还有 36.67％的被试选择其干扰意义选项“道路有一半都荒废（deserted）了”或者“有一半人停在路上不走了”，错误率也很高。分析成语语义测量结果可以发现：非对称性成语单源域结构突出，理解的错误率相对比较高，非对称性成语的习得较为困难。因此，对称性成语理解习得的成绩要高于非对称性的成绩，对称性和非对称性成语的语义测量均值趋势可参见图 3.3。

对成语语义测量数据进行方差分析，结果表明成语对称性主效应显著，$F=10.360$，$p<0.05$，可参见表 3.16；对对称性和非对称性成语的语义测量均值进行成对比较，结果也表明对称性成语同非对称性成语理解习得的均值差值在 0.05 级别上较为显著，可参见表 3.17。从被试对对称

性和非对称性成语意义的选择可以发现：对称性成语要比非对称性成语容易理解，说明对称性对汉语成语的习得有促进作用；对称性是汉语成语在结构上的突出特点，也是汉语学习者理解习得汉语成语的重要影响因素。

表 3.16　成语理解习得对称性单变量检验

因变量：成绩

	平方和	Df	均方	F	Sig.	偏 Eta 方	非中心参数	观测到的幂[a]
对比	.305	1	.305	10.360	.002	.178	10.360	.884
误差	1.414	48	.029					

F 检验对称性的效应。该检验基于估算边际均值间的线性独立成对比较。

a. 使用 alpha 的计算结果＝ .05

表 3.17　对称性和非对称性成语理解习得均值成对比较

因变量：成绩

(I)对称性	(J)对称性	均值差值(I－J)	标准误差	Sig.[a]	差分的 95％置信区间[a]	
					下限	上限
对称性	非对称性	.138*	.043	.002	.052	.224
非对称性	对称性	－.138*	.043	.002	－.224	－.052

基于估算边际均值

*. 均值差值在 .05 级别上较显著。

a. 对多个比较的调整：最不显著差别(相当于未做调整)。

3.4　被试级别对成语理解习得的影响

在成语语义测量实验中共有 60 名被试，中级和高级水平的被试各有 30 名。根据统计，中级水平的被试对 32 条实验成语的语义测量均值为 1.96 分，其中均值最高的是被试 26，为 2.34 分，而均值最低的是被试 22 和被试 25，均为 1.72 分。同样，高级水平的被试对 32 条实验成语的语义测量均值为 2.22 分，其中均值最高的是被试 46，为 2.59 分，而均值最低的是被试 40 和被试 54，均为 1.91 分。中级和高级水平的被试成语语义测量均值可参见表 3.18。

表 3.18　中级和高级被试成语语义测量均值

因变量：成绩

被试	均值	标准误差	95%置信区间	
			下限	上限
中级	1.956	.030	1.895	2.017
高级	2.222	.030	2.161	2.283

在中级水平被试成语语义测量各答案选项中，选择隐喻意义的有 330 人/次，占 34.38%，选择字面意义的有 258 人/次，占 26.87%，而选择干扰项的有 372 人/次，占 38.75%。同样，在高级水平被试成语语义测量各答案选项中，选择隐喻意义的有 440 人/次，占 45.83%，选择字面意义的有 293 人/次，占 30.52%，而选择干扰项的有 227 人/次，占 23.65%。中级和高级被试成语语义测量选项分布可参见表 3.19。

表 3.19　中级和高级被试成语语义测量选项分布

被试	隐喻意义	百分比	字面意义	百分比	干扰项	百分比
中级被试	330	34.38	258	26.87	372	38.75
高级被试	440	45.83	293	30.52	227	23.65

3.4.1 中级被试对成语的理解习得

受语言水平的限制，中级被试对实验成语（尤其是不熟悉成语）的理解习得能力不是太高。在成语语义测量实验中，中级水平的被试共有 30 名，他们对这些汉语成语理解的正确率相对较低，其语义测量均值也比较低。从表 3.18 和表 3.19 可知，中级被试理解实验成语的均值为 1.96 分，成语理解的正确率只有 34.38%，而错误率则高达 38.75%，另有 26.87%的被试则是因不能够完全理解成语而选择其字面意义。例如对成语“言传身教”的理解：虽然在结构上属于对称性成语，而在语义上属于字面义成语，倾向于可分解，但大部分中级被试可能都没有学过这个成语，而由于语言水平不够也难以正确地理解这个成语，因此在成语语义测量实验中均值只有1.87分，有26.67％的被试选择其隐喻意义选项“用言行影响和教导(instruct)别人”，正确率比较低；另有33.33％的被试选择其字面意义选项“用言语传授(teach)，以行动示范”，能够部分掌握成语的意义；却有40.00％的被试选择其干扰意义选项“言语和行动保持一致(stay the same)”或者“只说不做，没有实际(practical)行动”，错误率比较高。分析成语语义测量结果可以发现：中级被试由于语言水平的限制，对实验成语的理解能力比较低，成语习得的正确率也不太高。

3.4.2 高级被试对成语的理解习得

随着语言水平的提高，高级被试对实验成语(尤其是不熟悉成语)的理解习得能力也在逐步增强。在成语语义测量实验中，高级水平的被试共有30名，他们对这些汉语成语理解的正确率相对较高，其语义测量均值也比较高。从表3.18和表3.19可知，高级被试理解实验成语的均值为2.22分，比中级被试的均值高0.26分；成语理解正确率有45.83％，比中级被试的正确率要高11.45％，而错误率则只有23.65％，比中级被试的错误率要低15.10％，另有30.52％的被试则是因为不能够完全理解成语而选择其字面意义。例如对成语“青梅竹马”的理解：虽然在语义上属于隐喻义成语，倾向于不可分解，但在结构上属于对称性成语，而且大部分高级被试可能都学过这个成语，或者随着语言水平的提高能够正确地理解这个成语，因此在成语语义测量实验中均值达到2.63分，有多达70.00％的被试选择其隐喻意义选项“男女小时候的亲密情谊(friendship)”，正确率非常高；另有23.33％的被试选择其字面意义选项“绿色的梅子(plum)，竹子做的马”，能够部分掌握成语的意义；只有6.67％的被试选择其干扰意义选项“男孩女孩各自玩耍(play)游戏”或者“骑着竹马去采摘(pick)青梅”，错误率非常低。分析成语语义测量结果可以发现：高级被试随着语言水平的提高，对实验成语的理解能力逐步增强，成语习得的正确率也比较高。

从语言水平方面来看，高级被试要比中级被试对成语的理解习得能力更强，正确率也更高；中级被试和高级被试对同一成语的理解习得成绩也能证明这一点。例如对成语“开门见山”的理解：这个成语是不可分解成语(96.67%的被试认为不可分解)，属于隐喻义成语，又是非对称性成语(属于连动结构)，但属于熟悉成语(熟悉度为3.53分)，在成语理解过程中相对容易识别，因此在成语语义测量实验中均值有2.17分，有48.33%的被试选择其隐喻意义选项“说话写文章开头就进入正题(subject)”，正确率比较高；另有20.00%的被试选择其字面意义选项“打开房门就可以看见青山”，也能够部分掌握成语的意义；还有31.67%的被试选择其干扰意义选项“房门正好对着(facing)大山”或者“房屋的门被山挡住(block)了”，错误率相对较低。只是中级被试和高级被试对这个成语语义测量均值存在较大差异，中级被试对成语“开门见山”的理解均值是1.90分，正确率只有36.67%，而高级被试对这个成语的理解均值是2.43分，正确率达到60.00%，成语理解习得均值差异较为显著。

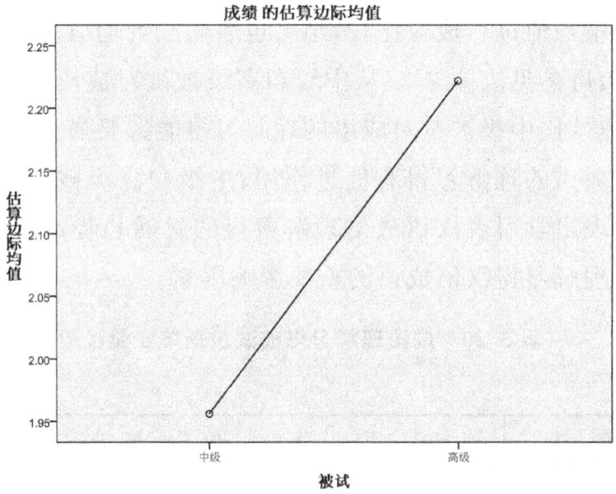

图3.4　中级和高级被试成语语义测量均值趋势

另如对成语“滚瓜烂熟”的理解：这个成语属于不熟悉成语(熟悉度为1.97分)，是不可分解成语(86.67%的被试认为不可分解)，属于隐喻义成语，又是非对称性结构（属于主谓结构），在成语理解过程中相对难以识别，因此在成语语义测量实验中均值只有 1.72 分，有 26.67%的被试选择其隐喻意义选项"读书或背书极其流利纯熟（fluent）"，正确率比较低；另有 18.33%的被试选择其字面意义选项"藤（vine）上滚落下来的瓜，熟透了（ripe）"，也能够部分掌握成语的意义；只是还有 55.00%的被试选择其干扰意义选项"对有关瓜果的书籍（books）非常熟悉"或者"瓜从藤（vine）上掉下来，摔烂了（rotten）"，错误率比较高。只是中级被试和高级被试对这个成语语义测量均值也存在不小差异，中级被试对成语"滚瓜烂熟"的理解均值是 1.53 分，正确率只有 16.67%，而高级被试对这个成语的理解均值是 1.90 分，正确率达到 36.67%，成语理解习得均值差异也较为显著。因此，被试级别是表明被试间语言水平差异的主要变量，是成语理解习得的重要影响因素；高级被试成语理解习得的成绩要高于中级被试的成绩，中级和高级被试成语理解习得的语义测量均值趋势可参见图 3.4。

对成语语义测量数据进行方差分析，结果发现被试级别主效应显著，$F=38.496, p<0.05$，可参见表 3.20；对中级被试和高级被试成语理解习得的语义测量均值进行成对比较，结果也表明二者均值差值在 0.05 级别上较为显著，可参见表 3.21。从中级和高级被试对成语意义的选择可以发现：高级被试比中级被试对成语的理解习得能力要强，说明语言水平的提高对汉语成语的理解习得有促进作用；中级和高级被试对汉语成语的理解习得体现出学习者汉语成语理解习得的发展趋势，被试级别同样是汉语学习者理解习得汉语成语的重要影响因素。

表 3.20　成语理解习得被试级别单变量检验

因变量：成绩

	平方和	Df	均方	F	Sig.	偏 Eta 方	非中心参数	观测到的幂[a]
对比	1.134	1	1.134	38.496	.000	.445	38.496	1.000
误差	1.414	48	.029					

F 检验被试的效应。该检验基于估算边际均值间的线性独立成对比较。

a. 使用 alpha 的计算结果＝ .05

表 3.21　中级和高级被试成语理解习得均值成对比较

因变量:成绩

(I)被试	(J)被试	均值差值(I—J)	标准误差	Sig.[a]	差分的 95%置信区间[a]	
					下限	上限
中级	高级	—.266*	.043	.000	—.353	—.180
高级	中级	.266*	.043	.000	.180	.353

基于估算边际均值

*. 均值差值在 .05 级别上较显著。

a. 对多个比较的调整:最不显著差别(相当于未做调整)。

3.5　熟悉度、分解性、对称性和被试级别的交互作用

根据统计与分析,在成语语义测量实验中成语熟悉度主效应显著,分解性主效应显著,对称性主效应显著,被试级别主效应显著,熟悉度、分解性、对称性和被试级别都是学习者理解习得汉语成语的重要影响因素。我们对成语语义测量数据进行多因素交互作用分析,结果发现被试级别与熟悉度之间交互作用显著,但其他各种影响因素之间并不存在明显的交互作用。

在成语语义测量实验中,中级被试和高级被试各有 30 名,熟悉成语和不熟悉成语各有 16 条。根据统计,中级被试对 16 条熟悉成语的语义测量均值为 2.09 分,其中均值最高的成语是“不知不觉”,为 2.43 分,而均值最低的成语是“不可救药”,为 1.50 分;对 16 条不熟悉成语的语义测量均值为 1.83 分,其中均值最高的成语是“损人利己”,为 2.23 分,而均值最低的成语是“滚瓜烂熟”,为 1.53 分。同样,高级被试对 16 条熟悉成语的语义测量均值为 2.47 分,其中均值最高的成语是“千方百计”和“五颜六色”,均为 2.73 分,而均值最低的成语是“不可救药”,为 1.77 分;对 16 条不熟悉成语的语义测量均值为 1.98 分,其中均值最高的成语是“损人利己”,为 2.37 分,而均值最低的成语是“隔岸观火”,为 1.70 分。被试级别和熟悉度作用下的成语语义测量均值可参见表 3.22。

表 3.22 被试级别和熟悉度作用下成语语义测量均值

因变量:成绩

被试	熟悉度	均值	标准误差	95%置信区间	
				下限	上限
中级	熟悉	2.088	.043	2.001	2.174
	不熟悉	1.825	.043	1.738	1.911
高级	熟悉	2.469	.043	2.382	2.555
	不熟悉	1.976	.043	1.889	2.062

在中级被试熟悉成语理解习得各答案选项中,选择隐喻意义的有192人/次,占40.00%,选择字面意义的有138人/次,占28.75%,而选择干扰项的有150人/次,占31.25%;在中级被试不熟悉成语理解各答案选项中,选择隐喻意义的有138人/次,占28.75%,选择字面意义的有120人/次,占25.00%,而选择干扰项的有222人/次,占46.25%。同样,在高级被试熟悉成语理解习得各答案选项中,选择隐喻意义的有283人/次,占58.96%,选择字面意义的有139人/次,占28.96%,而选择干扰项的有58人/次,占12.08%;在高级被试不熟悉成语理解各答案选项中,选择隐喻意义的有157人/次,占32.71%,选择字面意义的有154人/次,占32.08%,而选择干扰项的有169人/次,占35.21%。被试级别和熟悉度作用下的成语语义测量选项分布可参见表3.23。

表 3.23 被试级别和熟悉度作用下成语语义测量选项分布

被试	成语	隐喻意义	百分比	字面意义	百分比	干扰项	百分比
中级被试	熟悉成语	192	40.00	138	28.75	150	31.25
	不熟悉成语	138	28.75	120	25.00	222	46.25
高级被试	熟悉成语	283	58.96	139	28.96	58	12.08
	不熟悉成语	157	32.71	154	32.08	169	35.21

对成语语义测量数据进行多因素交互作用分析,结果显示被试级别

和熟悉度之间交互作用显著，$F = 7.182, p < 0.05$。对被试级别和熟悉度作用下的成语语义测量均值进行多重比较，结果表明成语语义测量均值差值也较为显著。此外，按照成语的语义测量均值或者按照成语理解习得的正确率从高到低排列，被试级别和熟悉度作用下的成语理解习得成绩排列顺序一致，均为高级被试熟悉成语＞中级被试熟悉成语＞高级被试不熟悉成语＞中级被试不熟悉成语。

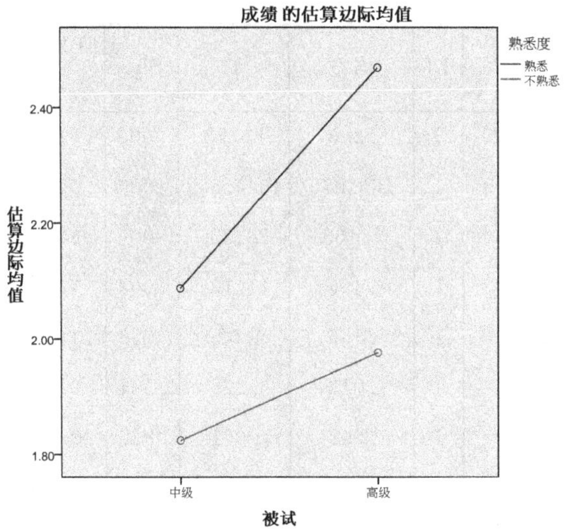

图 3.5　被试级别和熟悉度作用下成语语义测量均值趋势

因此，对于熟悉的成语来说，中级被试和高级被试成语理解习得的成绩有显著差异，高级被试语义测量均值要高于中级被试语义测量均值，高级被试成语理解的正确率也要高于中级被试的正确率；对于不熟悉的成语来说，中级被试和高级被试成语理解习得的成绩也有显著差异，高级被试语义测量均值要高于中级被试语义测量均值，高级被试成语理解的正确率也要高于中级被试的正确率。在成语语义测量实验中，从整体上来说高级被试成语理解习得的成绩要高于中级被试的成绩，而成语的熟悉度可以帮助中级被试对成语的理解，对高级被试成语的习得也有一定的促进作用；被试级别和熟悉度作用下的成语语义测量均值趋势可参见图

3.5。被试级别和成语熟悉度之间显著的交互效应表明在学习者理解习得成语时，首先发挥作用的是被试对成语的熟悉度，下面将对熟悉成语和不熟悉成语理解习得的影响因素进行具体分析。

3.6　熟悉成语理解习得的影响因素

表 3.24　熟悉成语理解习得影响因素主效应检验

因变量：成绩

源	III 型平方和	Df	均方	F	Sig.	偏 Eta 方	非中心参数	观测到的幂[b]
校正模型	1.817[a]	7	.260	6.323	.000	.648	44.261	.996
截距	166.075	1	166.075	4044.862	.000	.994	4044.862	1.000
被试	1.163	1	1.163	28.321	.000	.541	28.321	.999
分解性	.456	1	.456	11.106	.003	.316	11.106	.892
对称性	.165	1	.165	4.026	.056	.144	4.026	.487
被试 * 分解性	.012	1	.012	.293	.594	.012	.293	.081
被试 * 对称性	.002	1	.002	.051	.822	.002	.051	.055
分解性 * 对称性	1.250E−5	1	1.250E−5	.000	.986	.000	.000	.050
被试 * 分解性 * 对称性	.019	1	.019	.463	.503	.019	.463	.100
误差	.985	24	.041					
总计	168.878	32						
校正的总计	2.803	31						

a. R 方＝.648（调整 R 方＝.546）

b. 使用 alpha 的计算结果＝.05

熟悉成语是指学习者熟悉程度较高的成语；在成语语义测量实验中，被试对这些成语理解习得的正确率都比较高，其语义测量均值也比较高。

对熟悉成语实验统计数据进行多因素方差分析，结果发现在学习者理解熟悉成语过程中被试级别主效应显著，分解性主效应显著，但对称性主效应不显著，被试级别同分解性和对称性之间也不存在明显的交互作用。熟悉成语理解习得影响因素的主效应检验可参见表 3.24，下面将对熟悉成语理解习得的影响因素进行分析与讨论。

3.6.1 被试级别对熟悉成语理解习得的影响

在成语语义测量实验中，中级被试和高级被试各有 30 名，熟悉成语共有 16 条。根据统计，中级被试对 16 条熟悉成语的语义测量均值为 2.09分，其中均值最高的成语是"不知不觉"，为 2.43 分，而均值最低的成语是"不可救药"，为 1.50 分；同样，高级被试对 16 条熟悉成语的语义测量均值为 2.47 分，其中均值最高的成语是"千方百计"和"五颜六色"，均为 2.73 分，而均值最低的成语是"不可救药"，为 1.77 分。被试级别作用下的熟悉成语语义测量均值可参见表 3.25。

表 3.25　被试级别作用下熟悉成语语义测量均值

因变量:成绩

被试	均值	标准误差	95%置信区间	
			下限	上限
中级	2.088	.051	1.983	2.192
高级	2.469	.051	2.364	2.573

在中级被试熟悉成语理解各答案选项中，选择隐喻意义的有 192 人/次，占 40.00%，选择字面意义的有 138 人/次，占 28.75%，而选择干扰项的有 150 人/次，占 31.25%；同样，在高级被试熟悉成语理解各答案选项中，选择隐喻意义的有 283 人/次，占 58.96%，选择字面意义的有 139 人/次，占 28.96%，而选择干扰项的有 58 人/次，占 12.08%。被试级别作用下的熟悉成语语义测量选项分布可参见表 3.26。

表 3.26　被试级别作用下熟悉成语语义测量选项分布

被试	隐喻意义	百分比	字面意义	百分比	干扰项	百分比
中级被试	192	40.00	138	28.75	150	31.25
高级被试	283	58.96	139	28.96	58	12.08

对熟悉成语语义测量数据进行方差分析，结果显示被试级别主效应显著，$F=28.321$，$p<0.05$，请参见表 3.27。对中级被试和高级被试熟悉成语理解的语义测量均值进行成对比较，结果表明二者均值差值在 0.05 级别上也较为显著，可参见表 3.28。

表 3.27　熟悉成语理解习得被试级别单变量检验

因变量：成绩

	平方和	Df	均方	F	Sig.	偏 Eta 方	非中心参数	观测到的幂[a]
对比	1.163	1	1.163	28.321	.000	.541	28.321	.999
误差	.985	24	.041					

F 检验被试的效应。该检验基于估算边际均值间的线性独立成对比较。

a. 使用 alpha 的计算结果＝ .05

表 3.28　中级和高级被试熟悉成语理解习得均值成对比较

因变量：成绩

(I)被试	(J)被试	均值差值(I－J)	标准误差	Sig.[a]	差分的 95%置信区间[a]	
					下限	上限
中级	高级	－.381*	.072	.000	－.529	－.233
高级	中级	.381*	.072	.000	.233	.529

基于估算边际均值

*. 均值差值在 .05 级别上较显著。

a. 对多个比较的调整：最不显著差别(相当于未做调整)。

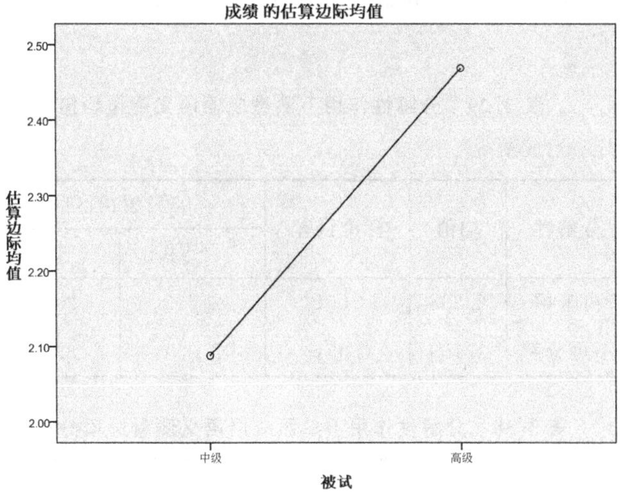

图 3.6　中级和高级被试熟悉成语语义测量均值趋势

按照成语的语义测量均值或者按照成语理解的正确率排列，被试级别作用下的熟悉成语习得成绩排列顺序一致，均为高级被试熟悉成语＞中级被试熟悉成语。因此，对于熟悉的成语来说，中级被试和高级被试成语理解习得的成绩有显著差异，高级被试成语语义测量均值要高于中级被试成语语义测量均值（均值差值为 0.38 分），高级被试成语理解习得的正确率也要高于中级被试的正确率（正确率差值为 18.96％）。从整体上来说，在熟悉成语语义测量实验中高级被试成语理解习得的成绩要高于中级被试的成绩，而被试级别的提高可以帮助熟悉成语的理解习得，对学习者熟悉成语的理解习得有较大的促进作用；被试级别作用下的熟悉成语语义测量均值趋势可参见图 3.6。

3.6.2 分解性对熟悉成语理解习得的影响

在实验测量的 16 条熟悉成语中，可分解成语和不可分解成语各有 8 条。根据统计，对 8 条可分解的熟悉成语语义测量均值为 2.40 分，其中均值最高的成语是“五颜六色”，为 2.57 分，而均值最低的成语是“迫不及待”，为 2.28 分；同样，对 8 条不可分解的熟悉成语语义测量均值为 2.16 分，其中均值最高的成语是“画蛇添足”，为 2.35 分，而均值最低的成语是

“不可救药”，为 1.63 分。分解性作用下的熟悉成语语义测量均值可参见表 3.29。

表 3.29　分解性作用下熟悉成语语义测量均值

因变量：成绩

分解性	均值	标准误差	95%置信区间	
			下限	上限
可分解	2.398	.051	2.293	2.502
不可分解	2.159	.051	2.054	2.263

表 3.30　分解性作用下熟悉成语语义测量选项分布

成语	隐喻意义	百分比	字面意义	百分比	干扰项	百分比
可分解成语	260	54.17	151	31.46	69	14.37
不可分解成语	215	44.79	126	26.25	139	28.96

在可分解的熟悉成语理解各答案选项中，选择隐喻意义的有 260 人/次，占 54.17%，选择字面意义的有 151 人/次，占 31.46%，而选择干扰项的有 69 人/次，占 14.37%；同样，在不可分解的熟悉成语理解各答案选项中，选择隐喻意义的有 215 人/次，占 44.79%，选择字面意义的有 126 人/次，占 26.25%，而选择干扰项的有 139 人/次，占 28.96%。分解性作用下的熟悉成语语义测量选项分布可参见表 3.30。

表 3.31　熟悉成语理解习得分解性单变量检验

因变量：成绩

	平方和	df	均方	F	Sig.	偏 Eta 方	非中心参数	观测到的幂[a]
对比	.456	1	.456	11.106	.003	.316	11.106	.892
误差	.985	24	.041					

F 检验分解性的效应。该检验基于估算边际均值间的线性独立成对比较。

a. 使用 alpha 的计算结果＝ .05

表 3.32　可分解和不可分解的熟悉成语理解习得均值成对比较

因变量:成绩

(I)分解性	(J)分解性	均值差值(I—J)	标准误差	Sig.[a]	差分的 95%置信区间[a]	
					下限	上限
可分解	不可分解	.239*	.072	.003	.091	.387
不可分解	可分解	—.239*	.072	.003	—.387	—.091

基于估算边际均值

*. 均值差值在 .05 级别上较显著。

a. 对多个比较的调整:最不显著差别(相当于未做调整)。

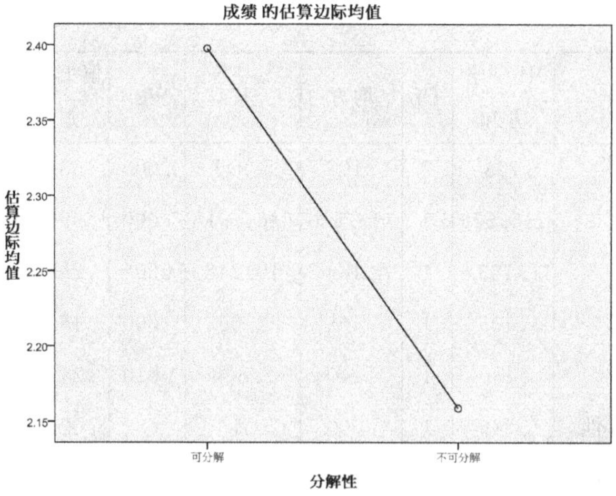

图 3.7　分解性作用下熟悉成语语义测量均值趋势

对熟悉成语语义测量数据进行方差分析,结果显示分解性主效应显著,F=11.106,p<0.05,可参见表 3.31。对分解性作用下的熟悉成语语义测量均值进行成对比较,结果表明分解性作用下的成语语义测量均值差值在 0.05 级别上也较为显著,可参见表 3.32。

按照成语的语义测量均值或者按照成语理解习得的正确率排列,分解性作用下的熟悉成语理解习得成绩排列顺序一致,均为可分解熟悉成语>不可分解熟悉成语。因此,对于熟悉的成语来说,被试对可分解和不可分解成语理解习得的成绩有显著差异，可分解成语语义测量均值要高于不可分解成语语义测量均值(均值差值为0.24分)，可分解成语理解习得的正确率要高于不可分解成语的正确率(正确率差值为9.38%)。从整体上来说，在熟悉成语语义测量实验中可分解成语理解习得的成绩要高于不可分解成语的成绩，而成语的分解性可以帮助熟悉成语的理解习得，对学习者熟悉成语的理解习得有较大的促进作用；分解性作用下的熟悉成语语义测量均值趋势可参见图3.7。

3.7 不熟悉成语理解习得的影响因素

表3.33 不熟悉成语理解习得影响因素主效应检验

因变量：成绩

源	III型平方和	Df	均方	F	Sig.	偏Eta方	非中心参数	观测到的幂[b]
校正模型	.743[a]	7	.106	5.941	.000	.634	41.589	.994
截距	115.520	1	115.520	6464.918	.000	.996	6464.918	1.000
被试	.183	1	.183	10.242	.004	.299	10.242	.866
分解性	.405	1	.405	22.665	.000	.486	22.665	.995
对称性	.140	1	.140	7.860	.010	.247	7.860	.767
被试 * 分解性	.009	1	.009	.510	.482	.021	.510	.105
被试 * 对称性	.005	1	.005	.253	.620	.010	.253	.077
分解性 * 对称性	.000	1	.000	.025	.875	.001	.025	.053
被试 * 分解性 * 对称性	.001	1	.001	.034	.855	.001	.034	.054
误差	.429	24	.018					
总计	116.692	32						
校正的总计	1.172	31						

a. R方＝.634(调整R方＝.527)

b. 使用alpha的计算结果＝.05

不熟悉成语是指学习者熟悉程度较低的成语；在成语语义测量实验中，被试对这些成语理解的正确率要低些，其语义测量均值也不高。对不熟悉成语实验统计数据进行多因素方差分析，结果发现在学习者理解不熟悉成语过程中被试级别主效应显著，分解性主效应显著，对称性主效应也显著，只是被试级别同分解性和对称性之间不存在明显的交互作用。不熟悉成语理解习得影响因素的主效应检验可参见表 3.33，下面将对不熟悉成语理解习得的影响因素进行分析与讨论。

3.7.1 被试级别对不熟悉成语理解习得的影响

在成语语义测量实验中，中级被试和高级被试各有 30 名，不熟悉成语共有 16 条。根据统计，中级被试对 16 条不熟悉成语的语义测量均值为 1.83 分，其中均值最高的成语是“损人利己”，为 2.23 分，而均值最低的成语是“滚瓜烂熟”，为 1.53 分。同样，高级被试对 16 条不熟悉成语的语义测量均值为 1.98 分，其中均值最高的成语是“损人利己”，为 2.37 分，而均值最低的成语是“隔岸观火”，为 1.70 分。被试级别作用下的不熟悉成语语义测量均值可参见表 3.34。

表 3.34　被试级别作用下不熟悉成语语义测量均值

因变量:成绩

被试	均值	标准误差	95%置信区间	
			下限	上限
中级	1.825	.033	1.755	1.893
高级	1.976	.033	1.907	2.045

在中级被试不熟悉成语理解各答案选项中，选择隐喻意义的有 138 人/次，占 28.75%，选择字面意义的有 120 人/次，占 25.00%，而选择干扰项的有 222 人/次，占 46.25%；同样，在高级被试不熟悉成语理解各答案选项中，选择隐喻意义的有 157 人/次，占 32.71%，选择字面意义的有 154 人/次，占 32.08%，而选择干扰项的有 169 人/次，占 35.21%。被试级别作用下的不熟悉成语语义测量选项分布可参见表 3.35。

表 3.35 被试级别作用下不熟悉成语语义测量选项分布

被试	隐喻意义	百分比	字面意义	百分比	干扰项	百分比
中级被试	138	28.75	120	25.00	222	46.25
高级被试	157	32.71	154	32.08	169	35.21

对不熟悉成语语义测量数据进行方差分析，结果显示被试级别主效应显著，$F=10.242$，$p<0.05$，可参见表 3.36。对中级被试和高级被试不熟悉成语理解习得的语义测量均值进行成对比较，结果表明二者均值差值在 0.05 级别上也较为显著，可参见表 3.37。

表 3.36 不熟悉成语理解习得被试级别单变量检验

因变量：成绩

源	III 型平方和	Df	均方	F	Sig.	偏 Eta 方	非中心参数	观测到的幂[b]
对比	.183	1	.183	10.242	.004	.299	10.242	.866
误差	.429	24	.018					

F 检验被试的效应。该检验基于估算边际均值间的线性独立成对比较。

a. 使用 alpha 的计算结果＝ .05

表 3.37 中级和高级被试不熟悉成语理解习得均值成对比较

因变量：成绩

(I)被试	(J)被试	均值差值(I—J)	标准误差	Sig.[a]	差分的 95%置信区间[a]	
					下限	上限
中级	高级	—.151*	.047	.004	—.249	—.054
高级	中级	.151*	.047	.004	.054	.249

基于估算边际均值

*. 均值差值在 .05 级别上较显著。

a. 对多个比较的调整：最不显著差别(相当于未做调整)。

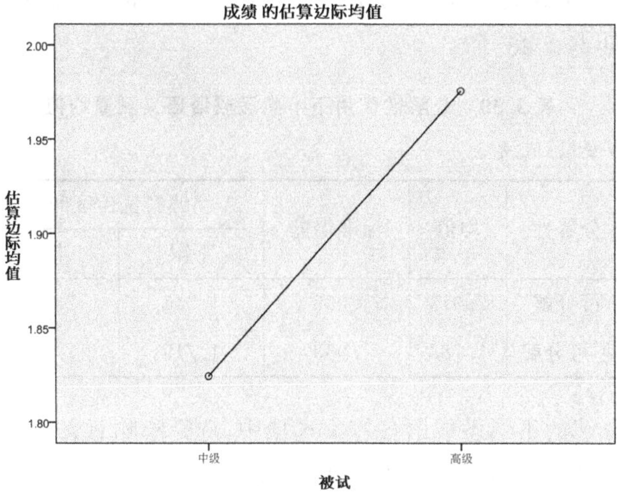

图 3.8　中级和高级被试不熟悉成语语义测量均值趋势

按照成语的语义测量均值或者按照成语理解习得的正确率排列，被试级别作用下的不熟悉成语理解习得成绩排列顺序一致，均为高级被试不熟悉成语＞中级被试不熟悉成语。因此，对于不熟悉的成语来说，中级被试和高级被试成语理解习得的成绩有显著差异，高级被试语义测量均值要高于中级被试语义测量均值（均值差值为 0.15 分），高级被试成语理解习得的正确率也要高于中级被试的正确率（正确率差值为 3.96%）。从整体上来说，在不熟悉成语语义测量实验中高级被试成语理解习得的成绩要高于中级被试的成绩，而被试级别的提高可以帮助不熟悉成语的理解，对学习者不熟悉成语的习得有一定的促进作用；被试级别作用下的不熟悉成语语义测量均值趋势可参见图 3.8。

3.7.2 分解性对不熟悉成语理解习得的影响

在实验测量的 16 条不熟悉成语中，可分解成语和不可分解成语各有 8 条。根据统计，对 8 条可分解的不熟悉成语语义测量均值为 2.01 分，其中均值最高的成语是“损人利己”，为 2.30 分，而均值最低的成语是“不遗余力”，为 1.85 分；同样，对 8 条不可分解的不熟悉成语语义测量均值为 1.79 分，其中均值最高的成语是“指手画脚”，为 1.95 分，而均值最低的成语是“隔岸观火”，为 1.70 分。分解性作用下的不熟悉成语语义测量均值可参见表 3.38。

表 3.38 分解性作用下不熟悉成语语义测量均值

因变量：成绩

分解性	均值	标准误差	95%置信区间	
			下限	上限
可分解	2.013	.033	1.944	2.081
不可分解	1.788	.033	1.719	1.856

在可分解的不熟悉成语各答案选项中，选择隐喻意义的有 166 人/次，占 34.59%，选择字面意义的有 154 人/次，占 32.08%，而选择干扰项的有 160 人/次，占 33.33%；同样，在不可分解的不熟悉成语各答案选项中，选择隐喻意义的有 129 人/次，占 26.87%，选择字面意义的有 120 人/次，占 25.00%，而选择干扰项的有 231 人/次，占 48.13%。分解性作用下的不熟悉成语语义测量选项分布可参见表 3.39。

表 3.39 分解性作用下不熟悉成语语义测量选项分布

成语	隐喻意义	百分比	字面意义	百分比	干扰项	百分比
可分解成语	166	34.59	154	32.08	160	33.33
不可分解成语	129	26.87	120	25.00	231	48.13

表 3.40 不熟悉成语理解习得分解性单变量检验

因变量：成绩

	平方和	df	均方	F	Sig.	偏 Eta 方	非中心参数	观测到的幂[a]
对比	.405	1	.405	22.665	.000	.486	22.665	.995
误差	.429	24	.018					

F 检验分解性的效应。该检验基于估算边际均值间的线性独立成对比较。

a. 使用 alpha 的计算结果＝ .05

表 3.41　可分解和不可分解的不熟悉成语理解习得均值成对比较

因变量：成绩

(I)分解性	(J)分解性	均值差值(I—J)	标准误差	Sig.[a]	差分的 95%置信区间[a]	
					下限	上限
可分解	不可分解	.225*	.047	.000	.127	.323
不可分解	可分解	—.225*	.047	.000	—.323	—.127

基于估算边际均值

*. 均值差值在 .05 级别上较显著。

a. 对多个比较的调整：最不显著差别(相当于未作调整)。

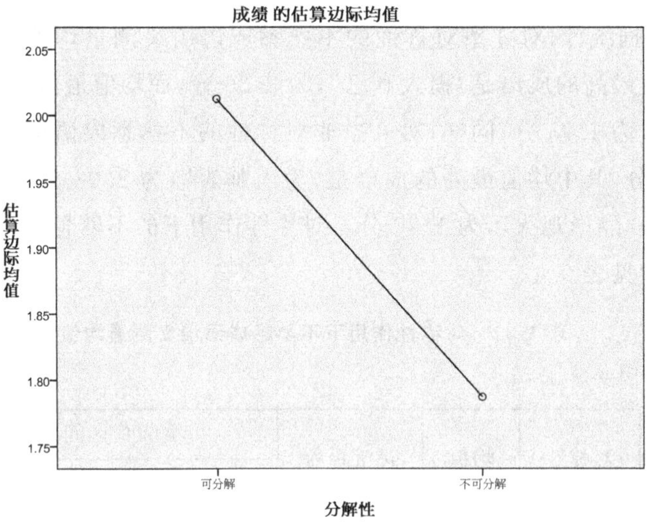

图 3.9　分解性作用下不熟悉成语语义测量均值趋势

对不熟悉成语语义测量数据进行方差分析，结果显示分解性主效应显著，$F=22.665$，$p<0.05$，可参见表 3.40。对分解性作用下的不熟悉成语语义测量均值进行成对比较，结果表明分解性作用下的成语语义测量均值差值在 0.05 级别上也较为显著，可参见表 3.41。

按照成语的语义测量均值或者按照成语理解习得的正确率排列，分解性作用下的不熟悉成语理解习得成绩排列顺序一致，均为可分解不熟悉成语＞不可分解不熟悉成语。因此，对于不熟悉的成语来说，被试对可分解和不可分解成语理解习得的成绩有显著差异，可分解成语语义测量均值要高于不可分解成语语义测量均值(均值差值为 0.22 分)，可分解成语理解习得的正确率要高于不可分解成语的正确率(正确率差值为 7.72%)。从整体上来说，在不熟悉成语语义测量实验中可分解成语理解习得的成绩要高于不可分解成语的成绩，而成语的分解性可以帮助不熟悉成语的理解，对学习者不熟悉成语的习得有一定的促进作用；分解性作用下的不熟悉成语语义测量均值趋势可参见图 3.9。

3.7.3 对称性对不熟悉成语理解习得的影响

在实验测量的 16 条不熟悉成语中，对称性成语和非对称性成语各有 8 条。根据统计，对 8 条对称性的不熟悉成语语义测量均值为 1.97 分，其中均值最高的成语是“损人利己”，为 2.30 分，而均值最低的成语是“挤眉弄眼”，为 1.75 分；同样，对 8 条非对称性的不熟悉成语语义测量均值为 1.83 分，其中均值最高的成语是“为人师表”，为 2.08 分，而均值最低的成语是“隔岸观火”，为 1.70 分。对称性作用下的不熟悉成语语义测量均值可参见表 3.42。

表 3.42 对称性作用下不熟悉成语语义测量均值

因变量：成绩

对称性	均值	标准误差	95%置信区间	
			下限	上限
对称性	1.966	.033	1.897	2.035
非对称性	1.834	.033	1.765	1.903

在对称性的不熟悉成语各答案选项中，选择隐喻意义的有 159 人/次，占 33.12%，选择字面意义的有 146 人/次，占 30.42%，而选择干扰项的有 175 人/次，占 36.46%；同样，在非对称性的不熟悉成语各答案选项中，选择隐喻意义的有 136 人/次，占 28.33%，选择字面意义的有 128 人/次，占 26.67%，而选择干扰项的有 216 人/次，占 45.00%。对称性作用下的不

熟悉成语语义测量选项分布可参见表3.43。

表3.43　对称性作用下不熟悉成语语义测量选项分布

成语	隐喻意义	百分比	字面意义	百分比	干扰项	百分比
对称性成语	159	33.12	146	30.42	175	36.46
非对称性成语	136	28.33	128	26.67	216	45.00

对不熟悉成语语义测量数据进行方差分析，结果显示对称性主效应显著，$F=7.860$，$p<0.05$，可参见表3.44。对对称性作用下的不熟悉成语语义测量均值进行多重比较，结果表明对称性作用下的成语语义测量均值差值在0.05级别上也较为显著，可参见表3.45。

表3.44　不熟悉成语理解习得对称性单变量检验

因变量：成绩

	平方和	df	均方	F	Sig.	偏Eta方	非中心参数	观测到的幂[a]
对比	.140	1	.140	7.860	.010	.247	7.860	.767
误差	.429	24	.018					

F检验对称性的效应。该检验基于估算边际均值间的线性独立成对比较。

a.使用alpha的计算结果＝.05

表3.45　对称性和非对称性的不熟悉成语理解习得均值成对比较

因变量：成绩

(I)对称性	(J)对称性	均值差值(I—J)	标准误差	Sig.[a]	差分的95%置信区间[a]	
					下限	上限
对称性	非对称性	.133*	.047	.010	.035	.230
非对称性	对称性	－.133*	.047	.010	－.230	－.035

基于估算边际均值

*.均值差值在.05级别上较显著。

a.对多个比较的调整：最不显著差别(相当于未做调整)。

按照成语的语义测量均值或者按照成语理解习得的正确率排列，对称性作用下的不熟悉成语理解习得成绩排列顺序一致，均为对称性不熟悉成语＞非对称性不熟悉成语。因此，对于不熟悉的成语来说，被试对对称性和非对称性成语理解习得的成绩也有显著差异，对称性成语语义测量均值要高于非对称性成语语义测量均值（均值差值为 0.14 分），对称性成语理解习得的正确率要高于非对称性成语的正确率（正确率差值为 4.79％）。从整体上来说，在不熟悉成语语义测量实验中对称性成语理解习得的成绩要高于非对称性成语的成绩，而成语的对称性可以帮助不熟悉成语的理解，对学习者不熟悉成语的习得有一定的促进作用。对称性作用下的不熟悉成语语义测量均值趋势可参见图 3.10。

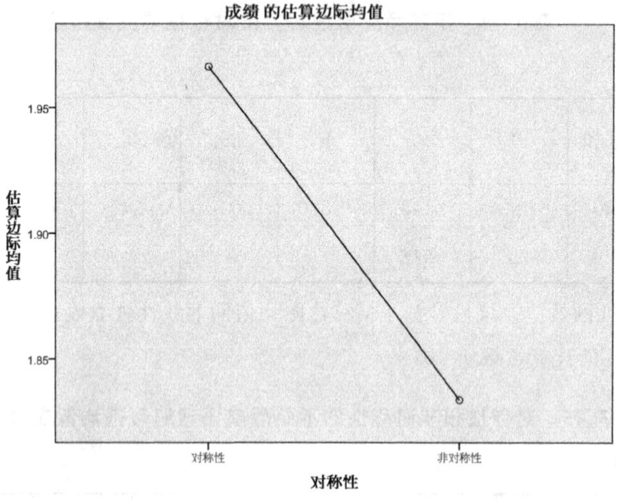

图 3.10 对称性作用下不熟悉成语语义测量均值趋势

4. 讨论

4.1 假设一

本研究假设在学习者成语理解习得过程中熟悉度、分解性、对称性和被试级别主效应显著，被试级别同熟悉度、分解性和对称性等因素存在显著的交互作用，实验研究结果部分证实了第一个假设。通过对成语语义测量数据的多因素方差分析，发现成语熟悉度主效应显著（F＝77.644，p＜0.05），熟悉的成语要比不熟悉的成语容易理解；分解性主效应显著（F＝29.197，p＜0.05），可分解的成语要比不可分解的成语容易理解；对称性主效应显著（F＝10.360，p＜0.05），对称性的成语要比非对称性的成语容易理解；被试级别主效应显著（F＝38.496，p＜0.05），高级被试要比中级被试的理解能力更强；还发现被试级别和熟悉度之间交互作用显著（F＝7.182，p＜0.05），这表明学习者成语习得能力随着级别的提高而逐步增强，在学习者理解习得成语时，首先发挥作用的是被试对成语的熟悉度；但被试级别同分解性和对称性之间交互作用并不明显，这表明分解性和对称性对学习者成语理解习得的影响不如熟悉度显著。

4.2 假设二

本研究假设在熟悉度、分解性和对称性三因素中，熟悉度对中级和高级水平学习者成语理解习得都是最为重要的影响因素；实验研究结果证实了第二个假设。从成语语义测量实验可以看出，在成语理解习得过程中熟悉度、分解性、对称性和被试级别等各种影响因素都是相互作用的，但其中也有轻重之分。对熟悉度、分解性和对称性共同作用下的成语语义测量均值和成语理解正确率进行多重比较，结果表明成语语义测量均值差值和成语理解正确率差值均较为显著；统计数据进一步显示，在学习者成语理解习得过程中熟悉度作用下的成语理解均值差值为0.38分，正确率差值为18.75％，分解性作用下的成语理解均值差值为0.24分，正确率差值为8.55％，对称性作用下的成语理解均值差值为0.14分，正确率差值为6.87％，表明熟悉度在学习者成语理解习得过程中的首要影响作用。被试级别和成语熟悉度之间显著的交互效应（F＝7.182，p＜0.05）也表明在成语理解习得过程中，首先发挥作用的是被试对成语的熟悉度，对中级和高级水平的学习者都是如此，即在熟悉度、分解性和对称性三因素中，熟悉度对中级和高级被试成语理解习得都是最为重要的影响因素。

4.3　假设三

本研究假设分解性和对称性对学习者理解习得熟悉成语没有显著性影响，而对理解习得不熟悉成语则存在显著性影响；实验研究结果基本证实了第三个假设。如果对某些成语非常熟悉，学习者可能不需要成语分解性和对称性的促进作用就可以正确地理解成语。当学习者不熟悉或初次遇到某些成语时，先前的学习经验无法帮助其即时地理解成语的意义，这时成语的分解性和对称性就会发挥更大的作用，帮助学习者正确推测成语的内在含义。对熟悉成语语义测量数据进行多因素方差分析，结果表明在学习者理解熟悉成语过程中被试级别主效应显著（$F=28.321$，$p<0.05$），在熟悉成语中高级被试比中级被试理解能力更强；分解性主效应显著（$F=11.106$，$p<0.05$），在熟悉成语中可分解成语比不可分解成语更容易理解；但对称性主效应不显著，被试级别同分解性和对称性之间也不存在明显的交互作用。同时对不熟悉成语语义测量数据进行多因素方差分析，结果表明在学习者理解不熟悉成语过程中被试级别主效应显著（$F=10.242$，$p<0.05$），在不熟悉成语中高级被试比中级被试理解能力更强；分解性主效应显著（$F=22.665$，$p<0.05$），在不熟悉成语中可分解成语比不可分解成语更容易理解；对称性主效应也显著（$F=7.860$，$p<0.05$），在不熟悉成语中对称性成语比非对称性成语更容易理解；只是被试级别同分解性和对称性之间不存在明显的交互作用。因此，熟悉度是成语理解习得最为重要的影响因素，被试级别和分解性对熟悉成语和不熟悉成语的理解习得也都有重要影响，而对称性并不显著影响熟悉成语的理解习得成绩，但对不熟悉成语的理解习得有一定的促进作用。这也基本验证了第三个假设，只是分解性对熟悉成语理解习得的促进作用跟我们的假设稍有出入。

如果综合考虑熟悉度、分解性和对称性等诸多影响因素，学习者对熟悉可分解对称性成语的理解是最为容易的，在成语语义测量表中共有4条这样的成语（“不知不觉”“大同小异”“千方百计”“五颜六色”），被试对这类成语的理解均值达到2.47分，正确率也高达58.75%。例如对成语“不知不觉”的理解：这个成语属于熟悉成语（熟悉度是最高的，为5.40分），又是可分解成语（86.67%的被试认为可分解），属于字面义成语，还是对称性成语（属于状动＋状动结构），在成语理解习得过程中非常容易识别，因此在成语语义测量实验中均值达到2.48分，有53.33%的被试选择其隐喻意义选项“无意之中，自然而然(naturally)”，正确率比较高；由于这个成语分解性程度较高，另有41.67%的被试选择其字面意义选项“没有感觉到，没有意识到(aware)”，也能够部分掌握成语的意义；只有5.00%的被试选择其干扰意义选项“不知道也不去睡觉”或者“完全没有知觉(consciousness)”，错误率非常低。

相反，学习者对不熟悉不可分解非对称性成语的习得是最为困难的，在成语语义测量表中共有4条这样的成语（“隔岸观火”“滚瓜烂熟”“妙语连珠”“胸有成竹”），被试对这类成语的理解均值只有1.73分，错误率也高达54.17%。例如对成语“隔岸观火”的理解：这个成语属于不熟悉成语（熟悉度为1.67分），又是不可分解成语（86.67%的被试认为不可分解），属于隐喻义成语，还是非对称性成语（属于状动宾结构），在成语理解习得过程中非常难以识别，因此在成语语义测量实验中均值只有1.70分，只有26.67%的被试选择其隐喻意义选项“见别人有危难(distress)，不帮助反而看热闹”，正确率很低；由于这个成语分解性程度较低，也只有16.67%的被试选择其字面意义选项“对岸失火(on fire)了，在河这边观看”，能够从字面上理解成语的意义；只是还有56.67%的被试选择其干扰意义选项“因为是对岸着火，只能观察(observe)”或者“隔着河观看对岸的焰火(firework)表演”，错误率非常高。

4.4 其他影响因素

熟悉度、分解性和对称性对学习者成语理解习得有显著影响，但如果只考虑汉语成语的语义特征，则应该是学习者对字面义成语的理解最为容易，对隐喻义成语的习得较为困难，而对事件性成语的理解则最为困难。在成语语义测量表中只有2条事件性成语（“画蛇添足”和“胸有成竹”），被试对这类成语的理解均值是2.05分，错误率也达到35.83%。例如对成语“胸有成竹”的理解：这个成语属于不熟悉成语（熟悉度为1.83分），又是不可分解成语（83.33%的被试认为不可分解），属于事件性成语（典故出自宋·苏轼《文与可画筼筜谷偃竹记》），还是非对称性成语（属于主谓结构），在成语理解习得过程中非常难以识别，因此在成语语义测量实验中均值只有1.75分，只有26.67%的被试选择其隐喻意义选项“做事之前早有通盘的(overall)考虑和计划”，正确率很低；由于这个成语分解性程度较低，也只有21.67%的被试选择其字面意义选项“画竹子时心中要有竹子的形象(image)”，能够从字面上理解成语的意义；只是还有51.67%的被试选择其干扰意义选项“做事之前心中有数，但不够成熟(mature)”或者“胸中要塞满(packed)竹子才能开始作画”，错误率非常高。

但学习者对事件性成语的理解习得容易受到熟悉度等因素的影响，例如对成语“画蛇添足”的理解：虽然这个成语分解性程度不高（83.33%的被试认为不可分解），属于事件性成语（典故出自汉·刘向《战国策·齐策二》），也不是对称性结构（属于连动结构），但由于大多数被试可能学过这个成语，对其比较熟悉（熟悉度为3.10分），因此在成语语义测量实验中均值达到2.35分，有55.00%的被试选择其隐喻意义选项“做多余的事，没有好处，反而坏事”，正确率很高；另有25.00%的被试选择其字面意义选项“画好蛇又添上(add)几只脚”，也能够部分掌握这个成语的意义；只有20.00%的被试选择其干扰意义选项“只要把蛇画好就足够(enough)了”或者“为完成任务而添加材料(material)”，错误率相对非常低；这里再次看到熟悉度对学习者成语理解习得的首要影响作用。

除却熟悉度、分解性和对称性的显著作用，成语构成的个别字词也可能成为学习者成语理解习得的障碍。例如对成语“不可救药”的理解：这个成语是不可分解成语(70.00%的被试认为不可分解),属于隐喻义成语,又是非对称性成语(属于状动结构),虽然属于熟悉成语(熟悉度为3.00分),但大多数被试对“救药”这种结构无法理解,在成语理解习得过程中非常难以识别,因此在成语语义测量实验中均值只有1.63分;只有15.00%的被试选择其隐喻意义选项“人或事情坏到无法挽救(save)”,正确率非常低;由于这个成语分解性程度较低,也只有33.33%的被试选择其字面意义选项“病得很重,不能用药救治(rescue)”,能够从字面上理解成语的意义;只是还有51.67%的被试选择其干扰意义选项“找不到可以救命的药物(medicine)”或者“病情不严重,不需要吃药”,错误率非常高。当然,由于被试是在完成成语语义测量表时做出的选择,我们无法知道学习者是否是因为个别字词难以识别才选错了答案选项,因此需要另外对被试进行单独访谈才可以发现造成成语理解习得障碍的具体原因。

5. 小结

综上所述,在学习者成语理解习得过程中,总体而言熟悉成语要比不熟悉成语容易理解,可分解成语要比不可分解成语容易理解,对称性成语要比非对称性成语容易理解,高级被试要比中级被试理解能力更强,熟悉度、分解性、对称性和被试级别等诸多因素单独或者共同起作用,影响着学习者汉语成语的理解习得过程。在成语习得过程中,熟悉度、分解性、对称性和被试级别都是显著的影响因素,并且被试级别同成语熟悉度之间存在显著的交互作用;对熟悉度、分解性和对称性共同作用下的成语语义测量均值和理解正确率进行多重比较,结果表明成语语义测量均值差值和正确率差值均较为显著,熟悉度是成语理解最为重要的影响因素,在学习者成语理解习得过程中首先发挥作用。对熟悉成语和不熟悉成语的语义测量数据进行多因素方差分析,结果表明被试级别和分解性对熟悉成语和不熟悉成语的理解都有重要影响,而对称性并不显著影响熟悉成语的理解成绩,但对不熟悉成语的理解有一定的促进作用。除却熟悉度、分解性和对称性等因素，成语语义特征的差异也会造成学习者成语理解成绩的区别；而成语构成的个别字词如果难以识别，同样也会成为学习者成语理解的严重障碍；另外，如果成语出现的上下文语境可以提供有效信息，则可能会有助于学习者成语的理解过程，这三个因素将在考察学习者成语理解习得策略时进行研究。

第四章

汉语成语理解习得策略

近年来，成语的理解与习得一直是心理语言学家和认知语言学家重点研究的领域。无论是英语母语者还是汉语母语者，他们在面对母语成语时都可以几乎不假思索就给出成语的意义，而学习者则因为语言能力的差距在遇到不认识的成语时会表现出较为明显的劣势。为了获取相对可靠的成语意义阐释，学习者必须想象出一系列的成语意义，仔细思考成语任何可能的含义，同时需要考虑成语的字面意义、成语的上下文语境以及学习者在目的语文化中的亲身体验。正是因为学习者理解习得成语的思考过程不是瞬时的而是可以跟踪的，才可以运用有声思维的方法跟踪学习者面对成语时的思维过程，从而得以考察学习者理解习得成语的基本策略和成功策略，进而描述学习者的成语理解习得模式。

Cooper(1999)研究证明，在第二语言教学环境下，英语学习者采用母语者成语理解模式的特征并不明显；英语学习者在成语习得过程中采用的理解习得模式是一种启发探索方法，运用多种理解习得策略逐步推断出成语的内在意义。国内英语教学界(林维燕，2006；唐玲，2009)以中国英语学习者为对象进行英语成语理解的实证研究，探讨成语习得过程中的加工策略，也证实Cooper(1999)理解习得策略研究的有效性。在对外汉语教学领域，以实验为基础的汉语成语理解习得实证分析还比较少，还缺乏汉语成语理解习得策略与模式的调查研究。因此，本书借鉴以往英语成语理解习得策略的研究思路，以英语母语学习者为研究对象，以语境中各种类型的汉语成语为实验材料，设计有声思维实验，考察对外汉语教学中的学习者汉语成语理解习得策略。

1. 研究问题

本书借鉴学习者英语成语理解习得策略（Cooper，1999；林维燕，2006；唐玲，2009）的研究思路，运用有声思维的研究方法，对高级水平的英语母语学习者理解习得汉语成语的基本策略和成功策略进行分析，调查验证熟悉度、分解性、对称性以及语境效应等影响汉语成语理解习得的因素，考察学习者面对不同类别成语理解习得策略的差异性，以期探寻学习者汉语成语理解习得的基本模式。综合以往研究结果，我们提出以下研究问题：

（1）英语母语学习者理解习得汉语成语主要采用哪些策略？

（2）英语母语学习者成功地理解习得汉语成语主要采用哪些策略？

（3）英语母语学习者面对不同熟悉度、分解性和对称性的汉语成语采用的理解习得策略是否存在差异？

2. 实验设计

2.1 实验材料

成语有声思维实验主要探讨英语母语学习者理解习得汉语成语的基本策略和成功策略，因此不考虑出现频率太高的成语，也尽量排除太过生僻的成语。我们对成语熟悉度和分解性的评定数据（详见附录 2 和附录 4）进行分析处理形成实验材料，综合考虑成语的熟悉度、分解性和对称性等因素，最终选出 16 条实验成语。实验成语中对称性和非对称性成语各有 8 条，其中熟悉成语和不熟悉成语、可分解成语与不可分解成语各占 50％；而如果按照成语语义特征分布，则是字面义成语 8 条，隐喻义成语 7 条，事件性成语 1 条。有声思维实验测试提供成语出现的上下文语境，语境例句均选自《学成语词典》，有稍许改动。根据假设，对称性实验成语按照从易到难的排列原则分布如下：1－2 是熟悉可分解成语；3－4 是熟悉不可分解成语；5－6 是不熟悉可分解成语；7－8 是不熟悉不可分解成语；可参见表 4.1。

表 4.1　对称性实验成语

序号	成语	结构类型	语义特征	熟悉度	可分解	不可分解
1	东张西望	状动＋状动	字面义	3.60	27	3
2	手忙脚乱	主谓＋主谓	字面义	3.57	26	4
3	七上八下	状中＋状中	隐喻义	3.60	0	30
4	水深火热	主谓＋主谓	隐喻义	3.13	5	25
5	耳闻目睹	主谓＋主谓	字面义	2.37	29	1
6	扬长避短	动宾＋动宾	字面义	2.00	30	0
7	单枪匹马	定中＋定中	隐喻义	2.43	7	23
8	咬牙切齿	动宾＋动宾	隐喻义	2.43	8	22

同样是根据假设，非对称性实验成语按照从易到难的排列原则分布如下：1－2 是熟悉可分解成语；3－4 是熟悉不可分解成语；5－6 是不熟悉可分解成语；7－8 是不熟悉不可分解成语；可参见表 4.2。

表 4.2　非对称性实验成语

序号	成语	结构类型	语义特征	熟悉度	可分解	不可分解
1	津津有味	状动结构	字面义	3.63	22	8
2	一见钟情	连动结构	字面义	4.50	30	0
3	对牛弹琴	状动宾结构	事件性	3.83	2	28

续表

序号	成语	结构类型	语义特征	熟悉度	可分解	不可分解
4	目中无人	主谓宾结构	隐喻义	3.43	8	22
5	呆若木鸡	主谓结构	字面义	1.57	23	7
6	相依为命	状动结构	字面义	2.33	30	0
7	袖手旁观	状动结构	隐喻义	1.83	9	21
8	有口皆碑	主谓结构	隐喻义	1.60	4	26

从表 4.1 和表 4.2 可知,选定的 16 条实验成语熟悉度均值为 2.87 分,还不到熟悉度评定表中极值的一半,表明总体来说学习者对实验成语的熟悉程度较低,熟悉度的作用可能无法具体地在每名被试身上都得到体现,但在整体上熟悉度对全体被试的成语有声思维理解习得过程还是能够发挥其重要影响。选定的 16 条实验成语可分解性均值为 54.17%,不可分解性均值为 45.83%,表明实验成语分解性的评定较为集中,是成语本身较为稳定的属性,分解性在成语有声思维理解习得过程中的作用并不会因为学习者个体的差异而受到太大影响。在选定的 16 条实验成语中,熟悉成语和不熟悉成语、可分解成语和不可分解成语、对称性成语和非对称性成语各占 50%,跟汉语成语中熟悉度、分解性和对称性实际的比例分布可能存在一些差异;按照成语语义特征来看,字面义成语占 50%,隐喻义成语占 43.75%,事件性成语占 6.25%,跟汉语成语中语义特征实际的分布比例可能也存在一些不同,但是实验成语的平均分布更有利于实证实验的开展和实验数据的收集与分析。

2.2 被试

实验被试是以英语为母语的高级水平成年汉语学习者,共有 30 名。被试主要来自澳大利亚等英语国家,大部分在本国有汉语学习经历,当时在北京大学对外汉语学院高级班学习汉语,使用的教材主要是《博雅汉语》飞翔系列和《高级汉语口语》。被试在第二语言教学环境下学习汉语,在日常生活中能够用汉语跟周围的朋友、老师和同学进行交流，属于高级水平的英语母语汉语学习者。

2.3 实验方法

实验采用有声思维的方式，测试成语（包括成语出现的语境例句）以卡片的形式展现给被试，考察母语为英语的汉语学习者理解习得汉语成语的基本策略和成功策略。有声思维是一种成熟的、普遍采用的进行质化研究的方法，可以说是目前探索语言思维过程最有力的工具之一；Olson 等（1984）认为有声思维实验方法的关键是“让被试汇报他们的即时反应，而不是对自己的行为进行解释；应该让被试说出他们正在想什么，而不是之前如何想的”（转引自 Cooper，1999）。本研究采用有声思维的方法，通过被试理解汉语成语过程中即时的有声思维言语报告观察学习者习得汉语成语的思维活动，分析被试理解汉语成语的各种策略，由此推测学习者汉语成语的习得过程。

成语有声思维实验持续大约 30 分钟，采用单独测试取样的方法，使用录音笔记录被试的有声思维报告。实验工具主要有实验数据收集说明、录音笔、铅笔和橡皮等文具。由于水平相近的英语母语高级学习者分布于多个班级，受到各个班级教学计划与课程安排的限制，无法采取集体测试的方式进行。为确保实验测试的信度，我们邀请被试单独参加有声思维实验，向其发放有声思维实验数据收集说明，采用面对面的访谈模式，征求被试同意对实验访谈过程进行录音。所有完成成语有声思维实验的被试会得到一小笔现金作为报酬（￥30）。

根据 Cooper（1999）的研究，我们将有声思维实验分为三个阶段进行：（1）训练阶段；（2）热身阶段；（3）有声思维任务。在训练阶段，用汉语向被试说明实验的目的、要求和做法，说明成语理解成功与否和实验结果无关，我们所关注的只是他们理解习得汉语成语的过程。在热身阶段，被试尝试识别两条用于预测的汉语成语的意义，在此过程中观察被试是否真正地理解有声思维任务的要求，同时也让被试身心放松，为有声思维任务的顺利进行做好准备。在有声思维任务中,向被试随机出示 16 张写有汉语成语及其语境例句的卡片,要求被试用汉语说出汉语成语的意义。有声思维实验数据收集说明可参见附录 7。

3. 数据转写与处理

有声思维实验中共收录到音频材料 30 段,以 MP3 格式保存,总时长约为 13 小时 32 分钟。我们将有声思维录音材料转写为文字材料,形成有声思维言语报告,总共约 61830 字。借鉴 Cooper(1999)的研究方法,使用 T 单位(T-UNIT,即语法意义上最短的句子结构)处理文字材料,将 61830 字共划分为 2675 个 T 单位,平均每个 T 单位长度为 23.11 字。本研究对有声思维数据的分析与考察分为两个阶段:首先根据 1—3 分三个等级为被试对每条成语的理解习得进行整体评分(3 分为理解正确;2 分为理解部分正确;1 分为理解错误/不知道);然后再以 T 单位为基础分析被试在成语理解习得过程中采用的基本策略并进行整理分类。

为了增加数据分析与考察的信度,本研究邀请另外一位经验丰富的对外汉语教师作为第二分析员。两位分析员独立评分并分析成语理解习得策略;统计结果显示两位分析员之间整体评分的一致性达到 95.62%(相同项/所有项×100%),成语理解习得策略分析的一致性达到86.75%(相同项/所有项×100%);最后两位分析员对意见有分歧的部分进行讨论以尽可能达到 100%的一致性。

3.1 成语理解习得评分

在成语有声思维实验中,所有 30 名被试均对 16 条成语做出阐释,共完成 480 次尝试,形成 480 份有声思维言语报告;以此为基础,为被试对每条成语的理解进行整体评分,将 480 条成语的理解习得评为 1—3 分三个等级。

(1) 被试对成语理解习得正确,则计为 3 分;如下例对成语"对牛弹琴"

的理解：被试知道“弹琴是弹钢琴”(虽然并非成语中涉及的古琴)，能够理解成语的字面意义是“对一头牛弹钢琴”，能够从语境中猜测出成语的意义是“什么反应都没有，都听不懂”，比较接近成语的隐喻意义“比喻说话不看对象，对外行说内行话或对不讲理的人讲理”，此外被试还能够联想到母语中类似的成语“talking to the wall”，因此被试对成语“对牛弹琴”理解是正确的。

被试 18

4. 对牛弹琴 duì niú tán qín　3 分

算了，你就别**对牛弹琴**了，你讲的这些物理学原理，我完全听不懂。这里“**对牛弹琴**”是什么意思？

IC1. 对牛弹琴，弹琴知道，弹钢琴；

IC2. 对牛，一头牛，对一头牛弹钢琴吗？

——对，那是什么意思？(“——”后为测试者插话，下同)

被试重复语境例句。

LM3. 哦，就是好像你对一头牛弹钢琴。

4. 但是什么反应都没有，都听不懂。

——对，都听不懂，没有反应。

L1/5. 很有意思，用英语就是 talking to the wall。

(2) 被试对成语理解习得部分正确，则计为 2 分；如下例对成语“呆若木鸡”的理解：被试陈述说明不认识这个成语，但能够看懂作为成语语境的例句，懂得例句中关键词“顿时”的意思是“突然、马上”，知道“若”字是“好像”的意思，认为成语是用来描述一个样子，但因为学过“呆板”一词而把“呆”理解为“板”，并且把“木鸡”理解为“鸡在木上”，从而猜测成语的意义是“他没办法”，跟成语的隐喻意义“形容呆笨或因恐惧、惊讶而发呆的样子”有所差别，因此被试对成语“呆若木鸡”的理解是部分正确。

被试 14

1. 呆若木鸡 dāi ruò mù jī　2 分

他拿到考卷一看，顿时**呆若木鸡**，因为几乎没有一道题能读懂。

这里“**呆若木鸡**”是什么意思？

RP1. 这个成语我不认识，这个例子我看懂。

RP2. 顿时？突然、马上。

IC3. 这个应该描述一个样子，这个是板的意思，是不是？因为有一个词呆板。

——对，就是那个词。

IC4. 若，是不是好像，古代汉语的若。

RP5. 木鸡，哦。

LM6. 你的样子是很笨，好像一个鸡在木上。

——不是完全那样，木鸡不是鸡在木上。那么这个人怎么样？

7. 他没办法。

（3）被试对成语理解习得错误或者不知道成语的意义，则计为 1 分；如下例对成语“扬长避短”的理解：被试通过询问获知语境例句中关键词“总结”的意思是“summarize”，就直接猜测成语的意义是“让一个很长的事情更短”，跟成语的隐喻意义“发挥自己的优势，避开自己的短处”差距较大，明显是被试对成语理解错误；通过进一步访谈追问得知被试母语中有成语“to make a long story short/很长的故事比较短一点儿”，而被试只学过“长”和“短”，并不认识“扬”和“避”，因此被试对成语“扬长避短”理解是错误的。

被试 10

13. 扬长避短 yáng cháng bì duǎn 1 分

现在我们要好好总结一年来的工作，**扬长避短**，争取明年取得更好的成绩。这里“**扬长避短**”是什么意思？

RI1. 总结？

——Summarize.

2. 所以意思是不是让一个很长的事情更短？

——这是你猜的，对吧？

L1/3. 因为英文里面会说 to make a long story short，很长的故事比较短一点儿。

——很好，但是中文不是这个意思。

RP4. 哦，明白。

——避是避开，学过这个词吗？

RP5. 没有。

——Avoid。

RP6. 因为我只认识长和短，从来没有学过扬和避。

根据统计，在有声思维实验中被试理解正确的成语（计为 3 分）有 237 条，占成语总数的 49.38%，理解部分正确的成语（计为 2 分）有 184 条，占成语总数的 38.33%，而理解错误或不知道意义的成语（计为 1 分）有 59 条，占成语总数的 12.29%。统计结果进一步显示，所有实验成语理解习得均值为 2.37 分，其中分值最高的是"一见钟情"，为 2.70 分，有 22 人理解正确，7 人理解部分正确，只有 1 人理解错误；而分值最低的是"有口皆碑"，为 1.80 分，有 4 人理解正确，16 人理解部分正确，而有 10 人理解错误。被试对实验成语的有声思维理解习得均值可参见表 4.3，而有声思维理解习得评分详细情况可参见附录 8。

表 4.3　成语有声思维理解习得均值

序号	成语	结构类型	语义特征	熟悉度	可分解	不可分解	理解均值
1	呆若木鸡	主谓结构	字面义	1.57	23	7	2.10
2	单枪匹马	定中＋定中	隐喻义	2.43	7	23	2.20
3	东张西望	状动＋状动	字面义	3.60	27	3	2.60
4	对牛弹琴	状动宾结构	事件性	3.83	2	28	2.67
5	耳闻目睹	主谓＋主谓	字面义	2.37	29	1	2.47
6	津津有味	状动结构	字面义	3.63	22	8	2.50
7	目中无人	主谓宾结构	隐喻义	3.43	8	22	2.43
8	七上八下	状中＋状中	隐喻义	3.60	0	30	2.50

续表

序号	成语	结构类型	语义特征	熟悉度	可分解	不可分解	理解均值
9	手忙脚乱	主谓＋主谓	字面义	3.57	26	4	2.63
10	水深火热	主谓＋主谓	隐喻义	3.13	5	25	2.53
11	相依为命	状动结构	字面义	2.33	30	0	2.33
12	袖手旁观	状动结构	隐喻义	1.83	9	21	2.13
13	扬长避短	动宾＋动宾	字面义	2.00	30	0	1.87
14	咬牙切齿	动宾＋动宾	隐喻义	2.43	8	22	2.47
15	一见钟情	连动结构	字面义	4.50	30	0	2.70
16	有口皆碑	主谓结构	隐喻义	1.60	4	26	1.80
均值							2.37

3.2　成语理解习得策略

在成语有声思维报告分析中，我们对成语理解习得策略的命名和分类方法参考学习者英语成语的理解习得策略研究，同时兼顾汉语成语自身的理解习得特点，共统计出3类12种策略，具体包括：

(1) 准备性策略

RI(询问字词意思/Requesting Information)，例如“呆若木鸡”：若是像的意思，对吗？(被试13：T7)；再如“东张西望”：望是希望的望？(被试18：T2)；又如“津津有味”：津是什么意思？(被试08：T1)

RP(重复或重述/Repeating or Paraphrasing)，例如“东张西望”：望是，I know希望、渴望(被试16：T2)；再如“袖手旁观”：袖不知道，就知道手，还有观；观，观念的观(被试16：T2/T4)；又如“有口皆碑”：这个皆是古代的皆，不是borrow，那个是借。(被试26：T2)

DA(讨论和分析成语/Discussing and Analyzing)，例如“耳闻目睹”：哦，可以看，可以听，是很visible(被试16：T5)；再如“手忙脚乱”：就是，比较女人是这样吗？还是男人也这样？(被试19：T6)

TA（翻译尝试/Translation），例如“对牛弹琴”：Being really careful, like cow plays the piano, being super-careful（被试02：T3）；再如“津津有味”：比如说吃得津津有味，英文是with gusto，比较兴奋，比较开心（被试14：T2）；又如“咬牙切齿”：咬牙切齿，Grinding your teeth, and want to...（被试04：T4）

（2）猜测性策略

GC（根据上下文猜测/Guessing from Context），例如“对牛弹琴”：如果你对不了解物理学的人，用物理学的特别的语言的话，他们听不懂（被试22：T5）；再如“袖手旁观”：所以他看了这个车祸，人还在旁边热闹的什么事情都不做，不来帮助（被试28：T7）；又如“有口皆碑”：然后他的医术，我想一想，或者这个意思是他的医术很好，真的很好，就像一个碑一样。（被试19：T5）

IC（根据成语个别字词猜测/Individual Component），例如“东张西望”：这个望是古代汉语的看的意思（被试14：T1）；再如“耳闻目睹”：耳是耳朵；闻是hear；目是眼睛；睹可能是看（被试13：T2/T3/T4/T5）；又如“水深火热”：水是很深，deep（被试18：T1）；还有“有口皆碑”：碑？碑应该是一块石头，a rock，上面刻上一些字，like a tombstone。（被试25：T6）

LM（根据成语字面意义猜测/Literal Meaning），例如“对牛弹琴”：是不是literally，一个人对一个牛一样的动物弹琴？（被试25：T1）；再如“目中无人”：我觉得这个目中无人，意思是在你的眼睛里，一个人的眼睛里没有人（被试24：T1）；又如“七上八下”：你往前面去七次，往后面再去八次，七上八下。（被试28：T2）

L1/2（利用母语/目的语成语猜测/First or Second Language），例如“对牛弹琴”：Pearls before swine，你知道pearls是珍珠，给猪看，猪不知道是珍贵的（被试22：T3）；再如“水深火热”：It's like English idiom in deep water（被试15：T2）；又如“东张西望”：哦，还有一个词，东奔西走，所以这个东西是所有的（被试14：T3）；还有“手忙脚乱”：这个成语是束手无策的意思吗？（被试14：T2）

BK(利用文化背景知识猜测/Cultural Background Knowledge),例如“袖手旁观”:古代人放在袖子里面,现代人放在口袋里面,或者是在后面(被试27:T3);再如“津津有味”:我觉得玉米面饼子没有很多味道,是比较简单的饭或东西,几个孩子吃得可能挺快,可能没有时间看见玉米面饼子的味道;因为在美国是比较很普通的东西,可是在这儿是一个很特殊的。(被试13:T4/T5)

(3) 其他策略

GA(成语句法分析/Grammar Analysis),例如“单枪匹马”:匹就是量词吗?(被试20:T4);再如“袖手旁观”:所以是第三个人的意思,所以别人有一个事情,袖手应该是一个动词,袖是什么动词?(被试14:T3)

MI(利用成语意象猜测/Mental Image),例如“呆若木鸡”:鸡是一个比较傻的动物,可能也是为什么用鸡,不用另外的动物(被试13:T6);再如“对牛弹琴”:It's like you are not preaching to a choir, you are preaching to a nonbeliever.(被试08:T8)

MC(根据成语隐喻概念猜测/Metaphor Concept),例如“水深火热”:那么热会不会是有生气的意思?In deep water,是说你真的很麻烦了。但是火热也觉得你真的很麻烦,但是也有很生气,很不高兴。(被试25:T6/T7/T8)

成语有声思维数据分析的具体实例如下:

被试25

14. 咬牙切齿 yǎo yá qiè chǐ　3分

当她发现丈夫有了外遇,心里又气又恨,**咬牙切齿**地扇了他一个耳光。这里“**咬牙切齿**”是什么意思?

——知道外遇?

RI1. 外遇,affair?

RP2. 扇了他是slap,因为是扇子。

LM3. 咬牙应该是bite your teeth, like the root, grinding。

DA4. 那么在这里是形容她的feeling,她的心情、感情。

——那么应该是很什么？

被试重复语境例句。

GC5. 她很不高兴。

TA6. 那么这个应该是，中文我不知道怎么表达，是 facial illustration。

GC7. 因为它已经告诉我们她心里又气又恨，但是我们不知道她的样子怎么样。

8. 这里告诉我们她在咬牙切齿，我们知道她心里很生气，她的面孔也是非常生气。

这份有声思维报告共包括 8 个 T 单位，6 种策略：T1(RI)；T2(RP)；T3(LM)；T4(DA)；T5 和 T7(GC)；T6(TA)。被试的理解习得策略主要是根据成语的字面意义辅以上下文语境并结合母语中相关词语以及请求附加的信息去逐步猜测成语的隐喻意义。

4. 结果与讨论

4.1　问题一：英语母语学习者理解习得汉语成语主要采用哪些策略？

根据实验统计结果，本研究将 480 份有声思维言语报告共划分为 2675 个 T 单位，被试在理解习得汉语成语时采用的策略总数是 2195 次。我们为被试对每个成语的理解习得策略进行整理分类，总结出 3 类 12 种策略。被试在理解习得某一个具体的汉语成语时可能使用多个种类的策略，我们对各个成语与不同策略的对应情况进行统计分析；学习者汉语成语理解习得策略的分布情况可参见表 4.4。

根据统计结果，学习者各种成语理解习得策略占总数的比重分布如下(按照由高到低的顺序排列)：GC(根据上下文猜测)：518 次，占 23.60%；IC(根据成语个别字词猜测)：415 次，占 18.91%；RI(询问字词意思)：373 次，占 16.99%；RP(重复或重述)：359 次，占 16.36%；LM(根据成语字面意义猜测）：199 次，占 9.07%；L1/2（利用母语/目的语成语猜测）：94 次，占 4.28%；DA（讨论和分析成语）：87 次，占 3.96%；TA（翻译尝试）：50 次，占 2.28%；BK（利用文化背景知识猜测）：39 次，占 1.78%；MI（利用成语意象猜测）：27 次，占 1.23%；GA（成语句法分析）：26 次，占 1.18%；MC（根据成语隐喻概念猜测）：8 次，占 0.36%。从中可以看出，5 种猜测性策略所占的比重最大，达到 57.64%，4 种准备性策略的比重稍小，也有 39.59%，而 3 种其他策略的比重最小，只有 2.77%。下面将按照类别对这 3 类 12 种策略进行分析与讨论。

表 4.4　学习者汉语成语理解习得策略分布

成语	准备性策略				猜测性策略					其他策略			总计
	RI	RP	DA	TA	GC	IC	LM	L1/2	BK	GA	MI	MC	
1	25	21	4	3	23	42	13	1	0	0	4	0	136
2	14	26	3	3	30	33	11	2	1	8	1	0	132
3	29	25	0	1	27	24	7	4	1	5	1	0	124
4	14	19	8	3	21	19	17	4	3	1	5	0	114
5	39	12	8	3	16	61	15	0	2	0	1	0	157
6	21	25	6	1	27	12	4	6	1	0	0	0	103
7	18	11	6	4	51	7	21	2	3	0	0	0	123
8	5	20	9	9	25	1	7	9	0	0	4	3	92
9	9	7	5	6	42	16	18	4	3	1	0	0	111
10	11	10	8	4	40	9	32	11	3	1	5	5	139
11	21	28	4	0	45	39	4	0	2	2	0	0	145
12	34	44	6	3	51	30	13	8	11	1	1	0	202
13	36	28	3	3	29	48	9	2	0	3	1	0	162
14	38	32	8	5	24	23	13	14	3	2	4	0	166
15	10	17	1	2	18	15	8	21	4	2	0	0	98
16	49	34	8	0	49	36	7	6	2	0	0	0	191
总计	373	359	87	50	518	415	199	94	39	26	27	8	2195
	869				1265					61			

4.1.1 准备性策略

准备性策略是指学习者在成语理解习得过程中准备猜测成语意义时使用的策略，其中 RI(询问字词意思)可以让被试请求有关成语或语境例句的附加信息以有助于猜测，RP(重复或重述)能够让被试在头脑中澄清或者强化跟成语相关的信息，DA(讨论和分析成语)则可以让被试筛选、过滤新的语言信息从而为猜测成语意义争取时间，而 TA(翻译尝试)则是被试在有声思维时尝试将成语译为自己的母语并对成语的意义进行猜测。

(1) RI(询问字词意思)策略

大多数被试在有声思维实验中使用 RI(询问字词意思)策略，占全部策略总数的 16.99%，是 4 种准备性策略中使用最多的。被试在成语理解习得过程中对成语本身或者语境例句中的词语不认识，就会询问这些字词的意思，请求附加信息以便更为准确地理解习得成语。如果被试使用 RI(询问字词意思)策略，首先鼓励被试进行合理的猜测，但如果被试坚持，也会告诉他们这些字词的意思，因为我们的研究目标是扫除成语理解的障碍以便考察被试习得成语的策略。在成语有声思维实验中，由于是来自非汉字文化圈的英语母语学习者，被试经常询问诸如“耳闻目睹”的“睹”、“津津有味”的“津”、“相依为命”的“依”、“袖手旁观”的“袖”、“有口皆碑”的“碑”等字的意义以及语境例句中“物理学”“局长”“车祸”“扇”“医德”等字词的意思。下面是两份有声思维报告的摘录，可以从正反两个方面展示被试是如何运用 RI(询问字词意思)策略的。

被试 13

5. 耳闻目睹 ěr wén mù dǔ　3 分

这次来中国，**耳闻目睹**了中国的巨大变化，使我非常惊讶，也十分兴奋。这里“**耳闻目睹**”是什么意思？

被试重复语境例句。

RI1. 睹是什么意思？

——你可以猜。

IC2. 耳是耳朵；

IC3. 闻是 hear；

IC4. 目是眼睛；

IC5. 睹可能是看。

6. 听和看见中国的环境。耳闻目睹是这个意思吗？

——对，你说的是对的，你看到的，你听到的，或者叫经历，experienced。

RP7. 嗯，也叫经验，差不多。

在这份有声思维报告中，被试在阅读成语及其语境例句后采用 RI（询问字词意思）策略，询问“耳闻目睹”中“睹”的意思，我们没有直接告诉被试“睹”的意思而是鼓励他进行合理的猜测，结果证明被试知道“耳”和“目”的意思，也懂得“闻”的意思，然后就很自然地猜出“睹”的意思“可能是看”，进而猜测出成语的意义是“听和看见中国的环境或者叫经历、经验”。

被试 08

5. 耳闻目睹 ěr wén mù dǔ　2 分

这次来中国，**耳闻目睹**了中国的巨大变化，使我非常惊讶，也十分兴奋。这里“**耳闻目睹**”是什么意思？

RI1. 巨大变化？

——Great changes.

RI2. 惊讶？

——Surprised.

RI3. 兴奋？

——Excited.

RI4. 耳？

——Ear.

RI5. 闻?

——Listen.

RI6. 目?

——Eye. 睹, you can guess?

IC7. See.

——So what about 耳闻目睹?

8. Pay a lot of attention.

——Pay a lot of attention. What you see, what you hear.

同样是对成语"耳闻目睹"的理解,在这份有声思维报告中,被试多次使用RI(询问字词意思)策略分别询问"巨大变化""惊讶""兴奋""耳""闻""目"等字词的意思,我们也予以回答,只是最后在鼓励下,被试猜测出"睹"的意思是"see";可以看到被试来自非汉字文化圈,明显对很多关键字词都不熟悉,而被试通过多次询问获得的多重附加信息难以在头脑中立即固定下来,因此被试最后对成语意义的猜测(pay a lot of attention)还是出现很大偏差。通过这两份有声思维报告,可以看出RI(询问字词意思)是学习者理解习得汉语成语较为常用的准备性策略,通过请求附加的信息做到字词明白从而能够更为准确地理解成语,但同时也应鼓励学习者利用掌握的语素线索对成语构成字词进行合理的猜测,继而循字义推测成语的意义。

(2) RP(重复或重述)策略

很多被试在有声思维实验中使用RP(重复或重述)策略,占全部策略总数的16.36%,也是一种比较常用的准备性策略。被试在成语理解习得过程中对成语本身进行重复或重述旨在加深头脑中对成语的印象;同时,重复或重述也是有声思维过程中的重要策略,因为要求被试不假思索地说出自己面对成语时的想法,而对成语进行重复或重述可以为被试可能的猜测争取一定的时间。下面是一份有声思维报告的摘录,可以展示被试是如何运用RP(重复或重述)策略的。

被试 12

10. 水深火热 shuǐ shēn huǒ rè　2 分

工作没有了，老婆也跟我离了婚，我现在的生活真是**水深火热**。这里“**水深火热**”是什么意思？

RP1. 水深火热，啊，我知道这个意思，我知道 literally。

——那么 literally 是什么意思？

LM2. 水深有很多的水，火热是很热。

被试重复语境例句。

GC3. 所以我现在没有工作了，老婆跟我没有关系，现在没有关系。

——Divorced.

GC4. 老婆 divorced；

GC5. 所以我的生活现在很不好，都不好。

——很不好，学过糟糕吗？

6. 啊，对，太糟糕了。

在这份有声思维报告中，被试采用 RP(重复或重述)策略对成语“水深火热”进行重复，并告诉我们她知道这个成语的字面意义，争取到一定时间来组织语言以表达成语的字面意义是“水深有很多的水，火热是很热”，进而根据成语的语境例句猜测成语的意义是“我的生活现在很不好”，在提醒下，被试最后意识到“太糟糕”可能更适合作为成语的内在含义。

(3) DA(讨论和分析成语)策略

还有不少被试在有声思维实验中使用 DA(讨论和分析成语)策略，占全部策略总数的 3.96%，也是一种经常用到的准备性策略。被试在正式猜测成语意义之前会先对成语及其语境进行宽泛的讨论，运用其逻辑思维能力解决成语本身带来的语言困惑。同样，讨论和分析也是有声思维过程中的重要策略，可以为被试争取更多的时间以阐明自己的想法，因为被试在面对陌生的成语时总是难以准确地表达他们的思想。下面是一份有声思维报告的摘录，可以展示被试是如何使用DA（讨论和分析成语）策略的。

被试14

10. 水深火热 shuǐ shēn huǒ rè　2分

工作没有了，老婆也跟我离了婚，我现在的生活真是**水深火热**。这里“**水深火热**”是什么意思？

被试重复语境例句。

RP1. 水深火热，这几个字都认识。

DA2. 所以一定是个不好的意思。

BK3. 我就看不出来，因为热的火是最自然的，水比较深。

——Literal meaning 是什么？

LM4. 水很深，火很热。

——那么什么意思？你的生活很……

GC5. 我不知道这个描述什么事情？

——就是说这个人，他没有工作，他的老婆也……

6. 是生活无聊吗？生活没有丰富？

在这份有声思维报告中，被试告诉我们他认识成语的构成字词，但不认识这个成语，属于典型的“生词熟字”；被试进而采用DA（讨论和分析成语）策略，认为这个成语在总体上是表示不好的意思，但在逻辑上跟被试的认识观念有冲突，因为在被试看来，火很热是最自然的，而水比较深也是很自然的；最后被试只是在成语字面意义和语境例句的帮助下尝试猜测成语的意义是“生活无聊、生活没有丰富”，跟成语的内在含义有很大偏差。

(4) TA（翻译尝试）策略

还有一些被试在有声思维实验中使用TA（翻译尝试）策略，占全部策略总数的2.28%，是4种准备性策略中使用最少的。由于是成年汉语学习者，英语母语仍然是被试最为熟悉的语言，用母语进行思维也是最自然的方式。我们要求被试用汉语描述其有声思维过程，但在正式猜测成语意义之前，也有被试会尝试将成语及其语境例句译为自己的母语，从而更顺利地表述自己的思想。同样，翻译尝试也是有声思维过程中的重要策略，可以为被试争取更多的时间以组织自己的语言，因为被试用目的语总是难以准确地表达他们的想法。下面是两份有声思维报告的摘录，可以展示被试是如何使用 TA(翻译尝试)策略的。

被试 08

8. 七上八下 qī shàng bā xià 3 分

今天我要去面试，因为从来没有参加过面试，所以心里**七上八下**的。这里"**七上八下**"是什么意思？

TA1. 七上八下，seven above，eight below。

被试重复语境例句。

RI2. 面试是什么？

——Interview.

DA3. You didn't quite make it，so he is seven above，but feels eight below，in the middle maybe. No?

——No. He has never been to an interview. How does he feel?

GC4. Nervous? I am not so sure.

——It is close. In Chinese 很……

5. 很担心。

——很担心，很紧张，this is the first time for him。

在这份有声思维报告中，很明显被试更习惯用英语母语来组织语言表述自己的思想，因此被试在看到成语"七上八下"时就使用 TA(翻译尝试)策略将其逐字对译为"seven above，eight below"；在询问关键词"面试"的意思时用的是汉语，而在讨论和分析这个成语时就又回到英语母语(he is seven above，but feels eight below，in the middle maybe)，并猜测成语的意义是"nervous"，只是最后在鼓励下才用汉语说出成语的意义是

“很担心”。

被试 13

8. 七上八下 qī shàng bā xià　3 分

今天我要去面试，因为从来没有参加过面试，所以心里**七上八下**的。这里“**七上八下**”是什么意思？

被试重复语境例句。

——面试知道吗？

RP1. 面试也不知道。

——Interview, usually for employment.

GC2. 今天我要去面试，现在心里 beat very hard，不知道怎么说 beat。

LM3. 你心里很快地，你心里去上面，然后下面。

TA4. 很 nervous，很 excited。不知道怎么用中文说？

DA5. 兴奋是高兴，excited.

——Nervous 是很什么？

6. 可是，nervous 是紧张，很紧张。

同样是对成语“七上八下”的理解，在这份有声思维报告中，被试应要求尽量用汉语组织语言来表达自己的思想，比如从字面上对成语意义进行阐释（你心里去上面，然后下面），但在涉及关键词语时由于不知道用汉语怎么说，因此迫不得已采用 TA（翻译尝试）策略，用 beat very hard 表示心跳加速的意思，而在阐释成语意义时则是使用汉英混用的“很 nervous，很 excited”，为最后成语意义的表述（很紧张）争取到足够的时间。

4.1.2 猜测性策略

猜测性策略是指学习者在成语理解习得过程中正式猜测成语意义时使用的策略，其中 GC（根据上下文猜测）是被试根据提供的语境例句在成语使用的上下文环境中猜测成语的意义，IC（根据成语个别字词猜测）是被试按照成语构成个别字词的含义猜测成语的内在意义，LM（根据成语字面意义猜测）是被试根据成语表层的字面意义猜测成语深层的隐喻意义，L1/2（利用母语/目的语成语猜测）是被试利用母语或目的语中相同或类似的表达对成语的意义进行猜测，而BK（利用文化背景知识猜测）则是被试利用母语或目的语中相关的语言文化背景知识去猜测成语的意义。

（1）GC（根据上下文猜测）策略

绝大多数被试在有声思维实验中使用GC（根据上下文猜测）策略，占全部策略总数的23.60%，是5种猜测性策略中使用最多的，也是被试在理解习得汉语成语时最常使用的策略。这主要是因为有声思维实验提供汉语成语出现的语境例句，而被试对大多数实验成语熟悉程度不高，有些汉语成语的分解性程度又比较低，只从成语构成字词难以准确地推测成语的内在含义，因此被试在成语理解过程中往往会频繁地采用GC（根据上下文猜测）策略，借助成语上下文提供的语境线索去猜测成语的隐喻意义。下面是两份有声思维报告的摘录，可以从正反两个方面展示被试是如何使用GC（根据上下文猜测）策略的。

被试01

8. 七上八下 qī shàng bā xià　3分

今天我要去面试，因为从来没有参加过面试，所以心里**七上八下**的。这里“**七上八下**”是什么意思？

被试重复语境例句。

DA1. 可能是紧张的意思吧？

——为什么紧张呢？

GC2. 好紧张，因为你没有experience，你不知道一个面试会怎么样，因为你没有面试过。

——那为什么要七上八下？

GC3. 我不知道为什么要七上八下，只是看context时候就猜得出来。

LM4. 七上他觉得十分兴奋，八下他觉得非常非常紧张。

5. 所以他一边很开心，一边很紧张。

在这份有声思维报告中，被试在阅读成语及其语境例句后认为成语在总体上是表示紧张的意思。在我们追问为什么表示紧张时，被试坦诚地回答只是从上下文语境（不知道面试会怎么样，没有 experience）猜测出来的，而被试对“七上”和“八下”的解释也是来自对语境例句的阐发，最后猜测出成语的意义是“一边很开心，一边很紧张”，因此被试成功地使用GC（根据上下文猜测）策略，语境例句提供的语言线索对学习者成语意义的猜测起到有效的促进作用。

被试 14

3. 东张西望 dōng zhāng xī wàng　2 分

保安见他一进校园就**东张西望**，赶忙跑过去问他要找谁。这里“**东张西望**”是什么意思？

被试重复语境例句。

IC1. 这个望是古代汉语的看的意思？

——对，那么张呢？

RP2. 张，我忘记了。

——张和望在这里是一个意思。

L2/3. 哦，还有一个词，东奔西走，所以这个东西是所有的。

GC4. 所以这个人比较紧张，是不是？

GC5. 因为他们是看有没有一个人陪他，是不是？

——保安知道吗？

RP6. 保安我知道。

RP7. 这些字我都知道，意思我明白。

GC8. 但是这个因为他们已经看见他，我不清楚他们为什么要这样做。

——是这样，这个人一进校园就东张西望，保安就去问他，要找谁。

GC9. 哦，是他。我以为是保安，那我明白了。

10. 他们问你有什么事，你来找谁。

在这份有声思维报告中，被试对成语的构成字词和语境例句中的关键词都认识(这些字我都知道，意思我明白)，也是“生词熟字”，甚至可以联想到汉语中类似的成语(“东奔西走”)对成语的意义进行类推，只是因为对上下文语境的理解出现偏差(误以为“东张西望”的主体是“保安”)，导致对成语意义的猜测不够准确；最后在提示下，被试才弄清楚成语的主体，也就明白了成语的意义。通过这两份有声思维报告，可以看出 GC(根据上下文猜测)是学习者理解汉语成语最为常用也非常有效的策略，语境效应对成语理解习得会有促进作用，但如果对上下文语境的理解有误，也可能造成成语理解习得的偏差。

(2) IC(根据成语个别字词猜测)策略

大多数被试在有声思维实验中使用 IC(根据成语个别字词猜测)策略，占全部策略总数的 18.91%，在猜测性策略中也是使用较多的。汉语成语通常由四个字构成，被试对这些构成字词的熟悉和掌握情况并不完全一致；成语中的个别字词，如“耳闻目睹”的“睹”、“津津有味”的“津”、“相依为命”的“依”、“袖手旁观”的“袖”和“有口皆碑”的“碑”，正是理解成语意义的关键所在。如果被试是来自汉字文化圈的学习者，对这些关键字词的理解可能并不困难，但因为被试是来自非汉字文化圈的英语母语学习者，这些关键字词很可能会形成理解成语的障碍。因此，被试就会频繁地采用 IC(根据成语个别字词猜测)策略，借助成语构成字词提供的语素线索，希望能够理解或者通过询问可以获知这些关键字词的意义，进而循字义推测成语的内在含义。下面是两份有声思维报告的摘录，也可以从正反两个方面展示被试是如何使用 IC(根据成语个别字词猜测)策略的。

被试 14

16. 有口皆碑 yǒu kǒu jiē bēi　3 分

在我们这个医院提起李主任，他的医术和医德都是**有口皆碑**的。这里“**有口皆碑**”是什么意思？

被试重复语境例句。

RI1. 这个皆是不是都？古代汉语的都。

——古代汉语对成语很有用。

DA2. 因为是赞成，每个人都赞成，是吗？

——对。

IC3. 有口，有口的人，很多人。

IC4. 碑，这个碑，因为里程碑，我从那个字。

GC5. 这个是你应该关注，好像这个是重要的东西。

RP6. 我不知道是很多人，还是所有的人。

——所有的人。

7. 所有的人都赞赏，很多人喜欢这个医院，因为他们的医术、医德都很好。

——对。为什么碑是赞赏呢？你是从里程碑那儿来的，是吧？

L2/8. 我们学里程碑的时候，因为里程碑是一个公里、两个公里，碑应该是一个重要的、不是随便三百二十六的公里，所以告诉你一个重要的消息，你应该、值得知道的。这个是语感，我就猜出来。

在这份有声思维报告中，被试对成语“有口皆碑”的构成字词理解得较为准确：被试知道“皆”是古代汉语的都，懂得“有口”是指有口的人、很多人，但最关键的是被试从自己所掌握的“里程碑”一词中分析出“碑”的意义是“赞成、赞赏”，进而结合已掌握的其他字词猜测出成语的正确意义是“所有的人都赞赏”。虽然因为来自非汉字文化圈，被试对“里程碑”的解释并不完全准确，而“有口皆碑”中的“碑”也应该是功业碑而非里程碑，但 IC（根据成语个别字词猜测）可以说是比较有效的学习者成语理解习得策略。

被试23

16. 有口皆碑 yǒu kǒu jiē bēi 2分

在我们这个医院提起李主任，他的医术和医德都是**有口皆碑**的。这里“**有口皆碑**”是什么意思？

被试重复语境例句。

RI1. 李主任？

——李主任是一个 doctor。

——那么有口就是……

IC2. 很多人。

——很多人，对，或者叫每一个人，everybody。

——皆知道吗？

L2/3. 老少皆宜的皆。

——对，皆是？

IC4. 哦，都。

——那碑呢？

RP5. 不知道，我知道这是最重要的一个字。

——对，最重要的一个字。碑是石头做的碑，是一个纪念碑，monument。

6. 所以那个医生非常有名。

——对，非常有名的，或者叫非常优秀的。

同样是对成语“有口皆碑”的理解，在这份有声思维报告中，被试知道“有口”的意思是“很多人”，也知道“皆”是“老少皆宜”的皆，表示“都”，虽然不知道“碑”的意思，但也认识到这是理解成语最重要的一个字，只是由于来自非汉字文化圈，无法借用其母语词汇知识获取这个关键字的意义。在获知关于“碑”的附加信息后，被试结合上下文语境大体猜测出成语的意义是“那个医生非常有名”。通过这两份有声思维报告，可以看出 IC（根据成语个别字词猜测）是来自非汉字文化圈的英语母语学习者理解习得汉语成语较为独特的策略，由于汉语成语基本是由四个字组成的，如果以英语为母语的被试对成语构成的关键字词比较熟悉，通过整合语素线索提供的语言信息，对成语意义的理解也就会迎刃而解，而如果对成语构成的关键字词比较陌生，则很可能会形成被试习得成语的重要障碍。

(3) LM(根据成语字面意义猜测)策略

很多被试在有声思维实验中使用LM(根据成语字面意义猜测)策略，占全部策略总数的9.07%，也是一种比较常用的猜测性策略。汉语成语在语义上是倾向于可分解的，字面义成语占有较大的比重，完全不可分解的汉语成语数量较少，大多数汉语成语字面意义和隐喻意义都有一定的关联。在成语理解习得过程中，被试能够自觉或不自觉地察觉到成语意义的双层性，使用LM(根据成语字面意义猜测)策略就是以成语表层的字面意义为突破口进而去理解成语深层的隐喻意义。下面是两份有声思维报告的摘录，可以展示被试是如何使用LM(根据成语字面意义猜测)策略的。

被试18

10. 水深火热 shuǐ shēn huǒ rè　3分

工作没有了，老婆也跟我离了婚，我现在的生活真是**水深火热**。这里"**水深火热**"是什么意思？

IC1. 水深火热，水是很深，deep；

IC2. 火热，火很热的。

被试重复语境例句。

LM3. 好像在很深的水，不能呼吸，这个感觉。

——对，不能呼吸，还有呢？

LM4. 还有好像你在火的里面，都很热，不知道怎么办。

——对，不知道怎么办，无法呼吸。

5. 就是非常不好的情况。

在这份有声思维报告中，被试能够识别"水深"和"火热"的字面意义，但也能够意识到这样的字面意义并非成语内在的深层含义，因此被试采用 LM(根据成语字面意义猜测)策略,指出“水深”是“好像在很深的水,不能呼吸,这个感觉”,“火热”就是“在火的里面,都很热,不知道怎么办”,最终猜测出成语的意义是指“非常不好的情况”。

被试 25

9. 手忙脚乱 shǒu máng jiǎo luàn 3 分

电脑一出问题,她就**手忙脚乱**的,简直不知道怎么办才好。这里“**手忙脚乱**”是什么意思?

被试重复语境例句。

GC1. 就是很乱的意思。

LM2. 手忙就是说你不知道怎么办。

LM3. 脚也乱就是说因为人是用脚来走的,如果我的脚乱的话,我就找不到我的目的,去不了我的目的。

GC4. 这里手忙脚乱就是说电脑一出问题他整个人都乱了。

5. 他不可能可以 solve the problem,解决问题。

——对,就是这个意思。You know some girls. Ah, what can I do?

在这份有声思维报告中,被试根据上下文语境大体能够猜测出成语的意义就是“很乱”的意思,但如果要进一步理解成语的深层含义,就需要使用 LM(根据成语字面意义猜测)策略,分别陈述“手忙”和“脚乱”表层字面意义下隐藏的内在含义,最后辅以对成语语境例句的深入认识(电脑一出问题他整个人都乱了),最后猜测出成语的意义是“他不可能可以 solve the problem,解决问题”,比较接近成语的隐喻意义“形容动作慌乱,没有条理”。通过这两份有声思维报告可以看出,由于汉语成语在语义上的可分解倾向,LM(根据成语字面意义猜测)也是学习者理解习得汉语成语比较有效的策略。

(4) L1/2(利用母语/目的语成语猜测)策略

还有不少被试在有声思维实验中使用 L1/2(利用母语/目的语成语

猜测)策略,占全部策略总数的4.28%,也是一种经常用到的猜测性策略。由于是成年汉语学习者,被试在学习汉语成语之前已经掌握大量的英语母语成语,同样由于是成年汉语学习者,被试在理解汉语成语时具有足够的类推和联想能力;而汉英成语在各自语言中都有着重要的地位,表意相同或相近的成语数量十分可观。因此在成语理解习得过程中,被试采用L1/2(利用母语/目的语成语猜测)策略,利用母语或目的语中相同或者类似的表达对成语的意义进行猜测。下面是两份有声思维报告的摘录,可以从母语和目的语两个方面展示被试是如何使用L1/2(利用母语/目的语成语猜测)策略的。

被试14

14. 咬牙切齿 yǎo yá qiè chǐ　3分

当她发现丈夫有了外遇,心里又气又恨,**咬牙切齿**地扇了他一个耳光。这里"**咬牙切齿**"是什么意思?

被试重复语境例句。

RP1. 外遇,这个是别的人跟他不好的爱情。

——Affair,对,不好的爱情。

IC2. 这个牙和齿都是跟牙齿有关。

IC3. 切是接触的意思,咬是吃东西,咬是吃鸡腿的时候,是不是?

TA4. 是gnaw,描述一个吃东西的方法。

——对,那么这里咬牙切齿是什么意思?

5. 很生气。

BK6. 因为在英文我们也有这个说法,如果我们这样做,我们很生气。

——英语里面怎么说?

L1/7. Grind your teeth together.

在这份有声思维报告中,被试能够解释成语构成字词的意思(虽然对"咬"和"切"的解释不太准确),也能够理解语境中关键词"外遇"的意义;

但具体到成语意义的阐释，被试需要使用 L1（利用母语成语猜测）策略，说在英文母语中也有类似的说法（grind your teeth together），说明如果我们这样做，表示我们会很生气，因此，被试能够成功地猜测出成语的意义是“很生气”。

被试 16

3. 东张西望 dōng zhāng xī wàng　3 分

保安见他一进校园就**东张西望**，赶忙跑过去问他要找谁。这里“**东张西望**”是什么意思？

IC1. 东张西望，东和西，还有望，希望的望。

——在这里望是看，to see.

RP2. 还有张，张是一张……

——Here 张 also means to see.

L2/3. Ok。如果他们说东和西，usually means back and forth。被试重复语境例句。

4. 他左看看右看看。

——就是这个意思，who are you looking for?

在这份有声思维报告中，被试知道成语中“东”和“西”的意思，但误认为“望”是“希望的望”，而“张”是表示“一张什么”的量词，经过澄清，才认识到“张”和“望”都是看的意思，但被试使用 L2（利用目的语成语猜测）策略，知道“东什么西什么”这种格式在类似的汉语成语中表示“到处、来回”的意思（如果他们说东和西，usually means back and forth），在语境例句的帮助下成功猜测出成语的意义是“他左看看右看看”。

(5) BK（利用文化背景知识猜测）策略

还有一些被试在有声思维实验中使用 BK（利用文化背景知识猜测）策略，占全部策略总数的 1.78%，也是一种比较重要的猜测性策略。由于是成年汉语学习者，在成语理解习得过程中被试头脑里有着充足的母语或目的语文化背景知识，他们也可能曾经在本国或中国语言课上学习过古代汉语知识。因此在成语有声思维实验中，被试使用 BK（利用文化背景知识猜测）策略，利用母语或目的语中的语言文化背景知识进行推理和联想，从而对成语及其语境做出解释或澄清。下面是几份有声思维报告的摘录，可以展示被试是如何使用 BK（利用文化背景知识猜测）策略的。

被试 14

12. 袖手旁观 xiù shǒu páng guān　2 分

那些看到有人出了车祸还**袖手旁观**、看热闹的人，不仅可气，而且可恨。这里“**袖手旁观**”是什么意思？

被试重复语境例句。

——袖知道吗？

RP1. 这个字我见过。

IC2. 旁观是不是在旁边看？

GA3. 所以是第三个人的意思，所以别人有一个事情，袖手应该是一个动词，袖是什么动词？

——袖是袖子，袖手是……

BK4. 袖手是这个，像老人看别人玩五子棋或打牌的时候。

——对，那么这些人不是看五子棋，看打牌。

GC5. 他们是看热闹。

——看热闹，因为这里有一个车祸。

GC6. 可恨，是可指责。这个可气呢，是生气？

——对。那么袖手旁观……

7. 是不好的意思，是看别的人不好的事情，看他们倒霉的事情。

——但是你不帮忙，袖手旁观。

在这份有声思维报告中，被试知道成语中“旁观”的意思，也见过“袖”这个字，并猜测“袖手”是一个动词；在提示下，被试意识到“袖手”是一个什么样的动作，采用 BK（利用文化背景知识猜测）策略，在头脑中联想到

"袖手"是老人看别人玩五子棋或打牌时候的形象,但这还只是"袖手旁观"字面上的意义;我们对其理解尝试进行澄清,而被试根据语境例句进一步猜测,才能发现成语的意义是"看别的人不好的事情,看他们倒霉的事情"。

被试 27

12. 袖手旁观 xiù shǒu páng guān　3 分

那些看到有人出了车祸还**袖手旁观**、看热闹的人,不仅可气,而且可恨。这里"**袖手旁观**"是什么意思?

被试重复语境例句。

——旁观是什么?

LM1. 就是不管,只是站在那里看,看那个事情。

——袖手呢?

LM2. 袖手是这样吧,这个动作,手不动了,表示你不会帮。

——就是你的手放在……

BK3. 古代人放在袖子里面,现代人放在口袋里面,或者是在后面。

——对,因为有车祸嘛,我们应该帮。

4. 就是看到了一个事情,你可以帮忙的,但是你选择不帮,只是看。

同样是对成语"袖手旁观"的理解,在这份有声思维报告中,被试对"旁观"和"袖手"的意义理解得比较透彻,能够从字面上大体推测出成语的意义;此外,被试对相关中国文化比较了解,采用 BK(利用文化背景知识猜测)策略,阐明"袖手"的含义是古代人将手放在袖子里面,而现代人是将手放在口袋里面或者是放在身体后面,因此很快就猜测出成语的意义是"看到一个事情,你可以帮忙的,但是你选择不帮,只是看"。

被试 14

5. 耳闻目睹 ěr wén mù dǔ　3 分

这次来中国,**耳闻目睹**了中国的巨大变化,使我非常惊讶,也十分兴奋。这里“**耳闻目睹**”是什么意思?

被试重复语境例句。

RI1. 这个词我不认识?

——惊讶,surprise。

RI2. 睹,三声?

BK3. 耳闻目睹,古代汉语闻是听,所以耳听目看。

4. 这个人在中国所有听的东西,所闻所见。

——你学过古代汉语哈?

RP5. 对,看成语就会比较简单的字,你会理解这个意思。

再来看对成语“耳闻目睹”的理解,在这份有声思维报告中,被试很可能并不认识成语中的关键字“睹”,但由于学过古代汉语这门课程,被试知道在古代汉语中“闻”就是“听”的意思,进而猜测成语的字面意义就是“耳听目看”,并最终猜测出成语的意义是“所有听的东西,所闻所见”;通过进一步询问,也可得知古代汉语知识对被试理解汉语成语非常有用。通过这几份有声思维报告可以看出,BK(利用文化背景知识猜测)策略要求被试具有较高的语言文化水平,但是能够较为有效地促进被试对相关成语的理解和习得。

4.1.3 其他策略

其他策略是指学习者在成语理解习得过程中使用的策略,但难以归为上述两类,其中 GA(成语句法分析)是被试对成语的语法结构和句法成分进行分析以更好地理解成语的意义,而 MI(利用成语意象猜测)和 MC(根据成语隐喻概念猜测)是两种高层次的理解策略,前者是被试利用成语中出现的意象尝试猜测成语的意义,后者则是被试根据成语中相关的隐喻概念对成语的意义进行猜测。

(1) GA(成语句法分析)策略

有不少被试在有声思维实验中使用 GA(成语句法分析)策略,占全部策略总数的 1.18%,也是一种比较独特的汉语成语理解习得策略。汉语成语是介于词和句子之间的“语”类,在句中可以充当句法成分,因此会具有名词性、动词性或形容词性等特征;另外,汉语成语是由多个字构成的,其本身也可以细分为联合、主谓、偏正、动宾等结构。因此在成语有声思维实验中,被试可能使用GA(成语句法分析)策略,利用其语法或句法知识对成语进行分析,从而对成语及其语境做出阐释。下面是两份有声思维报告的摘录,可以从正反两个方面展示被试是如何使用GA(成语句法分析)策略的。

被试 13

3. 东张西望 dōng zhāng xī wàng　1分

保安见他一进校园就**东张西望**,赶忙跑过去问他要找谁。这里“**东张西望**”是什么意思?

RI1. 保安是个名字,对不对?

——保安是 security guard,是个职业。

被试重复语境例句。

RP2. 我知道所有的字,可是不知道什么意思。

——望是什么意思?

IC3. 我觉得是像看一样,也是在希望、渴望这样的望。

——在这儿应该是看。那么东张西望呢?

GC4. 那为什么在这儿有东张西望?因为保安看见这个人要跑过去,那么他不需要……

——不是,是保安见到这个人,他一进校园就东张西望。

5. 哦,不是保安东张西望,是另外一个。

——对,见他,是另外一个人。

GA6. 因为我本来觉得这是保安的动词,我糊涂了一点。

在这份有声思维报告中,被试告诉我们她知道所有的字,可是不知道成语“东张西望”是什么意思,属于典型的“生词熟字”,也不明白这个成语为什么会出现在这样的语境里。经过进一步访谈,知道被试起初是把“东张西望”理解为主语“保安”的谓语（因为我本来觉得这是保安的动词），但保安是不应该“东张西望”的，经过提醒，被试才发现其实“东张西望”的主体是另外一个“他”而不是“保安”。

被试 21

13. 扬长避短 yáng cháng bì duǎn　2 分

现在我们要好好总结一年来的工作，**扬长避短**，争取明年取得更好的成绩。这里“**扬长避短**”是什么意思？

被试重复语境例句。

GC1. 就是从大到小都要看吗？

——不是。知道长和短？

GA2. 嗯。扬和避就是否定词吗？

——不是。避是什么？

IC3. 就是逃避的意思，哦，避免。

——那扬呢？

GA4. 就是避免的反义词。

——对，我们叫发扬，或者叫保持。那么扬长避短是什么意思？

5. 就是看好的，然后要保持那些我们做得好的东西，然后我们做得不好的事应该减少了。

——对，就是这个意思，这样明年我们的工作才能更好。

在这份有声思维报告中，被试知道成语中“长”和“短”的意思，也懂得这是一对意义相反的词，并询问“扬”和“避”是否都是否定词，但得到否定回答。被试知道“避”的意思是逃避、避免，不清楚“扬”的意思，但根据成语内部结构（动宾＋动宾的对称性结构）进行推理，认为“扬”的意思就是避免的反义词。结合语境例句和附加信息，被试猜测出成语的意义是“保持那些我们做得好的东西，减少我们做得不好的事”。

（2）MI（利用成语意象猜测）策略

有一些被试在有声思维实验中使用 MI（利用成语意象猜测）策略，占全部策略总数的1.23%，是一种层次相对较高的理解习得策略。汉语成语的来源多种多样，蕴含的意象也非常丰富。由于是成年汉语学习者，被试头脑里有着母语和目的语中诸多的意象图式，因此在有声思维实验中，有些被试理解水平和层次较高，会使用MI(利用成语意象猜测)策略，利用成语或其语境中蕴含的意象对成语意义做出合理的猜测。下面是两份有声思维报告的摘录，可以展示被试是如何使用MI(利用成语意象猜测)策略的。

被试19

4. 对牛弹琴 duì niú tán qín　2分

算了，你就别**对牛弹琴**了，你讲的这些物理学原理，我完全听不懂。这里"**对牛弹琴**"是什么意思？

IC1. 对牛弹琴，琴这个是钢琴的琴；然后弹我好像……

——弹钢琴。

GA2. 哦，这个是动词。

被试重复语境例句。

MI3. 哦，所以他因为牛，这个动物完全不会弹琴，因为它没有手。

——不是这个意思，是对牛弹琴，你弹琴对着牛。

RP4. 啊，我知道，我觉得我知道。

MI5. 说话的人觉得他自己像牛，有点儿笨。

GC6. 如果老师或者另外一个人教他，他不明白，因为他就像牛一样。

7. 所以你别 use all your energy 教我，因为我肯定不会明白。

——对，肯定不会明白，就是这个意思。

在这份有声思维报告中，面对成语"对牛弹琴"，被试在获知"弹"是"弹钢琴"里的动词后，头脑中首先浮现的是"牛弹琴"这样的意象以及由此带来的含义(牛这个动物完全不会弹琴，因为它没有手)；在获知附加信息(是对着牛弹琴,不是牛弹琴),被试再次使用 MI(利用成语意象猜测)策略,浮现出“牛有点笨”这个意象,结合语境例句猜测出成语的意义是“不要白费力气教我,因为我肯定不会明白”。虽然这个成语可分解性程度较低,属于事件性成语,但被试两次使用 MI(利用成语意象猜测)策略对成语意义的猜测基本正确。

被试 24

12. 袖手旁观 xiù shǒu páng guān 3 分

那些看到有人出了车祸还**袖手旁观**、看热闹的人,不仅可气,而且可恨。这里“**袖手旁观**”是什么意思?

被试重复语境例句。

——车祸知道吗?

RP1. 车祸是如果两辆车碰到,那个是车祸。

IC2. 我知道袖是那个衣服的袖。

——旁观知道吗? 旁呢?

IC3. 观是看的意思,看见的意思。

IC4. 但是旁不是旁边的旁?

——是旁边的旁。

5. 哦,就是在这个车祸里那个地方,有其他的人,他们在看这个车祸,他们可能不帮。

MI6. 他们像在一个剧场一样,他们就是看。

在这份有声思维报告中,被试知道成语“袖手旁观”中每个字的意思(只是对“旁”的意思不太肯定),也是“生词熟字”,同时也懂得语境中关键词“车祸”的意思;在逐个陈述成语构成字词的含义之后,被试使用 MI(利用成语意象猜测)策略,在头脑中浮现出“剧场”的意象,认为那些人就像在一个剧场中一样,只是看而不帮忙,从而能够猜测出成语的意义是“他们在看这个车祸,他们可能不帮”。

(3) MC(根据成语隐喻概念猜测)策略

还有少数被试在有声思维实验中使用MC(根据成语隐喻概念猜测)策略,占全部策略总数的0.36%,因为对被试的理解能力和语言水平要求比较高,是所有学习者成语理解习得策略中使用最少的。隐喻概念具有普适性,汉英语言中存在相同或者类似的隐喻概念,如果被试使用MC(根据成语隐喻概念猜测)策略可能会促进对汉语成语的理解习得过程;但隐喻概念又具有独特性,汉英民族隐喻概念的差异又可能会形成被试理解汉语成语的障碍。下面是两份有声思维报告的摘录,可以展示被试是如何使用MC(根据成语隐喻概念猜测)策略的。

被试10

8. 七上八下 qī shàng bā xià　3分

今天我要去面试,因为从来没有参加过面试,所以心里**七上八下**的。这里"**七上八下**"是什么意思?

RP1. 七上八下,哼。

2. 就是紧张的意思吗? 非常紧张。

——差不多,就是。

TA3. Stressed up.

——那告诉我为什么要七上八下呢?

MC4. 我不太清楚,但是我觉得可能是因为就是有的时候你比较高兴,有的时候你会很困难。

LM5. 就是你上去,你下来,你的心理。

——对,in English you say...

L1/6. Ups and downs.

在这份有声思维报告中,被试能够猜测出成语的意义是"非常紧张(stressed up)",只是并不清楚为什么要"七上八下"。在有声思维实验中,被试可能并未有意识地使用MC(根据成语隐喻概念猜测)策略,但从他的回答中可以看出"上/下(UP/DOWN)"隐喻概念的影响。"上/下"是最基本的空间概念，经常被投射到其他的抽象概念，在汉语中就身心状况而言，高兴为上，难过为下；而被试在成语理解过程中讨论“你的心理上去/下来”，分别对应的就是“有的时候你比较高兴，有的时候你会很困难”，而在英语母语中也有类似隐喻概念的成语“ups and downs”。因此MC(根据成语隐喻概念猜测)可以说是较为有效的理解习得策略，汉英语言中相同或者类似的隐喻概念可以促进学习者对汉语成语的理解，只是对被试语言水平要求较高，被试可能难以有意识地使用。

被试 25

10. 水深火热 shuǐ shēn huǒ rè 2分

工作没有了，老婆也跟我离了婚，我现在的生活真是**水深火热**。这里“**水深火热**”是什么意思？

被试重复语境例句。

IC1. 水深应该是危险的意思吗？火热也是危险。

LM2. 那么就是说你在水里有危险，火里有危险。

TA3. 那么你是 cornered;

L2/4. Like 走投无路。

——对，或者叫生活很什么？

5. 生活很不稳定，不顺利。

——或者更严重一点，很糟糕。

MC6. 那么热会不会是有生气的意思？Anger.

——在这里没有。英语里面也有，叫做……

L1/7. In deep water，是说你真的很麻烦了。

MC8. 但是火热也觉得你真的很麻烦，但是也有很生气，很不高兴。

——这里没有不高兴的意思。

GC9. 哦，只有危险，麻烦。

——危险、麻烦、糟糕。

在这份有声思维报告中，被试从字面上推测出成语中“水深”和“火热”的意思是“有危险”，将成语的意义尝试翻译为“cornered”，类似于另外一个汉语成语“走投无路”，从而猜测成语的意义是“很不稳定，不顺利”。在这里被试的猜测跟成语实际的隐喻意义有些偏差，主要是因为汉英民族对“火热”这个概念理解的差异：在这个汉语成语中，“水深”和“火热”都是指生活处境非常糟糕（很麻烦），而被试认为“火热”还有很生气、很不高兴的意思，可能是在无意识地使用 MC（根据成语隐喻概念猜测）策略，这是因为 anger is heated fluid in a container（愤怒是容器中被加热的液体）是英语民族中常见的隐喻概念，而汉民族中并没有类似的隐喻概念。因此，如果被试有意或无意地使用 MC（根据成语隐喻概念猜测）策略，汉英民族隐喻概念的差异又可能会形成学习者理解习得汉语成语的障碍。另外，本例中的“水深火热”和上例中的“七上八下”都是隐喻化过程中双源域较为突显的对称性成语，MC（根据成语隐喻概念猜测）可以用作学习者理解对称性成语的重要策略而加以推广。

4.2 问题二：英语母语学习者成功地理解习得汉语成语主要采用哪些策略？

以上我们只是从整体上讨论被试理解习得汉语成语时所采用的各种策略，但并没有考虑哪些策略能够帮助被试成功地猜测成语的意义。在有声思维过程中，被试可能同时运用多种理解习得策略进行猜测，但是只有帮助被试正确猜测出成语意义的策略才算作成功的策略。现在我们来考察那些可以让被试成功地理解习得成语意义的基本策略；在所有 480 条猜测尝试（16 条成语×30 名被试）中，成功获取成语意义的为 237 条（即整体评分为 3 分），成功率为 49.38%。被试成功地理解习得成语的意义也可能采用多种策略，但在此只考虑直接导致被试成功获取成语意义的策略。学习者汉语成语理解习得的成功策略分布情况可参见表 4.5，而成功策略与实验成语具体对应情况可参见附录 9。

表 4.5　学习者汉语成语理解习得成功策略分布

成语	准备性策略				猜测性策略					其他策略			无	总计
	RI	RP	DA	TA	GC	IC	LM	L1/2	BK	GA	MI	MC	NS	
1	1			2	1	1	4							9
2			1	1	6		2	1						11
3	3	2			7	3	3	1	1		1			21
4		1	5		4	1	8	1			1			21
5				2	3	7	3							15
6	2	1	1	1	5	4	1						1	16
7	1			1	7	1	6							16
8		3		5	4		1	1			2			16
9	1		1	1	10	3	3	1						20
10				1	4	1	9	3						18
11	1				7	4	3							15
12					3	1	2	2	1		1			10
13					1	5								6
14	1	2	4	1	4	1	1	2			1			17
15		1		1	2	1	3	12	1				1	22
16					1	2		1						4
总计	10	10	12	16	69	35	49	25	3	0	6	0	2	237
	48				181					6			2	

根据统计结果，能够直接导致被试成功地理解习得汉语成语的策略共有 10 种，按照占成功策略总数的比重由高到低排列如下：GC（根据上下文猜测）：69 次，占 29.11%；LM（根据成语字面意义猜测）：49 次，占 20.68%；IC（根据成语个别字词猜测）：35 次，占 14.77%；L1/2（利用母语/目的语成语猜测）：25 次，占 10.55%；TA（翻译尝试）：16 次，占

6.75%;DA(讨论和分析成语):12 次,占 5.06%;RI(询问字词意思):10 次,占 4.22%;RP(重复或重述):10 次,占 4.22%;MI(利用成语意象猜测):6 次,占 2.53%;BK(利用文化背景知识猜测):3 次,占 1.27%。

从中可以看出,5 种猜测性策略所占的比重最大,达到 76.38%,4 种准备性策略的比重则是 20.25%,在 3 种其他策略只有 MI(利用成语意象猜测)有猜测成功的尝试,占 2.53%,而 GA(成语句法分析)和 MC(根据成语隐喻概念猜测)则没有成功的猜测尝试;另有两例成功的猜测则是被试没有使用任何策略(称为 NS—No Strategy)而直接给出成语的意义,占 0.84%。此外还可以看到,GC(根据上下文猜测)是被试在理解习得汉语成语时最常使用的策略,占策略总数的 23.60%,而在成语理解习得的成功策略中,GC(根据上下文猜测)也是被试使用最为频繁的策略,占成功策略总数的 29.11%。由此可见,上下文语境也是英语母语学习者理解习得汉语成语的重要影响因素,语境效应对学习者汉语成语的理解习得有显著性影响。

4.2.1 成功的准备性策略

学习者汉语成语理解习得成功的准备性策略共有 4 种,即 RI(询问字词意思)、RP(重复或重述)、DA(讨论和分析成语)和 TA(翻译尝试);这些策略主要是用在正式猜测成语意义之前,被试使用准备性策略意在赢取时间、收集信息并澄清思想。在有声思维实验中,这些准备性策略可以让被试在头脑中过滤成语及其语境中包含的语言材料并对成语构成字词的意义进行集中从而为正式猜测成语的意义做好准备。由于是在准备阶段,这 4 种准备性策略通常并不能直接导致被试成功地理解习得汉语成语,因此在所有成功的策略中占的比重只有 20.25%。下面是几份有声思维报告的摘录,从中可以看出被试是如何使用准备性策略成功猜测出成语意义的。

(1) RI(询问字词意思)策略

被试 10

9. 手忙脚乱 shǒu máng jiǎo luàn　3 分

电脑一出问题，她就**手忙脚乱**的，简直不知道怎么办才好。这里“**手忙脚乱**”是什么意思？

被试重复语境例句。

GC1. 就是她做东西做得不好，她不知道解决那个问题，不知道怎么做。

——对，不知道怎么做。

IC2. 因为忙就是太忙了。

IC3. 乱就是很乱。

RI4. 但我不知道为什么脚乱？

——因为 something wrong with your computer，可能你走过来走过去。所以手忙脚乱是什么意思？

5. 就是你尝一尝解决问题，但是你太紧张，你试试做很多东西，但是你不知道怎么做。

——对，差不多就是这个意思。

在这份有声思维报告中，被试从语境例句中能够大体理解成语的意义，也知道成语构成字词“忙”和“乱”的意思，但不太清楚这里为什么要使用“脚乱”；因此，被试使用 RI（询问字词意思）策略，询问“为什么脚乱”，争取到一定的思考时间；在获知进一步解释之后（由于电脑出了问题，可能要走过来走过去），被试成功地猜测出成语的意义是“尝试解决问题，但因为太紧张而不知道怎么做”。

（2）RP（重复或重述）策略

被试 28

14. 咬牙切齿 yǎo yá qiè chǐ　3 分

当她发现丈夫有了外遇，心里又气又恨，**咬牙切齿**地扇了他一个耳光。这里“**咬牙切齿**”是什么意思？

被试重复语境例句。

RI1. 扇就是打？

LM2. 咬牙就是这样子咬牙；

GC3. 切齿也表达出一个不高兴的、一个很生气的态度。

RI4. 我不知道切齿是什么意思？

——跟这个咬牙是一样的。

RP5. 就是重复这个咬牙的意思。

6. 那就表达出来很不高兴、很生气。

——就是这个意思。

在这份有声思维报告中，被试知道“咬牙”是一种什么样子，也知道“切齿”是表达一种不高兴、很生气的态度，但对“切齿”的具体意义还有所疑问。我们解释说“咬牙”和“切齿”是一样的，被试使用 RP(重复或重述)策略，获知“切齿”就是重复“咬牙”的意思，有了一定的思考时间，然后较为肯定地猜测出成语的意义就是“很不高兴、很生气”。

(3) DA(讨论和分析成语)策略

被试 11

4. 对牛弹琴 duì niú tán qín　3 分

算了，你就别**对牛弹琴**了，你讲的这些物理学原理，我完全听不懂。这里“**对牛弹琴**”是什么意思？

IC1. 对牛弹琴，for the cow。

——What is 琴？

IC2. 琴 is like 钢琴，小提琴，so it's like a musical instrument。

RP3. 弹，不知道。

——Play.

LM4. Ok，弹琴，play music for the horse, for the cow.

被试重复语境例句。

RP5. 物理学，oh, physics。

RI6. 原理是什么？

——Principles, physics princples.

L1/7. In English, we might say like playing for an empty seat, putting on a show, but simply no audience, no one listening, no one cares.

——Yeah, it's very close.

DA8. Here you play the piano for the cow, but the cow cannot appreciate it.

——Just like now...

9. You are talking physics principles to me, sorry, but I cannot understand.

——这就是对牛弹琴,就是 cannot appreciate。

在这份有声思维报告中,被试知道"琴"是一种乐器,我们又告知"弹"的意思,因此能够理解成语的字面意义是"play music for the cow";在语境例句关键词中,被试知道"物理学"的意思,又通过询问获知"原理"的意义。因此,被试联想到英语母语中类似的成语"playing for an empty seat",使用 DA(讨论和分析成语)策略,对成语进行分析(我们对着牛弹琴,但是牛不会欣赏),并且是用英语母语进行陈述,可以有时间进一步思考成语的意义,最后结合语境猜测出成语的意义是"你给我讲解物理学原理,但是我无法理解"。

(4) TA(翻译尝试)策略

被试 17

1. 呆若木鸡 dāi ruò mù jī 3分

他拿到考卷一看,顿时**呆若木鸡**,因为几乎没有一道题能读懂。这里"**呆若木鸡**"是什么意思?

被试重复语境例句。

RI1. 顿时?什么意思?

——Immediately.

——木鸡知道吗?

IC2. 就是用木头做的鸡吗？

——对。那么呆呢？

IC3. 呆就是这样子看(做出发呆的样子)。

TA4. 应该就是 blank stare。

5. 就是他什么都看不懂，就这样子看，一直看，但是看也没有做什么。

——就是那个意思，dumb like a wood chicken。

在这份有声思维报告中，被试通过询问知道语境例句中关键词“顿时”的意思；关于成语构成字词，被试能够理解“木鸡”就是“用木头做的鸡”，而“呆”就是一种看的样子；此处，被试做出发呆的样子，但由于只有录音，无法进行场景还原，紧接着被试使用 TA(翻译尝试)策略，说“呆”应该就是“blank stare”，从而解释清楚头脑中的想法，并顺利猜测出成语的意义是“一直这样子看，但什么都看不懂，什么也没有做”。

4.2.2 成功的猜测性策略

学习者汉语成语理解习得成功的猜测性策略共有 5 种，即 GC(根据上下文猜测)、IC(根据成语个别字词猜测)、LM(根据成语字面意义猜测)、L1/2(利用母语/目的语成语猜测)和 BK(利用文化背景知识猜测)；这些策略主要是用于正式猜测成语的意义，因为被试已经使用准备性策略收集到足够的语言信息为猜测成语的意义做好准备。在有声思维实验中，这些猜测性策略可以让被试利用头脑中准备好的语言文化线索尝试对成语的意义做出猜测；在成语理解习得过程中，被试可能需要使用多种猜测性策略才能成功地理解成语的意义，但在此只考虑直接导致被试成功地获取成语意义的策略。由于是在猜测阶段，这 5 种猜测性策略通常能够直接导致被试成功地理解习得汉语成语，因此在所有成功的策略中占的比重非常高，达到 76.38%；其中，GC(根据上下文猜测)是被试在成功猜测汉语成语的意义时最常使用的策略，所占比例达到 29.11%，超过 4 种准备性策略比重的总和。下面是几份有声思维报告的摘录，可以从中看出被试是如何使用猜测性策略成功地猜测出成语意义的。

（1）GC（根据上下文猜测）策略

被试 25

12. 袖手旁观 xiù shǒu páng guān　3 分

那些看到有人出了车祸还**袖手旁观**、看热闹的人，不仅可气，而且可恨。这里“**袖手旁观**”是什么意思？

TA1. 袖手旁观，袖手 folding your arms。

被试重复语境例句。

LM2. 应该就是很直接的形容成语，袖手是 folding your arm；

LM3. 旁观，站在一旁在观看这件事。

GC4. 在这个故事里，这些人在车祸时，站在旁边观看；

5. 就是说他们不会去帮忙，他们的手都在袖子里边了。

——对，因为中国古代袖子很长，sleeves，hands in your sleeves。

在这份有声思维报告中，被试认为“袖手旁观”是一个很直接的形容成语，知道“袖手”类似于英语母语中的短语“folding your arm（背着手）”，也懂得旁观的意思；在正式猜测成语意义时，被试使用 GC（根据上下文猜测）策略，说明这些人在车祸发生时，只是站在旁边观看，从而直接导致被试根据语境线索成功地猜测出成语的意义是“手都放在袖子里边，不会去帮忙”。

（2）IC（根据成语个别字词猜测）策略

被试 09

11. 相依为命 xiāng yī wéi mìng　3 分

这个老人没有儿女，老伴儿也去世了，只能跟几条狗**相依为命**。这里“**相依为命**”是什么意思？

GC1. 就是他就依靠什么东西来继续生活。

——对，就是这个意思。

GC2. 因为他只有那条狗。

——但是这个相其实……，what is 相？

IC3. 啊，互相，mutually, each other。

——He and several dogs...

4. 他依靠那几条狗，它们也依靠他。

——对，rely on each other。

在这份有声思维报告中，被试并没有使用准备性策略，而是直接从语境例句来猜测成语的意义，认为“相依为命”就是“依靠什么东西来继续生活，因为他只有那条狗”，但是对成语意义的理解并不完全准确；直到我们提醒被试注意成语中的关键字“相”，他才意识到“相”的意思是“互相，mutually,each other”。其实对大多数被试来说，这个成语中的理解障碍是“依”而非“相”字，但由于被试来自英语国家，“相”也成为其理解成语的难点，这里被试使用 IC(根据成语个别字词猜测)策略析出“相”字的意思，根据语素线索进而结合已掌握的其他字词成功地猜测出成语的意义是“他依靠那几条狗，它们也依靠他”。

(3) LM(根据成语字面意义猜测)策略

被试 24

1. 呆若木鸡 dāi ruò mù jī　3 分

他拿到考卷一看，顿时**呆若木鸡**，因为几乎没有一道题能读懂。这里“**呆若木鸡**”是什么意思？

被试重复语境例句。

DA1. 我觉得这个意思是发呆的意思。

——呆，知道发呆？

IC2. 发呆的意思，呆呆的。

GC3. 他看这个考卷，一看他完全不知道做什么。

LM4. 他呆若木鸡，像一个木鸡，因为木鸡不动。

5. 所以他像一个木鸡，他不知道他需要做什么。

——对，就是这个意思。

在这份有声思维报告中，被试首先对成语进行讨论和分析，认为成语是“发呆”的意思，主要是知道“呆”是“呆呆的、发呆”的意思；然后从语境中得知他看到考卷但完全不知道做什么，在正式猜测成语意义时，被试使用LM（根据成语字面意义猜测）策略，指出“呆若木鸡”从字面上理解意思是“像一个木鸡一样不动”，从而自然地导致被试成功地猜测出成语的意义是“像一个木鸡，完全不知道需要做什么”。

(4) L1/2（利用母语/目的语成语猜测）策略

被试09

14. 咬牙切齿 yǎo yá qiè chǐ　3分

当她发现丈夫有了外遇，心里又气又恨，**咬牙切齿**地扇了他一个耳光。这里“**咬牙切齿**”是什么意思？

RP1. 丈夫是老公的意思。

——外遇知道吗？

RP2. 知道。

RI3. 扇了他一个耳光的意思？

——Slap.

4. 很生气的意思吗？

——很生气，为什么这样说呢？

L1/5. 因为咬牙切齿的意思是 grind your teeth。

——也是指很生气，是吗？

RP6. 可以有这个意思。

在这份有声思维报告中，被试使用准备性策略获取语境例句中“丈夫”“外遇”“扇耳光”等关键词的意思，就直接猜测出成语“咬牙切齿”是“很生气”的意思；在追问为什么这样说时，被试才告诉我们他使用L1（利用母语成语猜测）策略，因为在英文母语中“咬牙切齿”是用“grind your teeth”来表达的，而其意思正是指非常的生气。

被试30

2. 单枪匹马 dān qiāng pǐ mǎ　3分

这事太麻烦了，要是有人帮忙还可以考虑，**单枪匹马**怎么行啊？这里“**单枪匹马**”是什么意思？

——单枪知道是什么？

IC1. 单是一个；

IC2. 枪是 gun。

LM3. 匹马就是一匹马。

被试重复语境例句。

L2/4. 是不是有点儿孤军奋战？

5. 就是一个人去面对一件事情或者困难吧。

——孤军奋战一般是一支军队，但单枪匹马一般是指一个人，意思很类似。

在这份有声思维报告中，被试知道成语中关键字词“单”和“枪”的意思，自然也知道“匹马”就是“一匹马”；在阅读语境例句后，被试使用 L2（利用目的语成语猜测）策略，联想到曾经学习过的汉语成语“孤军奋战（斗）”，进而直接猜测出成语的意义是“一个人去面对一件事情或困难”。

(5) BK（利用文化背景知识猜测）策略

被试 22

12. 袖手旁观 xiù shǒu páng guān　3 分

那些看到有人出了车祸还**袖手旁观**、看热闹的人，不仅可气，而且可恨。这里“**袖手旁观**”是什么意思？

被试重复语境例句。

1. 袖手旁观是发生了什么事，不帮助，只是看。

——对，那为什么说袖手呢？

RP2. 我觉得我学过这个。

BK3. 他们的袖很长，所以放手来在袖里，只看。

——对，就是这个意思。因为中国古代就是这样，就是看热闹，不帮忙。

在这份有声思维报告中，被试也没有使用任何准备性策略，在阅读语境例句后就直接猜测成语的意义是“发生了什么事，不帮助，只是看”。被试对成语的理解是成功的，在追问怎么理解成语中关键词“袖手”时，被试才告诉我们她很可能学过这个成语，是使用BK（利用文化背景知识猜测）策略来猜测成语意义的，因为她知道中国古代人的袖子很长，如果把手放在袖子里，就只是看，不帮助，从而能够直接准确地猜测出成语的意义。

4.2.3 其他的成功策略

在其他策略中，直接导致被试成功获取成语意义的策略只有MI（利用成语意象猜测），在所有成功的策略中占的比重也比较低，只有2.53%；而GA（成语句法分析）和MC（根据成语隐喻概念猜测）这两种策略没有发现直接导致猜测成功的尝试，但有可能是跟别的策略共同起作用导致被试成功地理解习得成语，也有可能是被试使用这两种策略但对成语意义的猜测没有成功。下面是一份有声思维报告的摘录，从中可以看出被试是如何使用MI（利用成语意象猜测）策略成功地猜测出成语意义的。

被试30

14. 咬牙切齿 yǎo yá qiè chǐ　3分

当她发现丈夫有了外遇，心里又气又恨，**咬牙切齿**地扇了他一个耳光。这里“**咬牙切齿**”是什么意思？

被试重复语境例句。

——外遇知道哈？

RP1. 外遇知道。

RI2. 劈了他一个耳光？

——是扇。

——这个literal meaning是什么？

MI3. 就是咬着牙，快要把牙齿咬碎了。

——对，那么咬牙切齿是指？

4. 就是非常生气。

在这份有声思维报告中,被试知道语境例句中关键词“外遇”的意思,又通过询问请求到“扇了他一个耳光”而非“劈了他一个耳光”这个附加信息;当问到成语的字面意义时,被试使用MI(利用成语意象猜测)策略,看到成语“咬牙切齿”头脑中就浮现出“咬着牙,快要把牙齿咬碎了”这样的意象,从而能够直接地成功猜测出成语的意义是“非常的生气”。

我们刚才提到另有两例成功的猜测是被试没有使用任何策略而直接给出成语的正确意义,这可能是因为被试对成语非常熟悉而不需要使用额外的策略,也可能是被试头脑中用到一些策略但并没有用语言表达出来;但因为没有对被试做进一步的追问,对于具体的情况已无从得知。下面就是这两份有声思维报告,在此一并附上。

被试07

15. 一见钟情 yí jiàn zhōng qíng　3分

当年他们俩**一见钟情**,可是后来苦恋了差不多五年才结婚。这里“**一见钟情**”是什么意思?

——这个应该能看出来。

1. 哦,love at the first sight。

被试26

6. 津津有味 jīn jīn yǒu wèi　3分

今天晚上我做了一些玉米面饼子当晚饭,几个孩子吃得**津津有味**。这里“**津津有味**”是什么意思?

被试重复语境例句。

1. 津津有味是特别好吃的意思。

——对,津津知道吗?非常感兴趣。我们可以说我看书看得津津有味。

在这两份有声思维报告中,被试都是没有使用任何理解习得策略就直接给出成语的内在意义,并且猜测得比较成功。被试07对成语“一见钟情”的成功猜测可能是因为对这个成语非常地熟悉，而英语母语中也有类似的成语“love at the first sight”；而被试 26 对成语“津津有味”的成功理解则可能是在头脑中使用了 GC（根据上下文猜测）策略但没有用语言表达出来，因为被试是在阅读完语境例句才做出的猜测尝试。

4.3 问题三：英语母语学习者面对不同熟悉度、分解性和对称性的汉语成语采用的理解习得策略是否存在差异？

4.3.1 对成语理解习得影响因素的验证

通过成语语义测量实验发现，熟悉度、分解性和对称性是汉语学习者理解习得汉语成语的重要影响因素，熟悉的成语比不熟悉的成语要容易理解，可分解的成语比不可分解的成语要容易理解，而对称性的成语比非对称性的成语要容易理解。在此，我们对成语有声思维实验数据进行多因素方差分析，对成语理解习得过程中诸多影响因素的作用进行验证。

（1）对熟悉度影响的验证

在实验测量的 16 条成语中，熟悉成语和不熟悉成语各占 8 条。根据统计，对 8 条熟悉成语的理解均值为 2.57 分，其中均值最高的成语是“一见钟情”，为 2.70 分，而均值最低的成语是“目中无人”，为 2.43 分。同样，对 8 条不熟悉成语的理解均值为 2.17 分，其中均值最高的成语是“耳闻目睹”和“咬牙切齿”，均为 2.47 分，而均值最低的成语是“有口皆碑”，为 1.80 分。熟悉和不熟悉成语的有声思维理解习得均值可参见表 4.6。

表 4.6 熟悉和不熟悉成语有声思维理解习得均值

因变量：成绩

熟悉度	均值	标准误差	95%置信区间	
			下限	上限
熟悉	2.570	.074	2.400	2.740
不熟悉	2.171	.074	2.001	2.341

在熟悉成语有声思维实验中，理解正确的有 150 人/次，占 62.50%，理解部分正确的有 77 人/次，占 32.08%，而理解错误的有 13 人/次，占 5.42%。同样，在不熟悉成语有声思维实验中，理解正确的有 87 人/次，占 36.25%，理解部分正确的有 107 人/次，占 44.58%，而理解错误的有 46 人/次，占 19.17%。熟悉和不熟悉成语的有声思维理解习得正确率统计可参见表 4.7。

表 4.7　熟悉和不熟悉成语有声思维理解习得正确率统计

成语	正确	百分比	部分正确	百分比	错误	百分比
熟悉成语	150	62.50	77	32.08	13	5.42
不熟悉成语	87	36.25	107	44.58	46	19.17

对成语有声思维理解习得数据进行方差分析，结果表明成语熟悉度主效应显著，$F=14.661$，$p<0.05$；对熟悉和不熟悉成语的理解均值进行成对比较，结果也表明熟悉成语同不熟悉成语理解的均值差值在 0.05 级别上较为显著。从被试的成语有声思维报告可以发现：熟悉成语理解习得的成绩要高于不熟悉成语的成绩，熟悉成语的理解习得要比不熟悉成语的容易，证实熟悉度对汉语成语的理解有显著影响，熟悉度是学习者习得汉语成语最为重要的影响因素。

（2）对分解性影响的验证

在实验测量的 16 条成语中，可分解成语和不可分解成语各占 8 条。根据统计，对 8 条可分解成语的理解均值为 2.40 分，其中均值最高的成语是“一见钟情”，为 2.70 分，而均值最低的成语是“扬长避短”，为 1.87 分。同样，对 8 条不可分解成语的理解均值为 2.34 分，其中均值最高的成语是“对牛弹琴”，为 2.67 分，而均值最低的成语是“有口皆碑”，为 1.80 分。可分解和不可分解成语的有声思维理解习得均值可参见表 4.8。

表 4.8　可分解和不可分解成语有声思维理解习得均值

因变量:成绩

分解性	均值	标准误差	95%置信区间	
			下限	上限
可分解	2.400	.074	2.230	2.570
不可分解	2.341	.074	2.171	2.511

在可分解成语有声思维实验中,理解正确的有 124 人/次,占 51.67%,理解部分正确的有 88 人/次,占 36.67%,而理解错误的有 28 人/次,占 11.67%。同样,在不可分解成语有声思维实验中,理解习得的有 113 人/次,占 47.08%,理解部分正确的有 96 人/次,占 40.00%,而理解错误的有 31 人/次,占 12.92%。可分解和不可分解成语的有声思维理解习得正确率统计可参见表 4.9。

表 4.9　可分解和不可分解成语有声思维理解习得正确率统计

成语	正确	百分比	部分正确	百分比	错误	百分比
可分解成语	124	51.67	88	36.67	28	11.67
不可分解成语	113	47.08	96	40.00	31	12.92

由于数据计算中的四舍五入,可分解成语各项百分比加和是 100.01%。

在成语有声思维实验中,8 条可分解成语均为字面义成语,而 8 条不可分解成语有 7 条是隐喻义成语,1 条是事件性成语,即“对牛弹琴”。学习者对这条成语的有声思维理解成绩跟预期有较大差异:虽然这个成语属于熟悉成语(熟悉度为 3.83 分),却是非对称性成语(属于状动宾结构),又是不可分解成语(93.33%的被试认为不可分解),属于事件性成语(典故出自汉·牟融《理惑论》),在成语理解习得过程中应该较难识别,但在成语有声思维实验中对学习者来说却显得比较容易理解,均值达到 2.67分,有 21 人理解正确,8 人理解部分正确,只有 1 人理解错误。这很可能是因为学习者成语理解习得过程受到熟悉度的影响,学习者可能认识这条成语或者对成语的构成字词较为熟悉；另外在事件性成语中，这条成语的分解性程度相对比较高，“对”“牛”和“琴”等字词对成语整体意义的构建都是有所贡献的；还有就是母语者考虑到典故和文化因素将这条成语评定为事件性成语和不可分解成语，学习者在成语理解习得过程中可能避开这些因素而借助于语境例句直接从字面上推测成语的内在意义。

对成语有声思维理解习得数据进行方差分析，结果表明成语分解性主效应并不显著，$F=0.318$，$p>0.05$；对可分解和不可分解成语的理解习得均值进行成对比较，结果表明可分解成语同不可分解成语理解习得的均值差值在 0.05 级别上也并不显著。在成语理解习得评分中，我们倾向于将大部分有声思维报告评为对成语部分理解（计为 2 分），在可分解成语中占比 36.67%，而在不可分解成语中占比 40.00%，这很可能导致成语分解性主效应不显著，也导致可分解和不可分解成语理解习得均值差值不显著。但是从被试的成语有声思维报告还是可以发现：可分解成语理解习得的均值要高于不可分解成语的均值（均值差值为 0.06 分），而可分解成语理解习得的正确率也要高于不可分解成语的正确率（正确率差值为 4.59%），因此，可分解成语的理解习得要比不可分解成语容易，证实分解性对汉语成语的理解有促进作用，分解性同样是学习者习得汉语成语的重要影响因素。

(3) 对对称性影响的验证

在实验测量的 16 条成语中，对称性成语和非对称性成语各占 8 条。根据统计，对 8 条对称性成语的理解均值为 2.41 分，其中均值最高的成语是“手忙脚乱”，为 2.63 分，而均值最低的成语是“扬长避短”，为 1.87 分。同样，对 8 条非对称性成语的理解均值为 2.33 分，其中均值最高的成语是“一见钟情”，为 2.70 分，而均值最低的成语是“有口皆碑”，为 1.80 分。对称性和非对称性成语的有声思维理解习得均值可参见表 4.10。

表 4.10 对称性和非对称性成语有声思维理解习得均值

因变量:成绩

对称性	均值	标准误差	95%置信区间	
			下限	上限
对称性	2.409	.074	2.239	2.579
非对称性	2.333	.074	2.163	2.502

在对称性成语有声思维实验中,理解正确的有 124 人/次,占51.67%,理解部分正确的有 90 人/次,占 37.50%,而理解错误的有 26 人/次,占 10.83%。同样,在非对称性成语有声思维实验中,理解正确的有 113 人/次,占 47.08%,理解部分正确的有 94 人/次,占 39.17%,而理解错误的有 33 人/次,占 13.75%。对称性和非对称性成语的有声思维理解习得正确率统计可参见表 4.11。

表 4.11 对称性和非对称性成语有声思维理解习得正确率统计

成语	正确	百分比	部分正确	百分比	错误	百分比
对称性成语	124	51.67	90	37.50	26	10.83
非对称性成语	113	47.08	94	39.17	33	13.75

对成语有声思维理解习得数据进行方差分析,结果表明成语对称性主效应并不显著,$F=0.536$,$p>0.05$;对对称性和非对称性成语的理解习得均值进行成对比较,结果表明对称性成语同非对称性成语理解习得的均值差值在 0.05 级别上也并不显著。在成语理解习得评分中,我们倾向于将大部分有声思维报告评为对成语部分理解(计为 2 分),在对称性成语中占比 37.50%,而在非对称性成语中占比 39.17%,这很可能导致成语对称性主效应不显著,也导致对称性和非对称性成语理解的均值差值不显著。但是从被试的成语有声思维报告还是可以发现:对称性成语理解习得的均值要高于非对称性成语的均值(均值差值为 0.08 分),对称性成语理解习得的正确率也要高于非对称性成语的正确率(正确率差值

为 4.59%)，因此，对称性成语的理解习得要比非对称性成语的容易，证实对称性对汉语成语的理解有促进作用，对称性也是学习者习得汉语成语的重要影响因素。

4.3.2 学习者面对不同类别成语理解习得策略的差异性

根据统计和调查，被试面对熟悉和不熟悉成语、可分解和不可分解成语、对称性和非对称性成语时采用的理解习得策略在种类上并没有太大的区别，但被试面对不同类别的成语使用各种策略的频率存在差异，被试在理解熟悉成语、可分解成语、对称性成语时采用的策略数量也要普遍少于理解不熟悉成语、不可分解成语、非对称性成语采用的策略数量，并且更多地运用高层次的策略，如 MI(利用成语意象猜测)和 MC(根据成语隐喻概念猜测)等，这进一步证实熟悉度、分解性和对称性对汉语成语理解的显著性影响。熟悉度、分解性和对称性对学习者汉语成语理解习得策略分布影响可参见表 4.12，下面将按照实验成语的类别对策略的差异进行具体分析。

表 4.12 熟悉度、分解性和对称性对学习者汉语成语理解习得策略分布影响

成语	RI	RP	DA	TA	GC	IC	LM	L1/2	BK	GA	MI	MC	总计
熟悉	117	134	43	30	251	103	114	61	18	10	15	8	904
不熟悉	256	225	44	20	267	312	85	33	21	16	12	0	1291
可分解	190	163	31	19	227	257	78	38	13	13	7	0	1036
不可分解	183	196	56	31	291	158	121	56	26	13	20	8	1159
对称性	181	160	44	34	233	215	112	46	13	20	17	8	1083
非对称性	192	199	43	16	285	200	87	48	26	6	10	0	1112

(1) 熟悉成语和不熟悉成语理解习得策略的差异

在成语有声思维实验中，为每个成语提供语境例句作为上下文以供参考，因此被试在理解熟悉成语和不熟悉成语时最为重要的策略都是 GC(根据上下文猜测)，但被试理解这两种类型的成语采用的其他策略存在很大的差异。根据统计，被试在理解熟悉成语时平均每条成语使用 3.77

次策略,使用的策略按照频率排列依次是 GC(27.77%),RP(14.82%),RI(12.94%),LM(12.61%),IC(11.39%),L1/2(6.75%),DA(4.76%),TA(3.32%),BK(1.99%),MI(1.66%),GA(1.11%)和 MC(0.88%)。可以发现,GC(根据上下文猜测)是被试理解熟悉成语最常使用的策略,紧随其后是 RP(重复或重述)和 RI(询问字词意思)这两种准备性策略,LM(根据成语字面意义猜测)和 IC(根据成语个别字词猜测)这两种猜测性策略也是使用较多的。这说明学习者理解熟悉成语也要借助于语境线索,但由于对成语较为熟悉,使用准备性策略能够做到字词明白,然后可以根据成语的字面意义进行合理的猜测;同时,学习者在理解熟悉成语时会更多地运用高层次的策略,如 MC(根据成语隐喻概念猜测)的使用频率是 0.88%,而 MI(利用成语意象猜测)则达到 1.66%。

同样是根据统计,被试在理解不熟悉成语时平均每条成语使用 5.38 次策略,使用的策略按照频率排列依次是 IC(24.17%),GC(20.68%),RI(19.83%),RP(17.43%),LM(6.58%),DA(3.41%),L1/2(2.56%),BK(1.63%),TA(1.55%),GA(1.24%),MI(1.01%),和 MC(0.00%)。可以看到,IC(根据成语个别字词猜测)是被试理解不熟悉成语最常使用的策略,紧随其后的则是 GC(根据上下文猜测)策略,而 RI(询问字词意思)和 RP(重复或重述)这两种准备性策略也是使用较多的。这说明学习者理解不熟悉成语也要使用准备性策略以做到字词明白,但由于对成语不够熟悉,更多的学习者是借助于语境例句根据成语构成语素提供的语言信息线索对成语的隐喻意义进行合理的猜测。

(2) 可分解成语和不可分解成语理解习得策略的差异

在成语有声思维实验中,为每个成语提供语境例句作为上下文以供参考,因此被试在理解可分解成语和不可分解成语时最为重要的策略都是 GC(根据上下文猜测),但被试理解这两种类型的成语采用的其他策略也存在很大的差异。根据统计,被试在理解习得可分解成语时平均每条成语使用 4.32 次策略,使用的策略按照频率排列依次是 IC(24.81%),GC(21.91%),RI(18.34%),RP(15.73%),LM(7.53%),L1/2

(3.67%),DA(2.99%),TA(1.83%),BK(1.25%),GA(1.25%),MI(0.68%)和MC(0.00%)。可以发现,IC(根据成语个别字词猜测)和GC(根据上下文猜测)这两种猜测性策略是被试理解可分解成语最常使用的,紧随其后的则是RI(询问字词意思)和RP(重复或重述)这两种准备性策略。这说明学习者理解可分解成语也要使用准备性策略以做到字词明白,但由于成语的分解性程度较高,大多倾向于字面义,更多的学习者借助于语素和语境两方面提供的语言信息线索就可以直接对成语的隐喻意义进行准确的猜测。

同样是根据统计,被试在理解不可分解成语时平均每条成语使用4.83次策略,使用的策略按照频率排列依次是GC(25.11%),RP(16.91%),RI(15.79%),IC(13.63%),LM(10.44%),L1/2(4.83%),DA(4.83%),TA(2.67%),BK(2.24%),MI(1.73%),GA(1.12%)和MC(0.69%)。可以看到,GC(根据上下文猜测)是被试理解不可分解成语最常使用的策略,紧随其后是RP(重复或重述)和RI(询问字词意思)这两种准备性策略,IC(根据成语个别字词猜测)和LM(根据成语字面意义猜测)这两种猜测性策略也是使用较多的。这说明学习者理解不可分解成语需要借助于语境线索,并且由于成语的分解性程度较低,语义上不透明,需要使用准备性策略以做到字词明白,然后才能根据成语的字面意义进行合理的猜测;同时,由于不可分解成语在语义上更多地倾向于隐喻义,学习者在理解习得不可分解成语时会更多地运用高层次的策略,如MC(根据成语隐喻概念猜测)的使用频率是0.69%,而MI(利用成语意象猜测)则达到1.73%。

(3) 对称性成语和非对称性成语理解习得策略的差异

在成语有声思维实验中,为每个成语提供语境例句作为上下文以供参考,因此被试在理解对称性成语和非对称性成语时使用最多的策略都是GC(根据上下文猜测),但被试理解这两种类型的成语所采用的其他策略存在一定的差异。根据统计,被试在理解对称性成语时平均每条成语使用4.51次策略,使用的策略按照频率排列依次是GC(21.51%),IC

(19.85%),RI(16.71%),RP(14.77%),LM(10.34%),L1/2(4.25%),DA(4.06%),TA(3.14%),GA(1.85%),MI(1.57%),BK(1.20%)和MC(0.74%)。可以发现,GC(根据上下文猜测)和IC(根据成语个别字词猜测)这两种猜测性策略是被试理解对称性成语最常使用的,紧随其后的则是RI(询问字词意思)和RP(重复或重述)这两种准备性策略。这说明学习者理解对称性成语也要使用准备性策略以做到字词明白,但由于成语的对称性结构较为突出,更多的学习者是根据成语构成的语素线索和成语出现的语境线索直接对成语的隐喻意义进行猜测;同时,由于对称性成语的双源域突显特征,学习者在理解习得对称性成语时会更多地运用高层次的策略,如MC(根据成语隐喻概念猜测)的使用频率是0.74%,而MI(利用成语意象猜测)则达到1.57%。

同样是根据统计,被试在理解非对称性成语时平均每条成语使用4.63次策略,使用的策略按照频率排列依次是GC(25.63%),IC(17.99%),RP(17.90%),RI(17.27%),LM(7.82%),L1/2(4.32%),DA(3.87%),BK(2.34%),TA(1.44%),MI(0.90%),GA(0.54%)和MC(0.00%)。可以看到,GC(根据上下文猜测)也是被试理解非对称性成语最常使用的策略,紧随其后是IC(根据成语个别字词猜测)这种充分利用成语构成字词的猜测性策略,而RP(重复或重述)和RI(询问字词意思)这两种准备性策略也是使用较多的。这说明学习者理解非对称性成语需要借助于语境线索,并且由于成语的非对称性导致成语源域不够突显,需要更多地使用准备性策略以做到字词明白,然后才能根据成语的字面意义进行合理的猜测。

5. 小结

根据被试有声思维实验报告,本研究为被试对每条成语的理解习得进行整体评分,共统计出3类12种英语母语学习者理解习得汉语成语的基本策略,根据每种策略使用频率的高低排列出先后顺序;还总结出10

种汉语成语理解习得的成功策略，也按照占成功策略总数的比重高低排列出先后顺序。以此为基础，对熟悉度、分解性和对称性等影响汉语成语理解习得的因素进行验证，指出上下文语境也是学习者理解汉语成语的重要影响因素，并分析学习者面对不同熟悉度、分解性和对称性的汉语成语采用理解习得策略的差异性。

有声思维实验研究发现，GC（根据上下文猜测）是被试最为常用的理解习得策略，也是学习者使用最为频繁的成功策略；成语语境线索提供的语言信息可以促进被试对汉语成语的推理和猜测，提高成语理解的准确性，语境效应对学习者汉语成语的理解有显著性影响。由于来自非汉字文化圈，被试会更为频繁地使用 RI（询问字词意思）策略，而 IC（根据成语个别字词猜测）也是英语母语学习者理解习得汉语成语较为独特的策略，成语构成语素线索提供的语言信息也能够有效地帮助被试理解和习得汉语成语意义。在有声思维实验中，被试会综合运用各种策略而并非某种单一的策略来实现对成语意义的理解习得，但是被试在实验中本身可能并没有明确意识到他们采取的各种理解和加工策略。因此，我们需要以学习者理解习得策略为基础，探索构建对外汉语教学中的成语理解习得模式，还需要在教学中注意总结整理一系列切实有效的策略，培养学习者的策略观念，使其在理解习得成语过程中有意识、有目的地使用各种加工策略，从而提高汉语成语学习的效率和成果。

第五章

汉语成语理解习得模式

英语成语理解习得模式在汉语环境中的适用性并不明确，母语者汉语成语理解模式研究也尚未成熟。本书以英语母语学习者为研究对象，设计成语语义测量实验和成语有声思维实验分别考察学习者成语理解习得影响因素和策略；以这两个学习者成语理解习得实证研究为基础，对其实验成果进行一定的理论提升，探索构建学习者汉语成语理解习得模式。本研究把握学习者汉语成语理解认知的突出特点，讨论熟悉度、分解性、对称性、被试级别和语境效应等因素对汉语成语理解习得的影响，结合学习者成语理解习得的基本策略和成功策略，分析学习者汉语成语的理解习得过程，探讨英语成语理解习得模式的普适性和汉语成语理解习得模式的独特性，尝试构建出学习者汉语成语理解习得的一般模式。

1. 影响因素在汉语成语理解习得中的作用

1.1 熟悉度的影响

熟悉度是指对成语字面意义和隐喻意义的理解程度以及成语使用的频率。熟悉成语是指熟悉程度较高的成语，学习者对其理解程度和使用频率都比较高，而不熟悉成语是指熟悉程度较低的成语，学习者对其理解程度和使用频率都相对比较低。儿童和青少年母语者理解成语时，熟悉度起到较为明显的促进作用，他们在理解熟悉成语时准确性比较高，熟悉度和成语理解显著相关（张萌、张积家，2008；钟毅平等，2009；雷潇、钟毅平，2010；罗家平，2010；曾雪晴，2011）。实验结果表明这个假设对汉语学习者同样适用，学习者对较为熟悉的成语理解正确率较高，只是熟悉度的影响并不具体地在每名被试身上都得到体现，这可能是因为汉语学习者对成语的熟悉程度总体较低，接触成语的机会较为有限，熟悉度的作用无法通过接触频率的增加得以体现，但总体来看熟悉度对整个级别的被试理解习得汉语成语还是具有非常重要的影响的。

在成语语义测量实验中，假设熟悉度主效应显著，熟悉的成语比不熟悉的成语要容易理解习得；实验统计结果证实本研究的假设，成语的熟悉度对学习者成语理解存在显著影响，是最为重要的影响因素。从实验成语的语义测量均值可以看出，对于熟悉成语的理解习得，无论是可分解还是不可分解，对称性还是非对称性，中级被试还是高级被试，都要比不熟悉成语的要高些。同样，对于熟悉成语的理解习得，被试能够更准确地把握其隐喻意义，排除其字面意义或干扰意义，无论是可分解还是不可分解，对称性还是非对称性，中级被试还是高级被试，理解习得的正确率都要比不熟悉成语的正确率要高些。

在成语有声思维实验中，我们对熟悉度的影响进行验证。对熟悉和不熟悉成语的理解习得均值进行成对比较，结果再次证实熟悉成语的理解习得要比不熟悉成语的容易，熟悉成语理解习得的正确率要高于不熟悉成语的正确率。被试面对熟悉和不熟悉成语时采用的理解习得策略在种类上并没有太大的区别，RI（询问字词意思）和 RP（重复或重述）这两种准备性策略与 GC（根据上下文猜测）、IC（根据成语个别字词猜测）和 LM（根据成语字面意义猜测）这三种猜测性策略都是被试在理解习得熟悉和不熟悉成语时使用较多的策略；但被试面对熟悉和不熟悉成语时各种策略的使用频率存在差异，被试理解熟悉成语时 GC（根据上下文猜测）策略使用最为频繁，而理解不熟悉成语时 IC（根据成语个别字词猜测）策略使用最为频繁，表明被试会综合利用语境和语素两个方面的语言信息线索；另外，被试在理解熟悉成语时采用的策略数量要普遍少于理解不熟悉成语采用的策略数量，并且更多地运用高层次的策略，如 MI（利用成语意象猜测）和 MC（根据成语隐喻概念猜测）等，这进一步证实熟悉度对汉语成语的理解有显著影响，并且是汉语学习者习得汉语成语最为重要的影响因素。

1.2　分解性的影响

分解性是指成语构成成分的字面意义对构建成语整体意义的贡献，即成语字面意义与隐喻意义之间联系的紧密程度，而汉语成语在语义上表现出明显的可分解倾向。可分解成语是指分解性程度较高的成语，其字面意义跟隐喻意义联系较为紧密，从成语构成成分的字面意义能够理解其内在隐喻意义，汉语成语中的字面义成语大都属于可分解成语。不可分解成语是指分解性程度较低的成语，其字面意义跟隐喻意义缺乏足够的联系，从成语构成成分的字面意义难以理解其内在隐喻意义，汉语成语中的隐喻义成语和事件性成语大都属于不可分解成语。儿童和青少年母语者理解成语时，分解性起到较为明显的促进作用，他们对分解性程度较高的成语理解准确性也比较高，分解性程度和成语理解显著相关（钟毅平等，2009；曾雪晴，2011；马利军等，2013）。实验结果表明这个假设对汉语学习者同样适用，学习者对分解性程度较高的成语理解习得正确率较高，并且由于分解性是成语本身较为稳定的属性，分解性在成语理解习得过程中的作用并不会受到学习者个体差异的太大影响。

在成语语义测量实验中，假设分解性主效应显著，可分解的成语比不可分解的成语要容易理解习得；实验统计结果证实本研究的假设，成语的分解性对学习者成语理解存在显著影响，跟熟悉度共同起作用影响着成语的理解习得。从实验成语的语义测量均值可以看出，对于可分解成语的理解习得，无论是熟悉还是不熟悉，对称性还是非对称性，中级被试还是高级被试，都要比不可分解成语的要高些。同样，对于可分解成语的理解习得，被试能够更准确地把握其隐喻意义，排除其字面意义或干扰意义，无论是熟悉还是不熟悉，对称性还是非对称性，中级被试还是高级被试，理解习得的正确率都要比不可分解成语的正确率要高些。

在成语有声思维实验中，我们对分解性的影响进行验证。对可分解和不可分解成语的理解习得均值进行成对比较，结果再次证实可分解成语的理解习得要比不可分解成语的容易，可分解成语理解习得的正确率要高于不可分解成语的正确率。被试面对可分解和不可分解成语时采用的理解习得策略在种类上并没有太大的区别，RI（询问字词意思）和RP（重复或重述）这两种准备性策略与GC（根据上下文猜测）、IC（根据成语个别字词猜测）和LM（根据成语字面意义猜测）这三种猜测性策略都是被试在理解习得可分解和不可分解成语时使用较多的策略；但被试面对可分解和不可分解成语时各种策略的使用频率存在差异，被试理解可分解成语时IC（根据成语个别字词猜测）策略使用最为频繁，而理解不可分解成语时GC（根据上下文猜测）策略使用最为频繁，表明被试也会综合利用语素和语境两个方面的语言信息线索；另外，被试在理解可分解成语时采用的策略数量要普遍少于理解不可分解成语采用的策略数量，只是由于不可分解成语在语义上更多地倾向于隐喻意义，学习者在理解习得不可分解成语时会更多地运用高层次的策略，如MI（利用成语意象猜测）和MC（根据成语隐喻概念猜测）等，这进一步证实分解性对汉语成语的理解有显著影响，是汉语学习者习得汉语成语的重要影响因素。

1.3　对称性的影响

对称性是汉语成语非常突出的结构特征。对称性成语是指可以分为前后两截或两段，两部分字数相等，结构相应，意义相同、相近或相反的成语。非对称性成语是指意义整体性比较强的成语；从整体意义来说，这类成语不能分成前后并列的两截或两段；从语法结构来看，这类成语不是联合结构，而是主谓结构、偏正结构、动宾结构、动补结构、连动结构或兼语结构等类型。儿童和青少年母语者理解成语时，对称性起到较为明显的促进作用，他们对对称性的成语理解准确性也比较高，即对称性成语表现出双源域突显特征，母语者能够较为准确地理解这些成语（黄希庭等，1999；陈传锋等，2000；刘振前、刑梅萍，2000）。实验结果表明这个假设对汉语学习者同样适用，学习者对对称性的成语理解习得正确率较高，并且由于对称性是汉语成语结构上的突出特点，是其内在属性，对称性在成语理解习得过程中的作用也并不会受到学习者个体差异的太大影响。

在成语语义测量实验中，假设对称性主效应显著，对称性的成语比非对称性的成语要容易理解习得；实验统计结果证实本研究的假设，成语的对称性对学习者成语理解习得存在显著影响，跟熟悉度和分解性共同起作用影响着成语的理解习得。从实验成语的语义测量均值可以看出，对于对称性成语的理解习得，无论是熟悉还是不熟悉，可分解还是不可分解，中级被试还是高级被试，都要比非对称性成语的要高些。同样，对于对称性成语的理解，被试能够更准确地把握其隐喻意义，排除其字面意义或干扰意义，无论是熟悉还是不熟悉，可分解还是不可分解，中级被试还是高级被试，理解习得的正确率都要比非对称性成语的正确率要高些。

在成语有声思维实验中，我们对对称性的影响进行验证。对对称性和非对称性成语的理解习得均值进行成对比较，结果再次证实对称性成语的理解习得要比非对称性成语的容易，对称性成语理解习得的正确率要高于非对称性成语的正确率。被试面对对称性和非对称性成语时采用的理解习得策略在种类上并没有太大的区别，RI（询问字词意思）和 RP（重复或重述）这两种准备性策略与 GC（根据上下文猜测）、IC（根据成语个别字词猜测）和 LM（根据成语字面意义猜测）这三种猜测性策略都是被试在理解对称性和非对称性成语时使用较多的策略，尤其是 GC（根据上下文猜测）策略和 IC（根据成语个别字词猜测）策略使用最为频繁，说明被试同样会综合利用语境和语素两个方面的语言信息线索；但被试面对对称性和非对称性成语时其他各种策略的使用频率存在差异，而被试在理解对称性成语时采用的策略数量也要普遍少于理解非对称性成语采用的策略数量，并且更多地运用高层次的策略，如 MI（利用成语意象猜测）和 MC（根据成语隐喻概念猜测）等，这进一步证实对称性对汉语成语的理解有显著影响，并且是汉语学习者习得汉语成语的重要影响因素。

1.4　被试级别的影响

被试级别是学习者语言水平的重要标志，在学习者成语理解习得过程中，语言水平的提高会起到较为明显的促进作用。儿童和青少年母语者理解成语时，语言水平较高的母语者对成语理解的准确性也比较高，即高年级的儿童和青少年能够更为准确地理解这些成语（张萌、张积家，2008；曾雪晴，2011）。实验结果表明这个假设对汉语学习者同样适用，语言水平是表明学习者个体差异的重要变量，高级水平的学习者对汉语成语理解习得正确率较高，虽然被试个体的语言水平存在差异，但被试级别在整体上还是能够对成语理解习得体现出其影响作用。

在成语语义测量实验中，假设被试级别主效应显著，高级水平的被试对实验成语理解习得的正确率要更高；实验统计结果证实本研究的假设，被试级别对学习者成语理解习得也存在显著影响，跟熟悉度、分解性和对称性共同起作用影响着成语的理解习得。从实验成语的语义测量均值可以看出，高级水平被试对成语的理解习得，无论是熟悉还是不熟悉，可分解还是不可分解，对称性还是非对称性，都要比中级水平被试的能力要高些。同样，对于实验成语的理解，高级水平的被试能够更准确地把握其隐喻意义，排除其字面意义或干扰意义，无论是熟悉还是不熟悉，可分解还是不可分解，对称性还是非对称性，理解习得的正确率都要比中级水平被试的正确率要高些。

从中级和高级水平被试对成语意义的选择可以发现：高级被试比中级被试对成语的理解习得能力要高，说明语言水平的提高对汉语成语的理解习得有促进作用；中级和高级水平被试对汉语成语的理解体现出学习者汉语成语理解的发展趋势，被试级别是学习者理解习得汉语成语的重要影响因素。在成语语义测量实验中，被试级别同成语熟悉度之间还存在显著的交互作用，按照成语的语义测量均值或者按照成语理解习得的正确率从高到低排列，被试级别和熟悉度作用下的成绩排列顺序一致，均为高级被试熟悉成语>中级被试熟悉成语>高级被试不熟悉成语>中级被试不熟悉成语。从整体上来看，高级被试成语理解习得的水平要高于中级被试的水平，而成语的熟悉度可以帮助中级被试对成语的理解，对高级被试成语的习得也有一定的促进作用。

1.5　语境效应的影响

如果成语在上下文语境中使用，则会出现语境效应，是指成语使用的语境在成语隐喻意义理解习得时产生的效应。语境线索能够提供推测或提取成语意义所需的相关信息，帮助学习者正确理解习得成语的隐喻意义；学习者在理解习得有上下文语境的成语时准确性更高，而没有语境则会明显降低正确率（张萌、张积家，2008；雷潇、钟毅平，2010；罗家平，2010；吴杏红，2012）。在成语语义测量实验中，没有为实验成语提供语境例句，被试只是根据成语本身以及各答案选项对成语的意义做出理解，结果表明成语理解习得的总均值为 2.09 分，其中正确率是 40.10%，错误率是 31.20%，另有 28.70%是对成语的部分理解。在成语有声思维实验中，为实验成语提供作为上下文语境的例句，被试根据成语本身以及语境例句对成语的意义做出猜测，结果表明成语理解习得的总均值是 2.37 分，其中正确率是 49.38%，错误率是 12.29%，另有 38.33%是对成语的部分理解。虽然这两个实验测试的成语并不相同，并且在有声思维实验中还存在被试与测试者的信息互动，但成语理解习得均值和正确率的提升还是可以说明语境效应对学习者成语理解习得的重要作用。此外，在成语有声思维实验中，无论是在成语理解基本策略还是在成功策略中，GC（根据上下文猜测）都是被试使用最为频繁的策略，也再次证明语境效应对学习者汉语成语的理解习得有显著影响。

在成语语义测量和成语有声思维实验中，可以发现熟悉成语比不熟悉成语要容易理解，可分解成语比不可分解成语要容易理解，对称性成语比非对称性成语要容易理解，成语的熟悉度、分解性和对称性对学习者成语的理解习得都存在显著性影响；此外，学习者语言水平和成语上下文语境也发挥着重要作用。我们对成语语义测量和成语有声思维数据进行多因素交互作用分析，虽然结果显示熟悉度、分解性和对称性之间交互作用并不显著，但被试级别同成语熟悉度之间存在明显的交互效应，而 GC(根据上下文猜测)是被试在成语有声思维实验中最为常用的策略，这些均表明熟悉度、分解性、对称性、被试级别和语境效应等因素单独或者共同起作用影响着学习者成语理解习得的水平。

按照研究假设，如果暂时不考虑被试级别和语境效应的作用，在成语语义测量和成语有声思维实验中的 8 类成语按照理解水平的高低排列如下：熟悉可分解对称性成语＞熟悉可分解非对称性成语＞熟悉不可分解对称性成语＞熟悉不可分解非对称性成语＞不熟悉可分解对称性成语＞不熟悉可分解非对称性成语＞不熟悉不可分解对称性成语＞不熟悉不可分解非对称性成语。

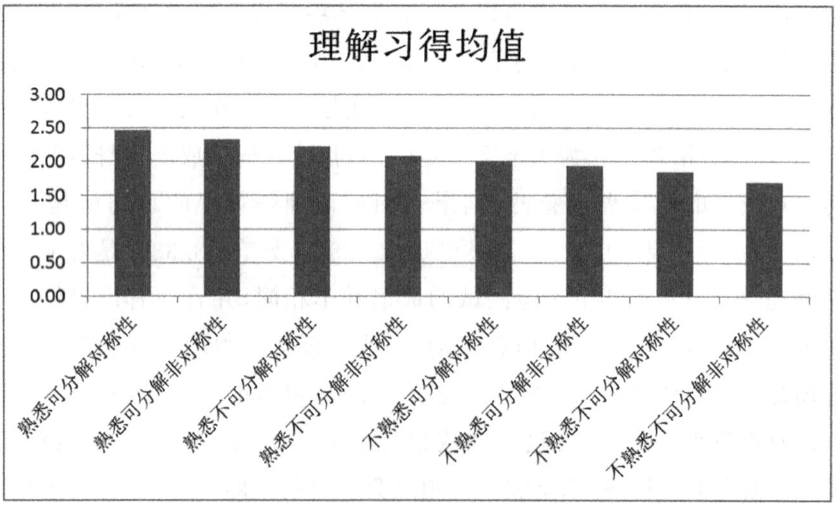

图 5.1　成语语义测量实验中各类成语理解习得水平排列(理解习得均值)

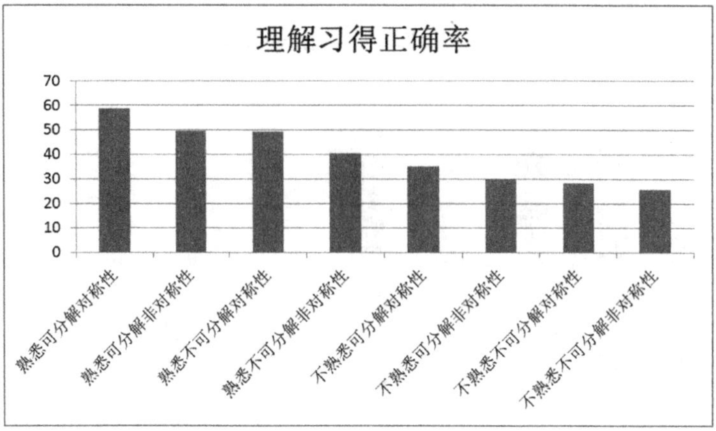

图 5.2　成语语义测量实验中各类成语理解习得水平排列(理解习得正确率)

实验统计结果表明:在成语语义测量实验中,无论是按照成语的理解习得均值还是按照正确率排列,熟悉度、分解性和对称性共同作用下的各类成语理解水平排列顺序都跟研究假设的排列顺序相一致,可分别参见图 5.1 和图 5.2。在成语有声思维实验中,无论是按照成语的理解习得均值还是按照正确率排列,熟悉度、分解性和对称性共同作用下的各类成语理解水平排列顺序跟研究假设的排列顺序都有一定出入,可分别参见图 5.3 和图 5.4。

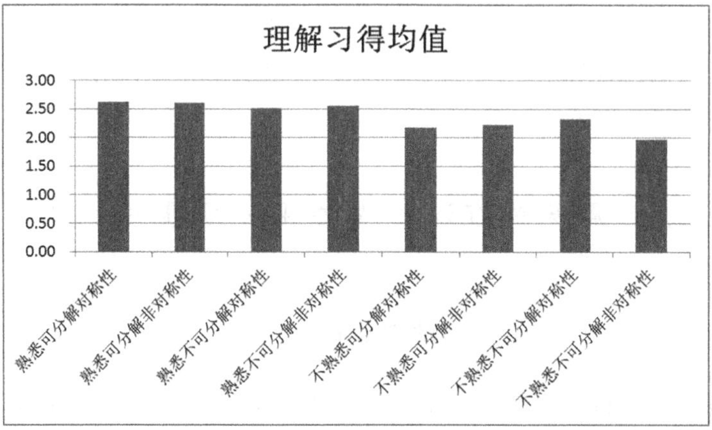

图 5.3　成语有声思维实验中各类成语理解习得水平排列(理解习得均值)

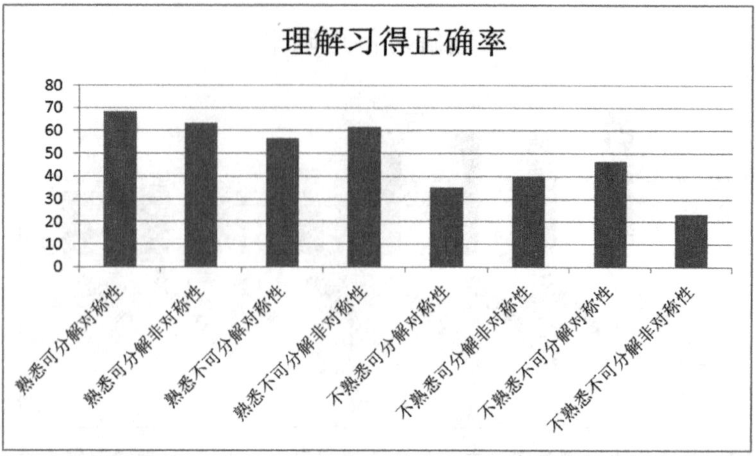

图 5.4 成语有声思维实验中各类成语理解习得水平排列(理解习得正确率)

这在很大程度上是因为学习者成语有声思维实验采用面对面访谈的方式,被试与测试者之间存在着即时的信息互动,在成语理解习得过程中可以得到额外的附加信息;另外就是在成语有声思维实验中提供成语出现的语境例句,语境效应也在跟熟悉度、分解性和对称性共同起作用影响着学习者成语理解习得过程。但无论是按照成语的理解习得均值还是按照正确率排列,被试对熟悉、可分解和对称性成语的理解习得成绩都要高于对不熟悉、不可分解和非对称性成语的成绩,而被试对熟悉可分解对称性成语的理解水平是最高的,对不熟悉不可分解非对称性成语的理解水平则是最低的;但仍然可以看出熟悉度、分解性和对称性对学习者成语理解习得的重要影响。

2. 理解策略在汉语成语理解习得中的作用

2.1 汉语成语理解习得的基本策略

根据统计和总结,英语母语学习者理解习得汉语成语的基本策略共有 3 类 12 种:准备性策略是指被试在成语理解过程中准备猜测成语意义时使用的策略，共有 RI（询问字词意思）、RP（重复或重述）、DA（讨论和分析成语）和 TA（翻译尝试）4 种策略；猜测性策略是指被试在成语理解过程中正式猜测成语意义时使用的策略，共有 GC（根据上下文猜测）、IC（根据成语个别字词猜测）、LM（根据成语字面意义猜测）、L1/2（利用母语/目的语成语猜测）和 BK（利用文化背景知识猜测）5 种策略；其他策略则是指被试在成语理解过程中使用的难以归为上述两类的策略，共有 GA（成语句法分析）、MI（利用成语意象猜测）和 MC（根据成语隐喻概念猜测）3 种策略。这 3 类 12 种策略在学习者汉语成语理解习得过程中的作用不尽相同，而学习者往往是综合利用多种策略而非单一的某种策略去理解习得汉语成语的意义；在成语有声思维实验中学习者成语理解习得策略的使用频率分布可参见图 5.5。

无论是英语母语者还是汉语母语者，他们在面对母语成语时都可以几乎不假思索就给出成语的意义，因此母语者在理解成语时基本不需要使用各种策略。因为语言能力的差距，学习者往往不能即时地理解成语的内在含义，学习者理解成语的思考过程不是瞬时的而是可以跟踪的；学习者需要考虑成语的字面意义、成语的上下文语境以及目的语中的语言文化信息，从而对成语可能的意义做出推测和阐释。因此，在成语理解过程中，学习者就需要使用一系列理解习得策略，以帮助和促进对成语意义的习得，不然就会“过度泛化”从而容易导致对成语意义漫无目的的猜测。跟 Cooper（1999）的研究相比，TA（翻译尝试）、IC（根据成语个别字词猜测）、GA（成语句法分析）、MI（利用成语意象猜测）和 MC（根据成语隐喻概念猜测）这 5 种策略是我们在学习者成语理解习得实证研究中总结添加的，而 IC（根据成语个别字词猜测）是来自非汉字文化圈以英语为母语的汉语学习者理解汉语成语较为独特的策略，能够有效地利用语素线索提供的语言信息，不同于以往英语学习者的策略。在这些汉语成语理解习得的基本策略中，GC（根据上下文猜测）是使用频率最高的策略，IC（根据成语个别字词猜测）是汉语成语理解特有的策略，而 MI（利用成语意象猜测）和 MC（根据成语隐喻概念猜测）是相对较高层次的策略，代表着学习者成语理解习得策略的发展方向，都值得进行重点研究。

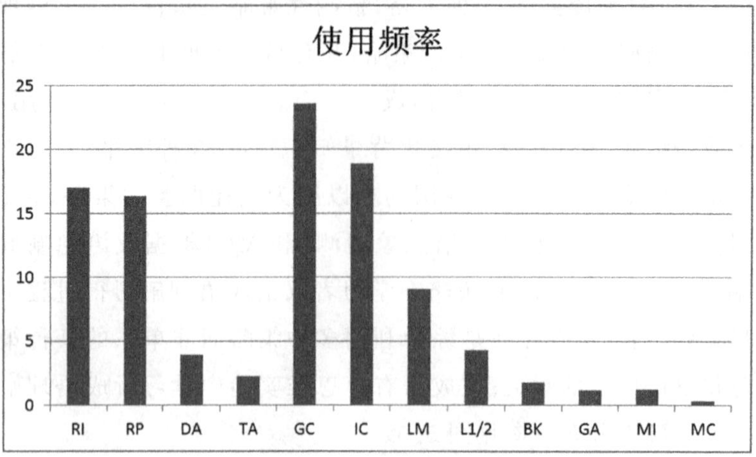

图 5.5 学习者成语理解习得策略使用频率分布

2.2 汉语成语理解习得的成功策略

在成语理解习得过程中，学习者可能同时运用多种策略进行猜测，但是只有帮助被试正确地猜测出成语意义的策略才算作成功的策略；学习者成功地理解成语的意义也可能综合使用多种策略，但是只有直接导致被试成功地获取成语意义的策略才算作成功的策略。根据统计，汉语成语理解习得的成功策略共有 10 种，按照占成功策略总数的比重由高到低排列如下：GC（根据上下文猜测）、LM（根据成语字面意义猜测）、IC（根据成语个别字词猜测）、L1/2（利用母语/目的语成语猜测）、TA（翻译尝试）、DA（讨论和分析成语）、RI（询问字词意思）、RP（重复或重述）、MI（利用成语意象猜测）和 BK（利用背景知识猜测）；而 GA（成语句法分析）和 MC（根据成语隐喻概念猜测）这两种策略则没有发现成功的猜测尝试；在成语有声思维实验中学习者成语理解习得的成功策略使用频率分布可参见图 5.6。虽然这些成功的策略能够直接帮助被试正确地理解汉语成语的意义，但应鼓励学习者在成语理解习得过程中把各种成功的策略综合起来使用，以便获取更多的有效信息。

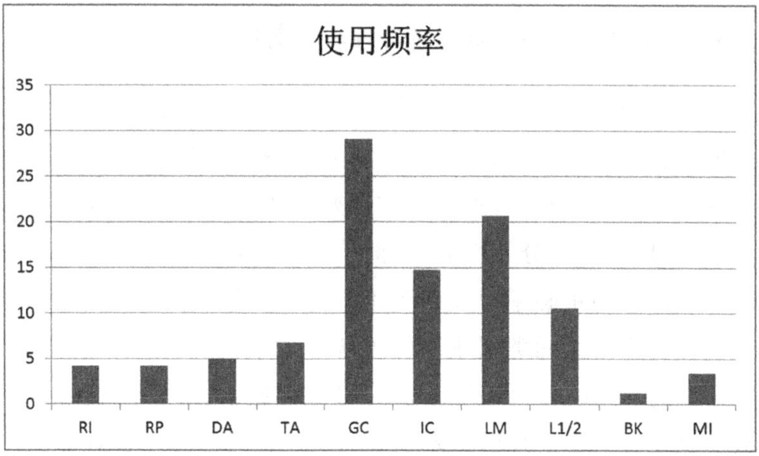

图 5.6　学习者成语理解习得成功策略使用频率分布

Cooper(1999)在实验中并没有统计成功的准备性策略，但发现各种猜测性策略都有成功的猜测尝试，并且两者使用频率的排列顺序是相一致的。在成语有声思维实验中我们发现各种准备性策略和猜测性策略都有导致被试直接成功地获取成语意义的用例，但成语理解习得成功策略的使用频率跟基本策略的使用频率排列顺序并不完全一致，这是因为4种准备性策略主要用于成语理解过程的准备阶段，被试使用准备性策略意在赢取时间、收集信息并澄清思想，但通常并不能直接导致被试成功地理解汉语成语，因此在成功的策略总数中所占的比重较低；而5种猜测性策略主要用于成语理解过程的猜测阶段，被试已经使用准备性策略收集到足够的语言信息为正式猜测成语的意义做好准备，通常能够直接导致被试成功地理解汉语成语，因此在成功的策略总数中所占的比重较高。GC(根据上下文猜测)、IC(根据成语个别字词猜测)和LM(根据成语字面意义猜测)这三种成功的策略，不仅使用频率较高，而且较为容易掌握，能够帮助学习者结合成语构成字词和上下文语境两个方面的线索顺利推测出成语的意义，最为值得重点关注。

2.3 成语理解习得策略的差异性与共同性

从学习者面对不同类别成语的理解习得均值看，被试理解熟悉成语、可分解成语、对称性成语的成绩要好于对不熟悉成语、不可分解成语、非对称性成语的理解，而对有声思维实验数据进行方差分析也表明成语熟悉度主效应显著，虽然分解性和对称性主效应并不显著，但可分解成语、对称性成语理解的正确率也要高于不可分解成语、非对称性成语的正确率。从学习者面对不同类别成语的理解习得策略看，被试使用各种策略的频率存在差异，被试理解熟悉成语、可分解成语、对称性成语时采用的策略数量也要普遍少于理解不熟悉成语、不可分解成语、非对称性成语采用的策略数量，并且更多地运用高层次的策略，这进一步证实熟悉度、分解性和对称性对学习者汉语成语理解习得的显著性影响。

成语有声思维实验结果表明，学习者面对熟悉或不熟悉成语、可分解或不可分解成语、对称性或非对称性成语，在准备性策略中 RI(询问字词意思)和 RP(重复或重述)是使用最多的，而猜测性策略中 GC(根据上下文猜测)、IC(根据成语个别字词猜测)和 LM(根据成语字面意义猜测)是使用最多的，这 5 种理解习得策略在总数中所占的比重都达到或超过 80%。这表明上下文语境对学习者理解成语具有难以替代的重要性，而对学习者成语习得更为重要的是要确保字词明白，除 GC(根据上下文猜测)外，RI(询问字词意思)、RP(重复或重述)、IC(根据成语个别字词猜测)和 LM(根据成语字面意义猜测)这 4 种最为常用的策略都是跟成语构成字词的理解习得密切相关的。因此，上下文语境和成语构成字词可以从语境和语素两个方面为学习者理解习得汉语成语提供必要的语言信息线索，从而更准确地完成对成语意义的猜测。

学习者成语理解习得的成功策略使用频率分布也充分验证了这一点：在成语有声思维实验中，GC(根据上下文猜测)是学习者理解习得汉语成语最为常用的成功策略，而 LM(根据成语字面意义猜测)和 IC(根据成语个别字词猜测)这两种旨在确保成语字词明白的成功策略使用频率则是紧随其后。江新、房艳霞(2012)考察欧美和日本留学生汉语生词猜测时发现,在猜测词义过程中语境和构词法线索分别都能提供一定的信息,但同时提供两种信息能得到更好的猜测;而成语有声思维实验和成语理解策略研究证实语境线索和成语构成语素线索在学习者成语理解习得过程中同样发挥作用。因此,在对外汉语成语教学中应注意总结整理一系列切实有效的策略,尤其是使用频率较高的成功策略和相对较高层次的策略,使学习者在理解习得成语过程中有意识、有目的地使用各种策略,从而提高汉语成语学习的效率和成果。

3. 汉语成语的理解习得过程

3.1　字面意义与隐喻意义的处理顺序

在成语理解习得过程中优先处理成语的字面意义还是优先处理成语的隐喻意义,这是成语理解模式研究的一个中心问题。有实验研究(Swinney 和 Cutler,1979;Gibbs 和 Nayak,1989;Titone 和 Connine,1999;Caillies 和 Butcher,2007)发现,当母语者面对成语进行理解时,其字面意义和隐喻意义同时起作用,同时处理并互相竞争,成语理解速度因分解性程度的高低而有所不同,分解性程度对成语隐喻意义的激活有明显的影响,可分解成语比不可分解成语处理加工速度要快。学习者在成语理解习得过程中处理字面意义和隐喻意义的优先顺序可能会有所不同。有实验研究(Abel,2003;Cieslicka,2006)证明,学习者对成语字面意义更为熟悉,也倾向于利用其字面意义,因此在成语理解过程中会优先提取成语较为突显的字面意义,以字面意义激活其隐喻意义从而完成对成语的理解。

成语语义测量实验和有声思维实验也证实,学习者在成语理解习得过程中倾向于优先处理成语的字面意义。在成语语义测量各答案选项中,有 28.70%是选择字面意义选项,表明被试对这些成语的理解是优先处理其字面意义，但也止步于字面意义而没有机会获取成语的隐喻意义；另有 40.10%是选择隐喻意义选项，但被试是否优先处理成语的字面意义，是否通过其字面意义进而激活成语的隐喻意义已经无法判断。在成语有声思维各理解习得策略中，RI(询问字词意思)、RP(重复或重述)、IC(根据成语个别字词猜测)和 LM(根据成语字面意义猜测)这 4 种常用的策略跟成语字面意义的处理密切相关，占策略总数的 61.33%，占成功策略总数的 43.89%，表明被试将字面意义的处理作为成语理解习得的起点和重要手段。因此，学习者在成语理解习得过程中会优先处理成语的字面意义，进而去理解成语的隐喻意义。

3.2　提取的过程与构造的过程

在成语理解习得过程中成语的理解是一个提取的过程还是一个构造的过程，这也是成语理解模式研究的一个焦点问题。有实验研究(Gibbs，1980；佘贤君等，1998；Libben 和 Titone，2008)发现，母语者在面对成语时很少考虑其字面意义，而是直接从心理词典中提取成语的隐喻意义，但母语者对成语意义提取的程度受到分解性的影响，而成语分解性是一个从可分解到不可分解逐步过渡的连续统，不能简单地认定成语的理解是一个提取的过程或者是一个构造的过程。学习者在成语理解习得过程中对成语的理解是提取与构造的过程并存，并且更多是一个构造的过程。有实验研究(Cooper，1999；Cieslicka，2006；周彩庆，2007)证明，学习者首先激活成语构成字词的字面意义，然后在母语中提取对应的成语，如果提取成功则选定为该成语的意义；如果提取不成功，则使用其他策略，逐步构造猜测成语的意义。

成语语义测量实验和有声思维实验也发现，学习者在成语理解习得过程中对成语的理解是一个提取和构造并存的过程，并且更多是一个构造的过程。在成语语义测量各答案选项中，被试对成语的理解并没有多少构造的空间，主要是在母语和目的语心理词典中提取相关的语言文化信息，进而选取成语的意义；但有 31.20%是选择干扰意义选项，表明学习者对成语意义的提取可能要受到目的语语言水平的限制。在成语有声思维各种理解习得策略中，准备性策略(39.59%)主要是用在学习者成语理解过程的准备阶段，正是被试收集语言文化信息对成语意义进行提取的过程，但更多的被试随之采用猜测性策略(57.64%)，主要是用在学习者成语理解过程的猜测阶段，利用头脑中存在的相关知识与信息对成语的意义进行理解和构造，而在成功的策略中各种猜测性策略所占的比重更大，高达76.38%，表明学习者对成语的理解(尤其是成功的理解)更多是一个构造的过程。因此，学习者对汉语成语的理解习得是一个提取和构造并存的过程，并且由于学习者目的语水平的限制，更多是一个构造的过程。

4. 英语学习者汉语成语理解习得模式

4.1　英语成语理解习得模式的普适性

Cooper(1999)实验研究发现，在第二语言教学环境下，作为英语学习者的被试采用母语者成语理解模式的特征并不明显；虽然现有的大多数母语者成语理解模式都能够部分地描述英语成语的理解策略和非瞬时现象，但任何一种母语者成语理解模式都不能充分解释被试在理解英语成语过程中使用的大量策略。学习者在理解英语成语过程中采用的理解习得模式是一种启发探索法，即运用多种策略反复试验、推敲直至发现、理解或解决问题的方法，逐步推断出成语的内在意义。实验也发现对成语字面意义的分析是学习者理解英语成语时难以避免的过程，被试频繁地采用根据成语字面意义理解成语的策略，这也从理解策略的角度证实了Cieslicka(2006)提出的字面意义突显模式的有效性。实验还发现学习者在理解英语成语过程中大多会同时采用准备性策略和猜测性策略，并且被试更多地使用猜测性策略，这也从理解策略的角度证实不能简单地认定成语的理解是一个提取的过程或者是一个构造的过程。

实验研究表明，以英语为母语的汉语学习者在理解习得汉语成语时也是采用启发探索的方法，同样优先处理成语的字面意义。实验研究也证实，学习者对汉语成语的理解同样是一个提取与构造并存的过程，并且更多是一个构造的过程，准备性策略主要用于被试对成语意义的提取，猜测性策略主要用于被试对成语意义的构造。根据统计与分析，学习者在理解汉语成语过程中共采用3类12种策略，其中猜测性策略所占的比重最大，而GC（根据上下文猜测）、IC（根据成语个别字词猜测）和RI（询问字词意思）是使用最为频繁的3种策略；能够直接导致被试成功地理解汉语成语的策略共有10种，其中仍然是猜测性策略所占的比重最大，而GC（根据上下文猜测）是被试在成功地猜测汉语成语意义时最常使用的策略，其次就是注重成语字面意义的LM（根据成语字面意义猜测）和IC（根据成语个别字词猜测）。因此，第二语言教学中的英语成语理解习得模式在一定程度上适用于学习者汉语成语的理解习得，即英语成语理解习得模式在汉英成语理解和习得过程中具有一定的普适性。

4.2　汉语成语理解习得模式的独特性

但是汉语成语毕竟不同于英语成语，在语义上倾向于可分解，在结构上具有对称性，而对称性成语在理解习得过程中又表现出双源域结构较为突出的特点。汉语成语难以按照英语成语的分类方式划分成正式成语、非正式成语和俚语，但可以按照语义特征划分成字面义成语、隐喻义成语和事件性成语，还可以按照结构特点划分成对称性成语和非对称性成语等类别。根据统计和调查，在成语有声思维实验中，被试面对可分解成语（字面义成语）和不可分解成语（隐喻义成语＋事件性成语）、对称性成语和非对称性成语采用的策略在种类上并没有太大的区别，但被试理解可分解成语、对称性成语时采用的策略数量要普遍少于理解不可分解成语、非对称性成语采用的策略数量。在成语语义测量和成语有声思维实验中，被试面对不同类别成语理解习得的成绩也有较大的差异，无论是成语理解的均值还是正确率，学习者对可分解成语、对称性成语的理解都要高于对不可分解成语、非对称性成语的理解。因此，可以说可分解、对称性的汉语成语比不可分解、非对称性的汉语成语更为容易理解和习得，这是学习者汉语成语理解习得过程中较为独特的方面。

另外，汉语成语格式统一，音韵整齐且均衡对称，其基本形式为四字格；但是汉语成语构成字词对成语意义贡献的程度并不一样，有些重点字词，如“袖手旁观”的“袖”和“有口皆碑”的“碑”，正是理解成语意义的关键所在。赵金铭先生（2012）在提出“整词——析字——系连扩展”词汇教学法时指出，汉语中的词，既是一个整体，又是可以分解的；汉语中的词是由语素（字）构成的；词中的字（也可能是词）是有意义的，它还可以与其他的字构成新的词；因此，学习汉语词时，不仅要整体记词，还要关注词中的字，这同样适用于学习者汉语成语的理解与习得。在汉语成语理解习得实验中可以发现，大多数被试在汉语成语理解习得过程中会频繁地使用IC（根据成语个别字词猜测）策略，占全部策略总数的18.91％，在猜测性策略中是使用较多的；占成功策略总数的14.77％，在成语理解习得的成功策略中也是使用较多的。由于是非汉字文化圈的学习者，以英语为母语的被试对这些成语构成字词的熟悉和掌握情况并不完全一致，成语中的关键字词很可能会形成英语母语学习者理解习得汉语成语的障碍；但是如果被试采用IC（根据成语个别字词猜测）等策略，通过“整词——析字——系连扩展”思路对成语构成语素信息线索进行整合，能够理解或者通过询问获知这些关键字词的意义，就会进而推动被试循字义成功地猜测出成语的意义。第二语言教学中的英语成语理解习得模式难以解释汉语成语结构上的对称性特征和语义上的可分解倾向，英语母语学习者在汉语成语理解习得过程中也会出现较为独特的策略，因此，我们需要以汉语学习者的诸多策略为基础探索构建对外汉语教学中的汉语成语理解习得模式。

4.3　学习者汉语成语理解习得的一般模式

从成语理解习得实验可以看出，英语母语学习者在理解和识别汉语成语时大都遵循共通的理解习得模式——启发探索方法，即结合成语构成字词和上下文语境，运用多种策略反复试验、推敲直至发现、猜测出成语的意义。在成语理解过程中，学习者对成语意义的猜测可能发生停顿、存在反复甚至出现偏误，而最终学习者对成语意义的习得正是推敲、试验、启发和探索的结果。学习者在成语理解习得过程中综合运用语素和语境两个方面的语言线索，首先对成语的构成字词进行分析，再结合具体的上下文语境做出猜测，或者先从语境例句出发再结合成语构成字词的具体分析进行尽可能合理的猜测。母语者往往不需要使用策略即可瞬时获取汉语成语的意义，但由于语言能力的差距，学习者在汉语成语理解习得过程中需要自觉或不自觉地使用多种策略，完全不使用任何策略而成功地理解成语的意义只有极少数的案例。

在成语理解习得实验中，学习者面对不同熟悉度、分解性和对称性的成语采用一系列策略推理猜测成语的内在意义。在诸多策略中，学习者使用准备性策略收集信息对成语的意义进行提取，使用猜测性策略实施推测，对成语的意义进行构造；其中 GC(根据上下文猜测)、IC(根据成语个别字词猜测)和 LM(根据成语字面意义猜测)是以英语为母语的学习者最为常用的猜测性策略，而这 3 种策略在所有成功的策略中也是使用最为频繁的。没有对成语构成字词的理解，学习者对成语意义的猜测则无从谈起，不借助上下文语境而成功地理解汉语成语也会非常困难。这表明在熟悉度、分解性和对称性之外，上下文语境也是学习者理解习得汉语成语的重要影响因素，而 IC(根据成语个别字词猜测)则是英语母语学习者理解习得汉语成语较为独特的策略。范可育(1993)曾提出处理“生词熟字”的三个步骤：(1)根据构词语素猜测词义，获得模糊的不确定的理解；(2)根据语境思考词义，语言环境起着决定性作用；(3)悟出词义之后，思考新词构词语素的意义，辨析新词与构词语素之间的意义关系以及语素之间的结构关系；虽然这里主要探讨的是学习者对汉语词义的理解方式，但也在一定程度上印证了实验中学习者汉语成语的理解习得过程：成语构成字词提供成语理解需要的语言信息，成语语境例句帮助确定构成字词的具体语义，语素和语境线索相结合进而猜测成语的内在含义。

以学习者成语语义测量实验和成语有声思维实验这两个实证研究为基础，我们探索构建学习者汉语成语理解习得模式，需要考虑学习者的母语背景和语言水平，需要考虑熟悉度、分解性和对称性等影响因素，需要考虑准备性策略和猜测性策略等常用策略，也需要考虑语素和语境两个方面的语言信息线索，还需要考虑汉语成语理解习得的独特策略以及相对高层次的策略。因此，本研究提出的英语母语学习者汉语成语理解习得的一般模式是一种以启发探索方法为基础的综合理解习得模式，将其尝试描述如图 5.7。

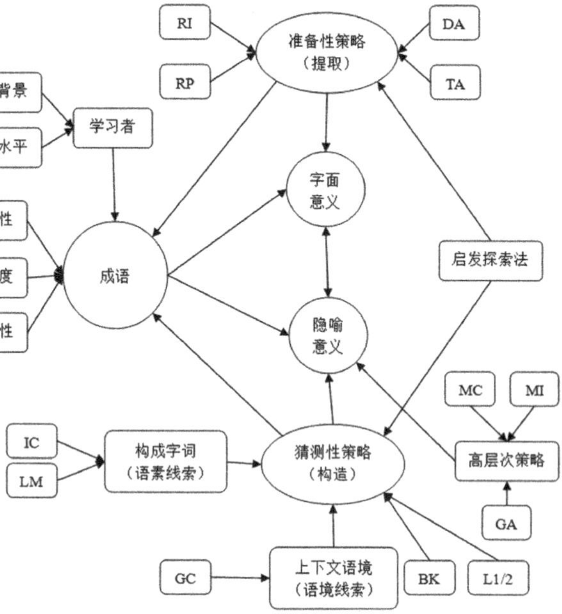

图 5.7　英语母语学习者汉语成语理解习得模式

5. 小结

在汉语成语理解习得过程中，学习者会受到熟悉度、分解性、对称性、被试级别和语境效应等因素的影响，他们会综合利用各种策略而并非某种单一的策略来实现对成语意义的理解习得;准备性策略主要用于被试对成语意义的提取,猜测性策略主要用于被试对成语意义的构造。因此,学习者对成语字面意义的提取先于对其隐喻意义的构造,学习者对汉语成语的理解习得是一个提取与构造并存的过程,并且更多是一个构造的过程。在第二语言教学环境下,英语成语理解习得模式在成语理解习得过程中具有一定的普适性,而由于汉语成语在结构和语义上的突出特点,汉语成语理解习得模式又有自己的独特性。英语母语学习者基本采用启发探索的方法,利用语素和语境两方面的语言信息线索来理解和习得汉语成语,因此本书综合诸多成语理解习得影响因素,以学习者理解习得策略为基础探索构建出对外汉语教学中的学习者汉语成语理解习得模式。

结　语

本书借鉴心理语言学和认知语言学相关理论成果，从语言学科的角度对学习者汉语成语理解习得过程进行基础性的实证研究，研究对象主要是澳大利亚母语为英语的中高级水平学习者，以期探索构建英语母语学习者汉语成语理解习得模式。本书的主要研究工作包括以下若干方面：

(1) 对成语的定义和分类进行论述和界定，综述过去三十多年间国内外汉英成语理解习得研究具有代表性的理论成果，探讨汉英成语理解习得的影响因素、策略和模式研究，分析母语者与学习者成语理解过程的异同，为探索构建学习者汉语成语理解习得模式寻找进一步研究的空间。我们发现汉英成语研究大体都经历从语言本体研究向语言认知研究的转向，心理语言学和认知语言学理论将汉英成语理解习得带进新的研究领域，研究内容和研究方法都在不断拓宽，成果非常丰富。鉴于英语成语理解习得研究较为成熟的理论结果，结合汉语成语理解习得研究相对薄弱的现状，面向对外汉语教学的汉语成语理解习得还应进一步拓宽研究视角，深化研究领域，丰富研究内容；具体来看，以英语母语学习者为对象，以汉语成语特征研究为基础，可以就汉语成语理解习得过程加强学习者汉语成语理解习得影响因素、策略和模式方面的考察与研究。

(2) 以《新华成语词典》和《学成语词典》中收录的汉语成语

为基本语料研究汉语成语的特征，重点分析汉语成语的结构特征、语义特征和理解认知特点，为学习者汉语成语理解习得的实证研究提供实验材料和变量支持。我们证实四字格是汉语成语的基本形式，前后对称的联合结构成语在数量上占据较大优势，汉语成语在结构上表现出对称性特点；以《新华成语词典》和《学成语词典》中收录的成语以及 HSK 动态作文语料库中汉语学习者使用的成语作为语料研究汉语成语的语义特征，证实汉语成语意义的双层性特点，考察字面义成语、隐喻义成语和事件性成语的分布，发现汉语成语在语义上倾向于可分解；成语本身又具有隐喻性，以举例的方式说明成语的理解和识别由隐喻概念驱动，成语的理解和认知能够通过系统性的概念隐喻有效地进行，根据成语隐喻概念进行猜测可以用作学习者理解习得汉语成语的基本策略。

（3）借鉴汉语母语者（罗家平，2010；曾雪晴，2011）和英语学习者（谢华，2007；叶琳，2012）成语理解习得影响因素的研究思路，设计语义测量实验，以澳大利亚中级和高级水平英语母语学习者为研究对象，编制汉语成语语义测量表，考察成语熟悉度、分解性和对称性等因素对汉语成语理解习得的影响，探讨学习者汉语成语理解习得的发展趋势，并分析各种影响因素之间的交互作用。在成语理解习得过程中，总体而言熟悉成语要比不熟悉成语容易理解，可分解成语要比不可分解成语容易理解，对称性成语要比非对称性成语容易理解，高级被试要比中级被试成语理解能力更强，熟悉度、分解性、对称性和被试级别等诸多因素单独或者共同起作用，影响着学习者汉语成语的理解习得过程。我们对熟悉度、分解性和对称性共同作用下的成语语义测量均值和正确率进行多重比较，结果表明成语语义测量均值差值和正确率差值均较为显著，熟悉度是成语理解最为重要的影响因素，在成语理解习得过程中首先发挥作用。

（4）借鉴学习者英语成语理解习得策略（Cooper，1999；林维燕，2006；唐玲，2009）的研究思路，设计成语有声思维实验，对澳大利亚高级水平英语母语学习者理解习得汉语成语的基本策略和成功策略进行分析，调查验证熟悉度、分解性、对称性以及语境效应等影响汉语成语理解习得的因素，考察学习者面对不同类别成语采用策略的差异性。根据被试有声思维言语报告，我们为被试对每条成语的理解习得进行整体评分，共统计出 3 类 12 种英语母语学习者理解习得汉语成语的基本策略，根据每种策略使用频率的高低排列出先后顺序；还总结出 10 种成功策略，也按照占成功策略总数的比重高低排列出先后顺序；以此为基础，对熟悉度、分解性和对称性等影响汉语成语理解习得的因素进行验证，指出上下文语境也是学习者理解习得汉语成语的重要影响因素，并分析学习者面对不同熟悉度、分解性和对称性的汉语成语采用策略的差异性。

（5）以成语理解习得影响因素和策略研究为基础探索构建出对外汉语教学中的学习者汉语成语理解习得模式。在成语理解习得实验中，英语母语学习者基本采用启发探索的方法来理解与习得汉语成语，即结合成语构成字词和上下文语境两方面的语言信息线索，运用多种策略反复试验、推敲直至发现、猜测出成语的意义。学习者对成语的理解是一个提取和构造并存的过程，首先对成语的构成字词进行理解，再结合具体的上下文语境做出猜测，或者先从语境例句出发，再结合成语构成字词的具体分析进行尽可能合理的猜测。我们对学习者汉语成语理解习得模式的构建综合考虑诸多方面的影响，既有学习者母语背景和语言水平，又有熟悉度、分解性和对称性等因素，既有准备性策略和猜测性策略等常用策略和成功策略，又有语素和语境两个方面的语言信息线索，还有汉语成语理解习得的特有策略以及相对高层次的策略；学习者在成语理解过程中会综合利用各种策略而并非某种单一的策略来实现对成语意义的习得。

实证研究发现，学习者汉语成语理解习得受到熟悉度等诸多因素的影响，学习者在成语理解习得过程中使用一系列策略，采用启发探索的方法，逐步推测出成语的内在含义，这对当前对外汉语教学中的成语教学有如下启示：

（1）成语语义测量实验结果发现学习者汉语成语理解习得受到熟悉度、分解性、对称性和被试级别等因素的影响；在成语有声思维实验中，被试面对不同类别的汉语成语采用基本类似的策略，但各种策略使用的频率存在差异，被试在理解熟悉成语、可分解成语、对称性成语时采用的策略数量也要普遍少于理解不熟悉成语、不可分解成语、非对称性成语采用的策略数量，并且更多地运用高层次的策略，这进一步证实熟悉度、分解性和对称性对汉语成语理解习得的显著影响。因此，在对外汉语成语教学中应按照成语的熟悉度、分解性和对称性进行分类，分析说明成语具体的语义结构类型，以有效利用汉语成语语义上的可分解倾向和结构上的对称性特点等突显特征。

（2）在成语理解习得实验中大多数学习者都采用多种策略来猜测汉语成语的意义，而学习者理解习得汉语成语非常重要的一点是要确保字词明白。学习者面对汉语成语（尤其是不熟悉的汉语成语），会着重分析成语的字面意义或其构成字词，而 RI（询问字词意思）、IC（根据成语个别字词猜测）和 LM（根据成语字面意义猜测）这几种常用的策略都跟成语构成字词的理解习得密切相关，可以提供语素线索帮助学习者理解成语字面意义和隐喻意义的联系。因此，在对外汉语成语教学中应该鼓励学习者进行推理和联想，从成语字面意义和构成字词入手合理有效地猜测成语的意义。上下文语境对学习者理解习得成语则具有难以替代的重要性，GC（根据上下文猜测）是被试最常使用的猜测性策略，也是在成功猜测汉语成语意义时使用最为频繁的策略；学习者面对陌生的汉语成语，往往会使用 GC（根据上下文猜测）策略，借助语境线索成功地理解习得成语的意义。因此，上下文语境的作用对学习者汉语成语的理解习得不容忽视，在成语教学中应该尽可能为成语提供具有丰富意义的语境。

（3）在成语有声思维实验中，被试共计采用 3 类 12 种基本策略，其中成功的策略也有 10 种，但是被试在实验过程中本身可能并没有明确意识到他们采取的各种策略。因此，在对外汉语成语教学中应注意总结整理一系列切实有效的策略，培养学习者的策略观念，使其在理解习得成语过程中有意识、有目的地使用各种加工策略，从而提高汉语成语学习的效率和成果。在第二语言教学环境下，英语成语理解习得模式具有一定的普适性，而由于汉语成语在结构和语义上的突出特点，汉语成语理解习得模式又有自己的独特性。英语母语学习者基本采用启发探索方法利用语素和语境两方面线索来理解和习得汉语成语，因此我们综合成语理解习得影响因素和策略研究而提出的学习者汉语成语理解习得模式可以为对外汉语成语教学与学习提供一定的范式。

对外汉语教学中的成语研究主要集中在教学方法探讨、偏误类型总结、偏误原因分析、语法功能考察以及成语词典编撰等领域，本书致力于突破以上传统的研究领域，以心理语言学和认知语言学为理论支撑，重点关注英语母语学习者汉语成语理解习得实证研究。本研究的创新之处主要有以下几个方面：

(1) 实验成语采用定性分析与定量分析相结合的选择方式。实验成语选择的通行方式是按照成语首字的拼音符号，将选用的成语平均分布在除"I、O、U、V"之外的 22 个英文字母中，这样的选择随机性较大，在成语理解习得实验中造成的误差难以控制。我们对实验成语的选择以汉语成语的结构特征、语义特征和理解认知特点为基础，利用 CCL 现代汉语语料库和 HSK 动态作文语料库，结合常用汉语成语词典与典型对外汉语教材，并邀请 5 位对外汉语教师从语言教学的角度进行筛选，采用定性分析(汉语成语特征)与定量分析(成语词典＋语料库数据)相结合的选择方式，从而最终确定汉语成语的语料选择。

(2) 实验变量体现出汉语成语在结构和语义上的突出特点。成语理解习得实证研究的变量大多以熟悉度、透明度、预测性和语境效应为主，而学习者成语理解习得研究还要考虑母语背景和语言水平等因素的影响。综合考虑成语理解习得过程的影响因素，我们将实验变量控制在熟悉度、分解性、对称性、被试级别和语境效应这 5 个因素，其中分解性能够体现出汉语成语在语义上的可分解倾向，对称性则是汉语成语在结构上的突出特点，中级和高级水平的被试主要是澳大利亚以英语为母语的汉语学习者，可以展示学习者汉语成语理解习得的发展趋势。我们编制成语熟悉度评定表和成语分解性评定表，分别由汉语学习者和汉语母语者对成语的熟悉度和分解性进行评定；成语对称性和分解性的判定则还考虑到对成语结构和语义特征的定量分析。中高级水平学习者的发展研究主要用于成语语义测量实验,语境效应的考察则主要是在成语有声思维实验,而熟悉和不熟悉成语、可分解和不可分解成语、对称性和非对称性成语在这两个实验中都是对半分布,用以考察熟悉度、分解性和对称性对成语理解习得的影响。

(3) 学习者成语理解习得过程采用实证实验的研究方法。学习者汉语成语的理解习得可以从中介语语料入手,总结成语习得中的偏误类型,分析成语应用中发生偏误的原因,进而考察学习者成语理解的过程。我们选择以实证实验为核心,设计成语语义测量实验,采用多因素混合设计,以测试问卷的方式收集数据,使用 Spss19.0 软件对实验统计数据进行多因素方差分析,从相对客观的角度考察学习者汉语成语理解习得的影响因素;同时设计成语有声思维实验,采用有声思维方法,以面对面访谈的方式收集数据,将音频材料进行转写和处理形成有声思维报告,从相对主观的角度考察学习者汉语成语理解习得的基本策略和成功策略,并对成语理解习得的影响因素进行验证。以两个实证实验为基础,能够更好地观察学习者成语理解的过程,探索学习者成语理解习得的规律和特点。

(4) 成语语义测量实验发现全新的学习者成语理解习得影响因素。儿童和青少年母语者理解成语时,熟悉度和分解性起到较为明显的促进作用,他们在理解熟悉和可分解成语时有较好的表现,熟悉度和分解性跟成语的正确理解显著相关。实验研究发现,在学习者成语理解习得过程中,熟悉度、分解性、对称性和被试级别都是显著的影响因素,并且被试级别同成语熟悉度之间存在显著的交互作用;熟悉度是成语理解最为重要的影响因素,在成语理解习得过程中首先发挥作用。我们对熟悉成语和不熟悉成语的语义测量数据进行多因素方差分析,结果表明被试级别和分解性对熟悉成语和不熟悉成语的理解习得都有重要影响,而对称性并不显著影响熟悉成语的理解成绩,但对不熟悉成语的理解有一定的促进作用。在实验中还发现成语语义特征的差异也会造成学习者成语理解成绩的区别;而成语构成的个别字词如果难以识别,同样会成为成语理解的障碍。

(5) 成语有声思维实验发现全新的学习者成语理解习得策略。因为学习者理解习得成语的思考过程不是瞬时的而是可以跟踪的,我们可以运用有声思维方法探索学习者面对成语时的思维过程;学习者理解成语需要考虑成语的字面意义、成语的上下文语境以及目的语中的语言文化信息,需要使用一系列策略,以帮助和促进对成语意义的理解习得,不然容易导致对成语意义漫无目的的猜测。跟 Cooper(1999)的研究相比,TA(翻译尝试)、IC(根据成语个别字词猜测)、GA(成语句法分析)、MI(利用成语意象猜测)和 MC(根据成语隐喻概念猜测)这 5 种策略是在实证研究中总结添加的,其中 IC(根据成语个别字词猜测)是来自非汉字文化圈的英语母语学习者较为独特的策略,体现出"整词——析字——系连扩展"的教学思路,不同于以往英语学习者理解习得英语成语的策略。在这些基本策略中,GC(根据上下文猜测)是使用频率最高的策略,IC(根据成语个别字词猜测)是汉语成语理解习得特有的策略,而 MI(利用成语意象猜测)和 MC(根据成语隐喻概念猜测)是相对较高层次的策略,代表着学习者成语理解习得策略的发展方向。

(6) 初步探索构建出学习者的汉语成语理解习得模式。心理语言学和认知语言学理论将成语理解带进新的研究领域,英语成语理解习得研究较为成熟,既有对母语者成语理解模式的假设,也有对学习者成语习得模式的调查,而对汉语成语理解习得模式的探索还比较缺乏。我们对学习者汉语成语的理解习得研究落到实处,以成语语义测量实验和有声思维实验为基础,分析汉语成语的理解习得过程,把握汉语成语理解认知的特点,结合熟悉度、分解性和对称性等影响因素,综合学习者理解习得成语的基本策略和成功策略,探讨英语成语理解习得模式的普适性和汉语成语理解习得模式的独特性,探索构建出学习者汉语成语理解习得模式是一种以启发探索方法为基础、语素和语境线索相结合的综合模式,揭示为对外汉语成语教学带来的启示,也可以为英语成语教学与学习提供有效的借鉴。

由于学识和条件、精力与时间的限制，本研究还存在若干不足之处，需要在将来的研究中进一步探讨和改进，主要包括以下几个方面：

(1) 实验被试的母语背景还较为单纯。研究对象主要来自澳大利亚等英语国家，只涉及以英语为母语的汉语学习者，无法考察母语文字背景对学习者成语理解习得的影响，有可能导致研究结果具有一定的局限性。在将来的研究中，可以设立对照组，进行日韩母语与英语母语学习者汉语成语理解习得的对比研究，调查来自汉字文化圈与非汉字文化圈的学习者成语理解习得影响因素和基本策略的差异，进一步完善本书提出的学习者汉语成语理解习得模式，从而应用于世界各国的对外汉语教学特别是汉语成语教学实践。

(2) 对熟悉度变量的控制还可以再加强。在成语语义测量实验和成语有声思维实验中都引入了成语的熟悉度这个变量，这一方面是实验设计的需要，因为熟悉度是成语理解习得过程中的重要影响因素，高熟悉度可以促进对成语的正确理解；另一方面是取决于熟悉度自身的特点，因为研究对象是以英语为母语的汉语学习者，熟悉度对汉语成语理解的影响主要是学习者个体经验问题，但从整体来看熟悉度对全体被试成语理解习得的影响作用是难以回避的。只是以中高级汉语学习者对成语熟悉度的评定作为区分熟悉成语和不熟悉成语的标准可能有不太准确之处，在将来的研究中可以借用词汇习得中“生词熟字”的概念，即成语本身对学习者来说是陌生的，但成语构成字词对学习者来说是熟悉的，从而能够更好地控制成语理解习得中的熟悉度这个变量。

(3) 对汉语成语的语义特征还可以再突出。汉语成语按照语义特征的分布可以分为字面义成语、隐喻义成语和事件性成语，但在成语语义测量实验和成语有声思维实验中都是使用成语的分解性这个变量来表明汉语成语的语义特征，而汉语成语的字面义、隐喻义和事件性特征更多的是采用举例的方式进行说明。这主要是因为跟英语成语相比较，汉语成语表现出较为明显的可分解倾向，分解性是汉语成语本身较为稳定的属性，分解性在成语理解习得过程中的作用并不会因为学习者个体的差异而受到太大影响；另外则是因为跟汉语成语语义特征的不均衡分布相比较，实验成语中可分解成语与不可分解成语的对半分布更有利于实证实验的开展和实验数据的收集与分析。在将来的研究中，可以将实验成语分为字面义成语、隐喻义成语和事件性成语三类，在学习者成语理解习得研究中更多突出汉语成语的语义特征。

（4）对成语语境效应的考察还可以再改进。在成语语义测量实验和成语有声思维实验中都涉及成语熟悉度、分解性和对称性这三个属性，但成语语义测量实验对学习者成语理解的考察是在无语境的情况下通过测试问卷的方式进行的，而成语有声思维实验对学习者成语习得的考察是在有语境的情况下通过有声思维的方式进行的。这主要是受限于实验时间和被试意愿：按照现有的两个实验（32 个成语语义测量和 16 个成语有声思维），被试需要 50—60 分钟来完成；若两个实验均在有无语境的情况下分别进行，则实验题目数量需要加大一倍，被试则需要将近 2 个小时才能完成，过长的时间对于实验的信度和效度会有很大的影响。在将来的研究中，如果条件许可，这两个实验都应该在无语境和有语境的情况下分别进行，这样通过对比才能更好地考察语境效应对学习者成语理解的重要影响，也能够更全面地观察学习者成语理解习得过程。

（5）对实验被试的选择还可以再扩展。在成语语义测量实验中有中级水平被试和高级水平被试各 30 名，可以考察中高级学习者汉语成语理解习得影响因素的发展状况；而在成语有声思维实验中被试只是 30 名高级水平的学习者，虽然各个被试的语言水平也存在差异，但难以从整个级别的角度进行学习者成语理解习得策略的发展研究。这主要是受限于实验时间和实验场所：成语有声思维实验采用面对面的访谈模式，整个实验访谈过程需要进行录音，因此只能邀请被试单独参加，实验过程受到场地条件和被试时间安排的很大限制。在将来的研究中，在成语有声思维实验中也可以邀请中级水平的被试参加，从而能够考察学习者成语理解习得策略的发展变化。

综上所述，本书以心理语言学和认知语言学为理论支撑，从语言学科的角度对语言教学特别是对外汉语教学中的英语母语学习者成语理解习得进行基础性的实证研究，以澳大利亚中高级水平英语母语学习者为研究对象，以学习者汉语成语理解习得实验为考察重心，以学习者汉语成语理解习得模式为研究目标，其最大特点是探索构建出以启发探索方法为基础、语素和语境线索相结合的学习者汉语成语综合理解习得模式。本书重点关注英语母语学习者汉语成语理解习得实证研究，实验成语采用定性分析与定量分析相结合的选择方式，实验变量体现出汉语成语在结构和语义上的突出特点，学习者成语理解习得过程采用实证实验的研究方法，成语语义测量实验发现全新的学习者成语理解习得影响因素，成语有声思维实验发现全新的学习者成语理解习得策略，初步探索构建出学习者的汉语成语理解习得模式。我们希望，英语母语学习者汉语成语理解习得实证研究结论可以应用到澳大利亚等英语国家的对外汉语教学特别是汉语成语教学实践中去，进而服务于中国和澳大利亚乃至全球蓬勃发展的对外汉语教学事业。

参考文献

中文文献

辞海编辑委员会编(1999)《辞海》，上海：上海辞书出版社。

Lo Bianco，Joseph & 刘国强(2007)《澳大利亚的语言政策与中文教学生态环境》，《世界汉语教学》，3：120—131。

Orton，Jane (2014)《澳大利亚中小学汉语教学的复杂性》，《云南师范大学学报(对外汉语教学与研究版)》，4：1—5。

Scrimgeour，A. (2011)《对澳大利亚汉语教学的思考及对教学资源发展的建议》，《孔子学院》，3：30—37。

Sigley，G. & 李佳 (2009)《开展海外汉语教学和文化交流的挑战与机遇——以西澳大学孔子学院为个案》，《云南师范大学学报(对外汉语教学与研究版)》，1：32—36。

安丽卿(2006)《成语的结构和语音特征》，兰州大学硕士论文。

白　鹭(2012)《澳大利亚中文教育——兼记澳大利亚中小学汉语教学的现状》，《世界汉语教学学会通讯》，2：25—26。

陈传锋、黄希庭、余华(2000)《词素的结构对称效应：结构对称汉语成语认知特点的进一步研究》，《心理科学》，3：265—268。

陈　洁(2010)《汉语结构对称性四字格成语的概念整合机制研究》，《广西社会科学》，10：132—135。

陈　平(2013)《政治、经济、社会与海外汉语教学——以澳大利亚为例》，《世界汉语教学》，3：400—412。

陈文伯编著(2005)《英汉成语对比与翻译》，北京：世界图书出版社。

成　宁(2006)《探讨汉语成语习得在对外汉语教学中的作用》,《语文学刊》,1：124—125。

崔希亮(2005)《汉语熟语与中国人文世界》,北京:北京语言大学出版社。

崔　峡(2014)《澳大利亚汉语教学质量提高与本土汉语教师培训》,《云南师范大学学报(对外汉语教学与研究版)》,3：1—7。

范可育(1993)《从"生词熟字说"看词义和构词语素义的关系》,《语言文字应用》,1：49—55。

房艳霞、江新(2012)《外国学生利用语境和构词法猜测汉语词义的个体差异研究》,《世界汉语教学》,3：367—378。

高　霞(2001)《汉英习语对比研究综述》,《西南民族学院学报(哲学社会科学版)》,11：193—196。

郭晓群(2017)《汉语成语的认知表征及其神经机制研究》,浙江大学博士论文。

哈　伟(1997)《澳大利亚中小学的汉语教学》,《世界汉语教学》,2：110—112。

洪　波(2003a)《对外汉语成语教学探论》,《中山大学学报论丛》,2：297—300。

洪　波(2003b)《对外汉语单语成语学习词典编纂的几个问题》,《云南师范大学学报(对外汉语教学与研究版)》,6：60—62。

黄　磊(2003)《澳大利亚华文教育之现状》,《暨南大学华文学院学报》,4：8—12。

黄希庭、陈传锋、余华、王卫红(1999)《结构对称性汉语成语的认知研究》,《心理科学》,3：193—196。

霍恩比编(1997)《牛津高阶英汉双解词典(第四版增补本)》,李北达译,北京:商务印书馆。

江　新(1998)《词汇习得研究及其在教学上的意义》,《语言教学与研究》,3：65—73。

江　新、房艳霞(2012)《境和构词法线索对外国学生汉语词义猜测的作用》,《心理学报》,1：76—86。

蒋澄生、廖定中(2006)《汉、英成语的认知语言学研究述评》,《广东工业大学学报(社会科学版)》,3：66—68。

蓝　纯(2003)《从认知角度看汉语和英语的空间隐喻》,北京:外语教学与研究出版社。

赖　鹏(2012)《〈二语研究中有声思维法的争议〉评述》,《外语教学与研究》,2：308—312。

雷　潇、钟毅平(2010)《语境和熟悉度对中文成语理解的影响》,《湖南师范大学教育科学学报》,3：111—114。
李赋宁(1979)《英语的习语》,《外国语(上海外国语学院学报)》,4：1—10。
李红印(2005)《〈汉语水平词汇与汉字等级大纲〉收“语”分析》,《语言文字应用》,4：73—79。
李继娜(2012)《对外汉语教学中的成语教学》,吉林大学硕士论文。
李　璘(2011)《非汉字文化圈留学生汉语成语理解调查与分析》,华中师范大学硕士论文。
李天锡(1999)《大洋洲的华文教育》,《八桂侨史》,1：35—38。
李晓琪(2004)《关于建立词汇—语法教学模式的思考》,《语言教学与研究》,1：23—29。
李燕凌(2006)《基于对外教学的汉语常用成语功能考察》,北京语言大学硕士论文。
廖小萍(2007)《澳大利亚、新西兰华文教育比较研究》,暨南大学硕士论文。
林维燕(2003)《什么影响着我们对英语成语的理解？——关于文化差异和母语作用的实验调查报告》,《国外外语教学》,4：34—37。
林维燕(2006)《中国学生英语短语成语在线理解过程研究》,《国外外语教学》,2：6—11。
刘长征、秦鹏(2007)《基于中国主流报纸动态流通语料库(DCC)的成语使用情况调查》,《语言文字应用》,3：78—86。
刘洁修(1985)《成语》,北京：商务印书馆。
刘汝山、刘金侠(2003)《澳大利亚语言政策与语言规划研究》,《中国海洋大学学报(社会科学版)》,6：57—61。
刘叔新(2005)《汉语描写词汇学(重排本)》,北京：商务印书馆。
刘　婷(2010)《成语的隐喻认知研究》,内蒙古师范大学硕士论文。
刘小琳(2010)《对两套对外汉语教材中成语教学内容的分析与探究》,北京大学硕士论文。
刘晓波、战菊(2013)《澳大利亚语言政策的发展变迁及其动机分析》,《东北师大学报(哲学社会科学版)》,6：161—164。
刘　洋(2013)《21世纪以来汉语成语研究》,《云南师范大学学报(对外汉语教学与研究版)》,3：58—62。
刘月华(2008)《成语与对外汉语教学》,载《汉语研究与应用(第6辑)》,北京：中国社会科学出版社。

刘芸芸(2009)《澳大利亚华文教育发展状况及原因分析》,《八桂侨刊》,2：32—35。
刘振前、刑梅萍(2000)《汉语四字格成语语义结构的对称性与认知》,《世界汉语教学》,1：77—81。
刘正光(2004)《任意性与分解性——惯用语研究之争》,《学刊》,2：67—73。
卢卓群(1993)《十余年来的成语研究》,《语文建设》,7：5—8。
罗家平(2010)《熟悉度和预测性对汉语成语理解影响的实验研究》,湖南师范大学硕士论文。
吕素红(2017)《新南威尔士州孔子课堂文化教学的考察及思考》,苏州大学硕士论文。
吕俞辉、张和生、李晓梅(2015)《澳大利亚中文学校汉语教学情况调查》,《云南师范大学学报(对外汉语教学与研究版)》,1：80—86。
马国凡(1978)《成语》,呼和浩特:内蒙古人民出版社。
马利军、胡峻豪、张积家(2013)《汉语成语的语义性质及其关系研究》,《语言文字应用》,1：99—108。
莫彭龄(1999)《关于成语定义的再探讨》,《常州工业技术学院学报(社会科学版)》,1：54—59。
莫彭龄(2001)《汉语成语与汉文化》,南京:江苏教育出版社。
莫彭龄(2011)《论成语的语言文化特质》,《南京师范大学文学院学报》,4：158—162。
倪宝元、姚鹏慈(1990)《成语九章》,杭州:浙江教育出版社。
潘先军(2006)《简论对外汉语教学中的成语问题》,《汉字文化》,1：54—57。
潘小洛(1997)《澳大利亚维多利亚州中小学汉语教学简介》,《中山大学学报论丛》,4：88—93。
裴丽昆、李鑫、黄妍琪(2016)《澳大利亚中小学汉语教师培训需求研究》,《云南师范大学学报(对外汉语教学与研究版)》,2：84—92。
普洛克特编(2001)《英汉双解剑桥国际英语词典》,上海:上海外语教育出版社。
钱韵、余戈(2003)《现代汉语四字格成语的词汇化研究》,《语言科学》,6：86—96。
商务印书馆辞书研究中心编(2002)《新华成语词典》,北京:商务印书馆。
佘贤君、王莉、刘伟、张必隐(1998)《惯用语的理解:构造还是提取》,《心理科学》,4：346—349。
沈莉娜(2007)《近十年来对外汉语教学中的成语教学综述》,《语文学刊(高等版)》,7：158—160。
石　磊、刘振前(2010)《隐喻能力研究:现状与问题》,《外国语(上海外国语大学学报)》,3：10—16。

石　琳(2008)《留学生使用汉语成语的偏误分析及教学策略》,《西南民族大学学报(人文社科版)》,6：280—283。

时　建(2008)《外国学生汉语成语习得偏误及其矫正策略》,《青岛大学师范学院学报》,3：105—109。

史　式(1979)《汉语成语研究》,成都:四川人民出版社。

孙浩良(2002)《澳大利亚华文教育的历史和现状》,《海外华文教育》,3：69—73。

唐　玲(2009)《中国大学生英语习语理解策略研究》,《外语教学理论与实践》,2：10—16。

唐　玲、苏晓军(2012)《语义分析性、语境和阅读能力对中国 EFL 学习者英语习语理解的影响》,《外国语言文学》,2：96—103。

唐雪凝、许浩(2010)《认知视野下的成语再认识——从经典理论到原型理论》,《东岳论丛》,10：188—192。

田善继(2004)《澳大利亚悉尼地区五所大学汉语言文化教学现状》,《国外汉语教学动态》,2：27—32。

王德嫚(2016)《澳大利亚汉语课程大纲与公立小学汉语教学实践分析——以 Hillsmeade 小学为例》,中山大学硕士论文。

王　辉(2010)《近 20 年澳大利亚外语教育政策演变的启示》,《北华大学学报(社会科学版)》,6：28—32。

王吉辉(1995)《成语的范围界定及其意义的双层性》,《南开学报》,6：68—72。

王吉辉(1998)《意义的双层性及其在成语、惯用语划分中的具体运用》,《南开学报》,4：71—75。

王鲁男、董保华(2006)《隐喻语际迁移研究》,《外语与外语教学》,12：1—4。

王美玲(2004)《试论对外汉语教学中的成语教学》,湖南师范大学硕士论文。

王明月(2014)《留学生汉语成语习得与认知的实验研究》,暨南大学硕士论文。

王若江(2001)《留学生成语偏误诱因分析——词典篇》,《暨南大学华文学院学报》,3：28—35。

王文斌、姚俊(2004)《汉英隐喻习语 ICM 和 CB 的认知对比考察——以汉语的四字格隐喻习语为基点》,《外语与外语教学》,5：36—40。

王晓旻、张文忠(2004)《ESL/EFL 习语习得国外研究概述》,《国外外语教学》,4：7—15。

王晓旻、张文忠(2006)《中国EFL学习者加工英语习语的策略调查》,《中国英语教学(双月刊)》,4:3—10。

王　颖(2005)《适用于非母语者的英语习语整合处理法》,复旦大学博士论文。

王子义、牛端(2014)《澳大利亚大学汉语教学的现状及思考》,《海外华文教育》,2:153—159。

魏庭新(2007)《外国学生学习汉语成语的难点分析及对策》,《云南师范大学学报(对外汉语教学与研究版)》,2:62—65。

温端政(2002)《论语词分立》,《辞书研究》,6:1—10。

温端政(2010)《再论语词分立》,《辞书研究》,3:73—83。

温端政、沈慧云(2000)《"龙虫并雕"和"语"的研究——敬以此文纪念王力先生百年诞辰》,《语文研究》,4:1—13。

吴杏红(2012)《四种句子语境及语义透明度对高级水平外国留学生成语理解作用的实验研究》北京大学硕士论文。

吴旭东(2014)《习语类型和二语水平对习语理解策略使用的影响》,《现代外语》,1:62—73。

吴旭东、陈斌、黄丽辉(2006)《中国学生对英语习语的理解:习语类型与二语水平的作用》,《外语教学与研究》,3:196—201。

吴　越(1982)《骈体成语——成语中的一支异军》,《语文学习》,11:51—52。

武占坤(1962)《有关"成语"的几个问题》,《河北大学学报(哲学社会科学版)》,2:99。

夏秀文(2009)《基于语料库的汉语成语原型语法功能分析》,《暨南大学华文学院学报》,3:33—39。

谢　华(2007)《熟悉度、透明度和语境对英语学习者理解习语的影响》,《解放军外国语学院学报》,5:59—64。

徐盛桓(2004)《成语的生成》,《暨南大学华文学院学报》,1:42—51。

徐盛桓(2006a)《相邻与补足——成语形成的认知研究之一》,《四川外语学院学报》,2:107—111。

徐盛桓(2006b)《相邻和相似——汉语成语形成的认知研究之二》,《暨南大学华文学院学报》,3:33—41。

徐续红(2003)《成语分类问题研究》,《宜春学院学报(社会科学)》,5:86—88。

徐耀民(1997)《成语的划界、定型和释义问题》,《中国语文》,1:11—17。

许　怡(2009)《多元文化政策下的澳大利亚中文教育》,中央民族大学硕士论文。

杨寄洲、贾永芬编著(2010)《商务馆学成语词典》,北京:商务印书馆。

杨进发(1988)《新金山——澳大利亚华人 1901—1921 年》,上海:上海译文出版社。

杨 蔓(2010)《澳大利亚华文教师研究》,《云南师范大学学报(对外汉语教学与研究版)》,5:89—92。

杨晓黎(1996)《由表及里,形具神生——对外汉语成语教学探论》,《安徽大学学报(哲学社会科学版)》,1:89—92。

杨雅慧(2009)《澳大利亚维州地区儿童汉语教学模式研究》,北京语言大学硕士论文。

杨玉玲(2011)《留学生成语偏误及〈留学生多功能成语词典〉的编写》,《辞书研究》,1:101—109。

叶 琳、石卫华、汪文(2010)《国内外习语理解模式研究三十年回顾与展望》,《咸宁学院学报》,11:78—80。

叶 琳(2012)《英汉习语理解模式及使用策略研究》,华中科技大学博士论文。

臧胜楠(2012)《海外孔子学院课程结构研究——以澳大利亚两所孔子学院为例》,《云南师范大学学报(对外汉语教学与研究版)》,6:78—83。

曾小兵、邱丽娜、张普(2010)《中介语语料库中成语的使用情况调查与分析》,载《汉语国际教育"三教"问题:第六届对外汉语学术研讨会论文集》,北京:外语教学与研究出版社。

曾小兵、邱丽娜(2010)《主流平面媒体中成语的使用情况及特征分析》,《语言教学与研究》,6:78—85。

曾雪晴(2011)《儿童对汉语成语理解的发展研究》,湖南师范大学硕士论文。

张 彬(2005)《习语的隐喻特征》,南京师范大学硕士论文。

张昌柱、陈申(1995)《澳大利亚的中文教育概况》,《世界汉语教学》,4:107—109。

张长宝(2013)《对外汉语成语教学与习得研究综述》,《重庆教育学院学报》,1:145—148。

张 辉(2003)《熟语及其理解的认知语义学研究》,北京:军事谊文出版社。

张 辉、季锋(2008)《对熟语语义结构解释模式的探讨》,《外语与外语教学》,9:1—7。

张 萌、张积家(2008)《熟悉性和语境对中学生成语理解的影响》,《中国科教创新导刊》,30:192—193。

张铁文(1999)《成语的数量及产生年代》,《语文建设》,5:23—25。

张文一(2006)《中高级程度留学生汉语四字格成语习得与教学》,暨南大学硕士论文。

张亚茹(2006)《试论高级阶段的成语教学》,《语言文字应用》,1: 119—125。

张永芳(1999)《外国留学生使用汉语成语的偏误分析》,《语言文字应用》,3: 25—30。

张有为(2008)《汉英习语的认知比较研究:基于双意像(汉)和单意像(英)习语》,广西师范大学硕士论文。

张玉喆、陈申(2014)《澳大利亚的中文教育环境及专项中文教师培训项目个案分析》,《华文教学与研究》,2: 28—36。

赵金铭(2012)《现代汉语词中字义的析出与教学》,《世界汉语教学》,3: 379—389。

赵艳芳(1995)《语言的隐喻认知结构——〈我们赖以生存的隐喻〉》评介》,《外语教学与研究》,3: 67—72。

中国社会科学院语言研究所词典编辑室编(2005)《现代汉语词典(第5版)》,北京:商务印书馆。

钟毅平、罗家平、颜小灵(2009)《中文成语特性与成语理解的关系》,《湖南科技大学学报(社会科学版)》,5: 121—124。

周彩庆(2007)《中国英语学习者对英语习语的理解和学习》,上海外国语大学博士论文。

周　荐(1994)《熟语的经典性和非经典性》,《语文研究》,3: 33—38。

周　荐(1997)《论成语的经典性》,《南开学报》,2: 29—35。

周祖谟(1955)《谈"成语"》,《语文学习》,1: 33—38。

周祖谟(1985)《汉语骈列的词语和四声》,《北京大学学报(哲学社会科学版)》,3: 1—4。

朱风云、张辉(2007)《熟语语义的加工模式与其影响因素》,《外语研究》,4:8—15。

邹旭洋(2012)《澳大利亚维多利亚州中小学汉语教学情况调查》,吉林大学硕士论文。

英文文献

Abel, B. (2003) English idioms in the first language and second language lexicon: A dual representation approach. *Second Language Research*, 19: 329—358.

Australian Curriculum and Assessment Authority (2013) *Australian Curriculum for Languages: Chinese*. Sydney: ACARA.

Australian Government (1991) *Australia's Language: The Australian Language and Literacy Policy*. Canberra: Australian Government Publishing Service.

Australian Government (1994) *National Asian Languages and Studies in Australian Schools Strategy*. Canberra: Australian Government Publishing Service.

Australian Government (2009) *National Asian Languages and Studies in Schools Program*. Canberra: Commonwealth of Australia.

Australian Government(2012) *Australia in Asian Century White Paper*. Canberra: Commonwealth of Australia.

Bobrow, S. & Bell, S. (1973) On catching on to idiomatic expressions. *Memory and Cognition*, 1: 343—346.

Boers, F. (2000) Metaphor awareness and vocabulary retention. *Applied Linguistics*, 21: 553—571.

Bulut, T. & Celik-Yazici, I. (2004) Idiom processing in L2: Through rose-colored glasses. *The Reading Matrix*, 4: 105—116.

Cacciari, C. & Tabossi, P. (1988) The comprehension of idioms. *Journal of Memory and Language*, 27: 668—683.

Cacciari, C. & Tabossi, P., eds (1993) *Idioms: Processing, Structure, and Interpretation*. Hillsdale, NJ: Lawrence Erlbaum.

Cacciari, C., Padovani, P. & Corradini, P. (2007) Exploring the relationship between individual' s speed of processing and their comprehension of spoken idioms. *European Journal of Cognitive Psychology*, 19: 417—445.

Caillies, S. & Butcher, K. (2007) Processing of idiomatic expressions: Evidence for a new hybrid view. *Memory and Symbol*, 22: 79—108.

Cameron, L. & Low, G. (1999) Metaphor. *Language Teaching*, 32: 77—96.

Cameron, L. & Low, G. (1999) *Researching and Applying Metaphor*. Cambridge: Cambridge University Press.

Cieslicka, A. (2006) Literal salience in on-line processing of idiomatic expressions by second language learners. *Second Language Research*, 22: 115—144.

Cooper, T. C. (1998) Teaching idioms. *Foreign Language Annals*, 31: 255—266.

Cooper, T. C. (1999) Processing of idioms by L2 learners of English. *TESOL Quarterly*, 33: 233—262.

Cronk, B. C. & Schweigert, W. A. (1992) The comprehension of idioms: The effects of familiarity, literalness, and usage. *Applied Psycholinguistics*, 13:

131—146.

Dawkins, J. (1991) *Policy Information ("White") Paper on the Australian Language and Literacy Policy*. Canberra: Australian Government Printing Service.

Djite, P. (1994) *From Language Policy to Language Planning—an Overview of LOTE in Australian Education*. Canberra: National Languages and Literacy Institute of Australia Limited.

Fernando, C. (1996) *Idioms and Idiomaticity*. Oxford: Oxford University Press.

Fraser, B. (1970) Idioms within transformational grammar. *Foundations of Language*, 1: 22—42.

Gibbs, R. W. (1980) Spilling the beans on understanding and memory for idioms in context. *Memory and Cognition*, 8: 149—156.

Gibbs, R. W. (1992) What do idioms really mean? *Journal of Memory and Language*, 31: 485—506.

Gibbs, R. W. (1993) Why idioms are not dead metaphors. In C. Cacciari & P. Tabossi (eds.), *Idioms: Processing, Structure, and Interpretation* (pp. 57—78). Hillsdale, NJ: Lawrence Erlbaum.

Gibbs, R. W. (1994) *The Poetics of Mind: Figurative Thought, Language and Understanding*. New York: Cambridge University Press.

Gibbs, R. W., ed (2008) *The Cambridge Handbook of Metaphor and Thought*. New York: Cambridge University Press.

Gibbs, R. W., et. al (1997) Metaphor in idiom comprehension. *Journal of Memory and Language*, 37: 141 - 154.

Gibbs, R. W. & Nayak, N. P. (1989) Psycholinguistic studies on the syntactic behavior of idioms. *Cognitive Psychology*, 21: 100—138.

Gibbs, R. W. & O'Brien, J. E. (1990) Idioms and mental imagery: The metaphorical motivation for idiomatic meaning. *Cognition*, 36: 35—68.

Gibbs, R. W. & Steen, G. J., eds (1999) *Metaphor in Cognitive Linguistics*. Amsterdam: John Benjamins.

Giora, R. (1997) Understanding figurative and literal language: The Graded Salience Hypothesis. *Cognition Linguist*, 7: 183—206.

Giora, R. (2003) *On Our Mind: Salience, Context, and Figurative Language*. Oxford: Oxford University Press.

Irujo, S. (1986) Don't put your leg in your mouth: Transfer in the acquisition of idioms in a second language. *TESOL Quarterly*, 20: 287—304.

Kecskes, I. (2000) A cognitive—pragmatic approach to situation—bound utterances. *Journal of Pragmatics*, 32: 605—625.

Keysar, B. & Bridget, B. (1995) Intuitions of the transparency of idioms: Can one keep a secret by spilling the beans? *Journal of Memory and Language*, 34: 89—109.

Keysar, B. & Bridget, B. (1999) Swimming against the current: Do idioms reflect conceptual structure? *Journal of Pragmatic*, 31: 1559—1578.

Kövecses, Z. (2002) *Metaphor: A Practical Introduction*. Oxford: Oxford University Press.

Kövecses, Z. & Szabo, P. (1996) Idioms: A view from cognitive linguistics. *Applied Linguistics*, 17: 326—355.

Kövecses, Z. & Radden, G. (1998) Metonymy: Developing a cognitive linguistic view. *Cognitive Linguistics*, 9:37—77.

Lakoff, G. (1990) The invariance hypothesis: Is abstract reasoning based on image-schemas? *Cognitive Linguistics*, 1:39—74.

Lakoff, G. (1993) The contemporary theory of metaphor. In Andrew Ortony, ed., *Metaphor and Thought* (pp. 202 — 251). Cambridge: Cambridge University Press.

Lakoff, G. & Johnson, M. (1980) *Metaphors We Live By*. Chicago: University of Chicago Press.

Lakoff, G., Espenson, J. & Goldberg, A. (1991) *Master Metaphor List*. 2nd ed. Berkeley, University of California: Cognitive Linguistics Group.

Laufer, B. (2000) Avoidance of idioms in a second language: The effect of L1—L2 degree of similarity. *Studia Linguistica*, 54: 186—196.

Levorato, M. C. &Cacciari, C. (1992) Children's comprehension and production of idioms: The role of context and familiarity. *Journal of Child Language*, 19: 415—433.

Libben, M. R. & Titone, D. A. (2008) The multi-determined nature of idiom processing. *Memory and Cognition*, 36: 1103—1121.

Liontas, J. (2002) Context and idiom understanding in second languages. *EUROSLA Yearbook*. John Benjamins, 155—185.

Lo Bianco, J. (1987) *National Policy on Languages*. Canberra: Australian Government Publishing Service.

Lo Bianco, J. & Y. Slaughter (2009) *Second Languages and Australian Schooling*. Camberwell: ACER (Australian Council for Educational Research) Press.

Nelson, E. (1992) Memory for metaphor by nonfluent bilinguals. *Journal of Psycholinguistic Research*, 21: 111—125.

Nippold, M. A. & Martin, S. T. (1989) Idiom interpretation in isolation versus context: A developmental study with adolescents. *Journal of Speech and Hearing Research*, 32: 59—66.

Nippold, M. A. & Rudzinski, M. (1993) Familiarity and transparency in idiom explanation: A developmental study of children and adolescents. *Journal of Speech and Hearing Research*, 36: 728—737.

Nippold, M. A. & Taylor, C. L. (1995) Idiom understanding in youth: Further examination of familiarity and transparency. *Journal of Speech and Hearing Research*, 38: 426—433.

Nippold, M. A. & Taylor, C. L. (2002) Judgments of idiom familiarity and transparency: A comparison of children and adolescents. *Journal of Speech, Language, and Hearing Research*, 45: 384—391.

Nunberg, G. ,et. al (1994) Idioms. *Language*, 70: 491—538.

Olson, G. M. , et. al (1984) Thinking-out-loud as a method for studying real-time comprehension processes. In D. E. Kieras & M. A. Just (Eds.), *New Methods in Reading Comprehension Research* (pp. 253—286). Hillsdale, NJ: Erlbaum.

Orton, J. (2008) *Chinese Language Education in Australian Schools*. Melbourne: The University of Melbourne.

Orton, J. (2016)*Building Chinese Language Capacity in Australia*. Sydney, Australia: Australia China Relations Institute, University of Technology Sydney.

Orton, J. (2017) Changes in the Chinese landscape: New paths for Chinese language in Australian schools. *Babel*, 51: 6—13.

Ortony A. , et. al (1985) Cultural and instructional influences on figurative language comprehension by inner city children. *Research in the Teaching of English*, 19: 25—36.

Qualls, C. D. , et. al(2003) Contextual variation, familiarity, academic literacy and rural adolescents' idiomatic knowledge. *Language, Speech and Hearing Services in Schools*, 34: 69—79.

Rohanil, G. , Ketabil, S. & Tavakoli, M. (2012)The effect of context on the EFL learners' idiom processing strategies. *English Language Teaching* , 5: 104—114.

Roth, R. M. (1997) The role of transfer in the comprehension of L2 idioms: A comparison of advanced and intermediate students. MA Thesis, University of Surrey.

Schweigert, W. A. (1986) The comprehension of familiar and less familiar idioms. *Journal of Psycholinguistic Research* , 15: 33—45.

Scrimgeour, A. (2012) Understanding the nature of performance: The influence of learner background on learner achievement in Chinese. *Australian Review of Applied Linguistics*, 35: 312—338.

Siyanova-Chanturia, A. , et. al (2011) Adding more fuel to the fire: An eye-tracking study of idiom processing by native and non-native speakers. *Second Language Research*, 27: 251—272.

Swinney, D. A. & Cutler, A. (1979) The access and processing of idiomatic expressions. *Journal of Verbal Learning and Verbal Behavior*, 18: 523—534.

Titone, D. A. & Connine, C. M. (1994) Descriptive norms for 171 idiomatic expressions: Familiarity, compositionality, predictability, and literality. *Metaphor and Symbolic Activity*, 9: 247—270.

Titone, D. A. & Connine, C. M. (1999) On the compositional and non-compositional nature of idiomatic expression. *Journal of Pragmatic*, 31: 1655—1674.

附　录

附录 1:成语分解性评定表

同学们：

你们好！非常感谢大家能参加成语评定实验。我们的调查实行不记名方式，数据不记入大家的成绩，仅用于科学研究。大家只需根据个人的判断如实填写即可，具体操作请见以下说明。谢谢！

1. 说明

成语的分解性，是指成语构成成分的字面意义对构建成语整体意义的贡献，即成语字面意义与隐喻意义联系的紧密程度。如果成语字面意义与隐喻意义关联紧密，成语倾向于字面义，语义透明，就说明这个成语可分解；如果成语字面意义与隐喻意义缺少关联，成语倾向于隐喻义，语义非透明，则说明这个成语不可分解。

2. 示范

序号	成语	字面意义	隐喻意义	可分解	不可分解
1	五颜六色	五、六为约数。指多种颜色。	形容色彩繁多。	√	
2	明镜高悬	悬:悬挂。指高高悬挂的明亮镜子。	比喻官吏执法严明、公正无私。		√

如以上两个成语,“五颜六色”字面意义是“指多种颜色(五、六为约数)”,其隐喻意义则是“形容色彩繁多”,字面意义跟隐喻意义联系较为紧密,这个成语倾向于字面义,语义透明,就在可分解栏内划“√”;而“明镜高悬”字面意义为“高高悬挂的明亮镜子”,其隐喻意义则是“比喻官吏执法严明、公正无私”,字面意义跟隐喻意义缺少关联,这个成语倾向于隐喻义,语义非透明,就在不可分解栏内划“√”。

3. 评定

请大家根据以上说明参考成语的字面意义和隐喻意义对下列成语是否可分解进行判定。谢谢大家的合作!

序号	成语	字面意义	隐喻意义	可分解	不可分解
1	爱不释手	喜爱得不愿放开手。	形容十分喜爱。		
2	拔苗助长	把苗拔起来,帮助苗快长。	比喻违反事物的发展规律,急于求成,只能事与愿违。		
3	白头偕老	偕:共同,一起。	指夫妇感情和谐,共同生活直到老年。		
4	半途而废	途:道路。废:停止。半路上停下来不再前进。	比喻做事有始无终,不能坚持到底。		
5	笨鸟先飞	笨拙的、飞得慢的鸟要先飞。	比喻能力差的人做事时恐怕落在后面而提早行动。		
6	不可救药	药:治疗。指病很重,不能抢救治疗。	比喻人或事情已经坏到无法挽救的地步。		

续表

序号	成语	字面意义	隐喻意义	可分解	不可分解
7	不遗余力	遗：留下。不留下剩余的力量。	指毫无保留地使出一切力量。		
8	不约而同	约：约定，商量。	事先没有商量而彼此见解或行动一致。		
9	不知不觉	知：知道。觉：感觉。没有感觉或没有意识到。	形容无意之中或自然而然。		
10	层出不穷	层：接连出现。穷：尽。	接连出现，没有穷尽。		
11	茶余饭后	喝茶吃饭后的时间。	泛指闲暇的时候。		
12	触目惊心	触目：目光接触到的。惊心：内心感到震惊。	看到的情况，引起内心震惊。		
13	垂头丧气	垂头：低着头。丧气：情绪低落。	形容因失意而精神沮丧的样子。		
14	寸步不离	寸步：很短的距离。	形容关系非常密切，也指不离开或紧紧跟随。		
15	大惊小怪	惊：惊讶。怪：奇怪。	形容对不足为奇的事情过于惊讶。		
16	大同小异	异：不同，差异。	指事物大体相同，略有差异。		
17	大摇大摆	摇：摇晃。摆：摆动。	形容走路很神气，满不在乎的样子。		
18	呆若木鸡	指已训练好的斗鸡，能心神安定，镇定自若，跟木雕的鸡一样。	形容呆笨或因恐惧、惊讶而发呆的样子。		
19	单枪匹马	单独一人持枪骑马上阵。	形容单独行动，无人协助。		
20	德高望重	道德高尚，声望很大。	称颂年长而名望高的人。		
21	东奔西走	奔、走：跑，快走。	形容到处奔走或为达到目的而到处活动。		
22	东张西望	张、望：看。	形容各处张望或有所期待地向四周寻找察看。		

续表

序号	成语	字面意义	隐喻意义	可分解	不可分解
23	对牛弹琴	对着牛弹琴听。	比喻说话不看对象，对外行说内行话或对不讲理的人讲理。		
24	耳闻目睹	闻：听。睹：看。	指亲耳听到，亲眼看见。		
25	废寝忘食	废：废弃，停止。寝：睡觉。忘：忘记。食：吃饭。顾不上睡觉，忘记吃饭。	形容对某事专心致志。		
26	赴汤蹈火	赴：奔向。汤：开水。蹈：踩。	形容不避艰难危险，勇往直前。		
27	改头换面	改变面目。	比喻只改变形式，而内容、实质不变。		
28	隔岸观火	对岸失火了，在河这边观看。	比喻置身事外、袖手旁观的态度。		
29	刮目相看	刮目：擦亮眼睛。	指另眼看待，用新眼光看人。		
30	归根结底	归：归到一处。结：总结，总括。底：根底，基础。	归结到根本上。常作总结用语。		
31	滚瓜烂熟	瓜藤上滚落下来的瓜，熟透了。	形容读书或背书极其流利纯熟。		
32	和颜悦色	和：和蔼，温和。颜：脸面。悦：喜悦。色：脸色。	形容人态度和蔼可亲。		
33	花天酒地	在美好的环境中饮酒作乐。	形容吃喝嫖赌、荒淫糜烂的生活。		
34	画蛇添足	添：增加。足：脚。	比喻多此一举，弄巧成拙。		
35	恍然大悟	恍然：忽然醒悟的样子。悟：觉醒、醒悟。	忽然间明白过来。		
36	回味无穷	回味：从回忆中体会。穷：尽。	比喻事后回忆起来仍然很有意味。		

续表

序号	成语	字面意义	隐喻意义	可分解	不可分解
37	饥不择食	择：选择。饥饿时不挑拣食物。	比喻情急或迫切需要时，顾不得细加选择。		
38	鸡毛蒜皮	蒜：大蒜。	比喻细小的、不重要的事情。		
39	挤眉弄眼	挤眉毛，弄眼睛。	指用眉眼传情或示意。		
40	家喻户晓	喻：明白。晓：知道。家家户户都知道。	形容人人皆知。		
41	见多识广	见过的多，知道的广。	形容阅历深，见识广。		
42	见钱眼开	看到钱财就把眼睛睁得大大的。	形容人贪婪爱财，不顾其他。		
43	见义勇为	义：正义。勇：奋勇，勇敢。	指看到正义的事情，就挺身而出，勇于去做。		
44	津津有味	津津：兴趣浓厚的样子。	特别有兴味。也指特别有滋味。		
45	惊天动地	惊动上天，震动大地。	形容声音巨大；声势浩大；事情或人影响大。		
46	井井有条	井井：整齐而有秩序的样子。有条：有条理。	形容整齐不乱，有条有理。		
47	救死扶伤	死：指将要死的人。扶：扶助，照料。	救护将死的，帮助受伤的。		
48	开门见山	打开房门就可以看见青山。	比喻说话或写文章一开头就直截了当地进入正题。		
49	刻骨铭心	铭：在石头或器物上刻字。	形容感受极深，牢记于心，不能忘怀。		
50	空中楼阁	悬在空中的楼阁。	比喻虚幻的事物或脱离实际的空想。		
51	口是心非	嘴里说的是一套，心里想的是另一套。	指心口不一。		

续表

序号	成语	字面意义	隐喻意义	可分解	不可分解
52	哭笑不得	哭也不是，笑也不是。	形容处境尴尬，不知道如何是好。		
53	苦尽甘来	尽：完。甘：甜，美好。	艰苦的日子过去了，美好的日子到来了。		
54	狼吞虎咽	像虎狼那样吞咽食物。	形容吃东西急猛的样子。		
55	乐极生悲	乐：欢乐。极：极点。悲：悲伤。	指快乐到极点，转而会产生悲伤之事。		
56	理直气壮	理：理由，道理。直：公正合理。	理由正当充分，胆子就壮，说话就有气势。		
57	力不从心	从：顺从，依从。	想做某事而力量达不到或无力去做。		
58	马不停蹄	马不停止跑动。	比喻一刻也不停留，一直前进。		
59	貌合神离	貌：外表，表面。神：精神，意识。	表面上相互合拍、关系密切，实际上想法不一、各怀心计。		
60	妙语连珠	连珠：连接成串的珠子，比喻连续不断的声音。	美妙精彩的妙语警句很多，像成串的珍珠一样接连不断。		
61	名副其实	名：名称，名声。副：符合。	名称或名声与实际相符合。		
62	莫名其妙	莫：没有谁。名：说出。妙：奥妙，道理。指没有人能说出它的奥妙。	表示很奇怪，不明白怎么回事。		
63	目瞪口呆	目瞪：睁开眼睛直视。瞪大眼睛，说不出话来。	形容因受惊或生气而愣住的样子。		
64	目中无人	眼睛里没有旁人。	形容骄傲自大，看不起别人。		
65	抛砖引玉	抛出不值钱的砖，引出极宝贵的玉。	比喻先发表自己粗浅的、不成熟的意见，引出别人高明的、成熟的意见。		

续表

序号	成语	字面意义	隐喻意义	可分解	不可分解
66	迫不及待	迫:急迫。	急迫得不能再等待。		
67	七上八下	“七”和“八”不表示实际数量。	形容心神不定,不知道该怎么办。		
68	千方百计	方:方法。计:计谋。	形容想尽一切办法,用尽一切计谋。		
69	千言万语	千句话,万句话。	形容非常多的话。		
70	青梅竹马	青梅:青色的梅子。竹马:小孩放在胯下当马骑着玩的竹竿。	形容小儿女天真无邪地在一起玩耍。多指男女间幼时的亲密感情。		
71	倾家荡产	倾:倒出。荡:弄光。	把全部家产都丧失殆尽。		
72	情不自禁	禁:抑制。	指感情自然流露而无法控制自己。		
73	如梦初醒	好像刚从梦中醒来一样。	比喻刚刚从迷惑或错误当中醒悟过来,发觉事物的真相。		
74	入乡随俗	俗:风俗,习俗。	到哪个地方去,就顺从哪个地方的习俗。		
75	若无其事	好像没有那回事似的。	形容不把事情放在心上或态度镇静、不动声色。		
76	深思熟虑	深:全面,周到。熟:指程度深。	深入反复地思考。		
77	实事求是	实事:客观存在的事物。求:探求,研究。是:正确,真理。	指按照事物的实际情况,客观地对待和处理问题。		
78	手忙脚乱	手和脚很忙乱。	形容动作慌乱,没有条理。		
79	水深火热	如沉在深水中,掉在火坑里。	比喻生活处境异常痛苦。		
80	顺理成章	理:条理。章:篇章。指写文章只要遵循条理,就能写好。	指说话、做事条理清楚,合乎情理。		
81	损人利已	损:损害。人:别人。利:使有利。	损害别人,使自已得到好处。		

续表

序号	成语	字面意义	隐喻意义	可分解	不可分解
82	提心吊胆	心和胆好像悬着。	形容担心害怕，情绪不安。		
83	天伦之乐	天伦：父子、兄弟、夫妻等亲属关系。	指家庭亲人之间团聚的欢乐。		
84	天涯海角	涯：边际。天的边际，海的角落。	形容极遥远偏僻的地方。		
85	甜言蜜语	言、语：话。	为了讨好或哄骗人而说的好听的话。		
86	望子成龙	望：希望。龙：比喻俊杰。	盼望子女成为出类拔萃的人物。		
87	微不足道	微：小。不足：不值得。道：说，谈。	非常渺小，不值得一提。		
88	为人师表	师表：表率，学习的榜样。	指作为人们学习的榜样。		
89	无地自容	容：容纳。没有地方可以让自己容身。	形容非常羞愧窘迫。		
90	无精打采	打：打消。采：兴致。	形容精神不振，提不起劲头。		
91	无可奈何	奈何：怎么办，如何。没有任何办法。	指事已如此，想挽回已无能为力。		
92	无影无踪	影：影子。踪：踪迹。	形容完全消失，不知去向。		
93	五花八门	指五行阵和八门阵这两种古代变化很多的阵势。	比喻变化多端或花样繁多。		
94	五颜六色	颜、色：色彩。	形容色彩繁多。也指各色各样。		
95	习以为常	习：习惯。常：平常。	常常做某件事，习惯了，觉得很正常。		
96	喜新厌旧	喜欢新的，厌弃旧的。	指对爱情不专一。		
97	下不为例	下：下一次。例：先例。下次不能以此为例。	表示只通融宽恕这一次。		

续表

序号	成语	字面意义	隐喻意义	可分解	不可分解
98	相依为命	依:依靠。为命:艰难地生存。互相依靠着过日子。	指互相依靠,谁也离不开谁。		
99	想方设法	设:设想。	指想尽各种办法。		
100	心烦意乱	烦:烦躁。乱:杂乱。	心情烦躁,思绪杂乱。		
101	心满意足	意:心愿。	形容称心如意,非常满足。		
102	形影不离	像形体和它的影子那样分不开。	形容彼此关系亲密,经常在一起。		
103	兴高采烈	兴:兴致。采:精神。烈:强烈,旺盛。	形容兴致高,情绪热烈。		
104	胸有成竹	画竹子之前心中要先有竹子的形象。	比喻在做事之前心中要有完整的谋划打算。		
105	袖手旁观	袖手:把手揣在袖子里。	比喻置身事外,既不过问,也不协助别人。		
106	雪上加霜	加:添加。	比喻接连遭受灾难,使受害程度加深。		
107	言传身教	言:说话。传:传授。身:行动,行为。教:教育,教授。用语言传授,以行动示范。	指用言行起模范作用。		
108	言简意赅	言:言语。简:简明,简要。意:意思。赅:完备,全面。言语简单但把意思概括得完全。	形容说话或写文章简明扼要。		
109	扬长避短	扬:发扬。长:长处,优点。避:避免。短:短处,缺点。	发挥自己的优势,避开自己的短处。		
110	摇头晃脑	晃:摇动,晃动。头:脑袋。脑袋摇来摇去。	形容自得其乐的样子。		
111	咬牙切齿	切齿:咬紧牙齿。	形容极为仇恨。		

续表

序号	成语	字面意义	隐喻意义	可分解	不可分解
112	一见钟情	钟情：感情专注。	指男女双方一见面就产生了爱情。		
113	一举两得	举：举动，行动。得：好处，收获。	指做一件事可以有两方面的收获。		
114	一无所有	什么也没有。	形容人非常贫穷。		
115	有口皆碑	皆：都。碑：刻记着功业的石碑。	人人的嘴都是记诵功业的碑。比喻人人称颂。		
116	争先恐后	恐：恐怕。	争着向前，唯恐落后。		
117	纸上谈兵	兵：用兵之道。在纸面上谈论用兵的策略。	比喻不根据实际，只会空谈理论。		
118	指手画脚	边说话边用手示意。	形容放肆或得意忘形的神态。		
119	众所周知	众：大家。周：全，普遍。知：知道。	大家全都知道。		
120	自言自语	言、语：说话	自己跟自己说话。		

附录 2：成语分解性评定结果

序号	成语	结构类型	语义特征	可分解	不可分解
1	爱不释手	动补结构	字面义	28	2
2	拔苗助长	连动结构	事件性	7	23
3	白头偕老	主谓结构	字面义	18	12
4	半途而废	状动结构	字面义	27	3
5	笨鸟先飞	主谓结构	隐喻义	12	18
6	不可救药	状动结构	隐喻义	9	21
7	不遗余力	动宾结构	字面义	27	3
8	不约而同	状动结构	字面义	27	3

续表

序号	成语	结构类型	语义特征	可分解	不可分解
9	不知不觉	状动＋状动	字面义	26	4
10	层出不穷	动补结构	字面义	26	4
11	茶余饭后	定中＋定中	字面义	10	20
12	触目惊心	连动结构	字面义	24	6
13	垂头丧气	动宾＋动宾	字面义	27	3
14	寸步不离	主谓结构	字面义	17	13
15	大惊小怪	状动＋状动	字面义	19	11
16	大同小异	定中＋定中	字面义	24	6
17	大摇大摆	状动＋状动	隐喻义	8	22
18	呆若木鸡	主谓结构	字面义	23	7
19	单枪匹马	定中＋定中	隐喻义	7	23
20	德高望重	主谓＋主谓	字面义	28	2
21	东奔西走	状动＋状动	字面义	15	15
22	东张西望	状动＋状动	字面义	27	3
23	对牛弹琴	状动宾结构	事件性	2	28
24	耳闻目睹	主谓＋主谓	字面义	29	1
25	废寝忘食	动宾＋动宾	隐喻义	8	22
26	赴汤蹈火	动宾＋动宾	隐喻义	6	24
27	改头换面	动宾＋动宾	隐喻义	8	22
28	隔岸观火	状动宾结构	隐喻义	4	26
29	刮目相看	状动结构	隐喻义	8	22
30	归根结底	动宾＋动宾	字面义	23	7
31	滚瓜烂熟	主谓结构	隐喻义	4	26
32	和颜悦色	定中＋定中	字面义	30	0
33	花天酒地	定中＋定中	字面义	11	19
34	画蛇添足	连动结构	事件性	5	25
35	恍然大悟	状动结构	字面义	28	2
36	回味无穷	主谓结构	隐喻义	26	4

续表

序号	成语	结构类型	语义特征	可分解	不可分解
37	饥不择食	动补结构	隐喻义	12	18
38	鸡毛蒜皮	联合结构	隐喻义	8	22
39	挤眉弄眼	动宾＋动宾	隐喻义	8	22
40	家喻户晓	主谓＋主谓	字面义	28	2
41	见多识广	主谓＋主谓	字面义	28	2
42	见钱眼开	连动结构	字面义	20	10
43	见义勇为	连动结构	字面义	25	5
44	津津有味	状动结构	字面义	22	8
45	惊天动地	动宾＋动宾	字面义	21	9
46	井井有条	状动结构	字面义	24	6
47	救死扶伤	动宾＋动宾	字面义	28	2
48	开门见山	连动结构	隐喻义	1	29
49	刻骨铭心	动宾＋动宾	隐喻义	16	14
50	空中楼阁	定中结构	隐喻义	2	28
51	口是心非	主谓＋主谓	字面义	29	1
52	哭笑不得	主谓结构	字面义	17	13
53	苦尽甘来	主谓＋主谓	字面义	26	4
54	狼吞虎咽	主谓＋主谓	隐喻义	22	8
55	乐极生悲	连动结构	字面义	26	4
56	理直气壮	主谓＋主谓	字面义	27	3
57	力不从心	主谓结构	字面义	24	6
58	马不停蹄	主谓结构	隐喻义	13	17
59	貌合神离	主谓＋主谓	字面义	18	12
60	妙语连珠	主谓结构	隐喻义	7	23
61	名副其实	主谓结构	字面义	30	0
62	莫名其妙	动宾结构	字面义	9	21
63	目瞪口呆	主谓＋主谓	字面义	24	6
64	目中无人	主谓宾结构	隐喻义	8	22

续表

序号	成语	结构类型	语义特征	可分解	不可分解
65	抛砖引玉	连动结构	隐喻义	6	24
66	迫不及待	动补结构	字面义	29	1
67	七上八下	状中＋状中	隐喻义	0	30
68	千方百计	定中＋定中	字面义	27	3
69	千言万语	定中＋定中	字面义	30	0
70	青梅竹马	定中＋定中	隐喻义	0	30
71	倾家荡产	动宾＋动宾	字面义	30	0
72	情不自禁	主谓结构	字面义	29	1
73	如梦初醒	动宾结构	隐喻义	20	10
74	入乡随俗	动宾＋动宾	字面义	30	0
75	若无其事	动宾结构	字面义	26	4
76	深思熟虑	状动＋状动	字面义	30	0
77	实事求是	主谓结构	字面义	28	2
78	手忙脚乱	主谓＋主谓	字面义	26	4
79	水深火热	主谓＋主谓	隐喻义	5	25
80	顺理成章	连动结构	字面义	16	14
81	损人利己	动宾＋动宾	字面义	30	0
82	提心吊胆	动宾＋动宾	隐喻义	9	21
83	天伦之乐	定中结构	字面义	16	14
84	天涯海角	定中＋定中	隐喻义	10	20
85	甜言蜜语	定中＋定中	字面义	25	5
86	望子成龙	兼语结构	隐喻义	26	4
87	微不足道	形补结构	字面义	30	0
88	为人师表	动宾结构	字面义	27	3
89	无地自容	状动结构	隐喻义	13	17
90	无精打采	动宾＋动宾	字面义	30	0
91	无可奈何	状动结构	字面义	29	1
92	无影无踪	动宾＋动宾	字面义	24	6

续表

序号	成语	结构类型	语义特征	可分解	不可分解
93	五花八门	定中＋定中	隐喻义	7	23
94	五颜六色	定中＋定中	字面义	30	0
95	习以为常	主谓结构	字面义	28	2
96	喜新厌旧	动宾＋动宾	字面义	21	9
97	下不为例	主谓结构	字面义	17	13
98	相依为命	状动结构	字面义	30	0
99	想方设法	动宾＋动宾	字面义	30	0
100	心烦意乱	主谓＋主谓	字面义	30	0
101	心满意足	主谓＋主谓	字面义	30	0
102	形影不离	主谓结构	隐喻义	16	14
103	兴高采烈	主谓＋主谓	字面义	29	1
104	胸有成竹	主谓结构	事件性	5	25
105	袖手旁观	状动结构	隐喻义	9	21
106	雪上加霜	主谓结构	隐喻义	7	23
107	言传身教	主谓＋主谓	字面义	23	7
108	言简意赅	主谓＋主谓	字面义	28	2
109	扬长避短	动宾＋动宾	字面义	30	0
110	摇头晃脑	动宾＋动宾	隐喻义	8	22
111	咬牙切齿	动宾＋动宾	隐喻义	8	22
112	一见钟情	连动结构	字面义	30	0
113	一举两得	动宾结构	字面义	29	1
114	一无所有	动宾结构	字面义	29	1
115	有口皆碑	主谓结构	隐喻义	4	26
116	争先恐后	动宾＋动宾	字面义	30	0
117	纸上谈兵	状动结构	事件性	5	25
118	指手画脚	动宾＋动宾	隐喻义	7	23
119	众所周知	主谓结构	字面义	30	0
120	自言自语	主谓＋主谓	字面义	30	0

附录 3：成语熟悉度评定表

同学们：

你们好！非常感谢大家能参加成语评定实验。我们的调查实行不记名方式，数据不记入大家的成绩，仅用于科学研究。大家只需根据个人的判断如实填写即可，具体操作请见以下说明。谢谢！

1. 说明

成语的熟悉度（familiarity），即对成语字面意义（literal meaning）和隐喻意义（metaphorical meaning）的理解程度（comprehension）以及这个成语使用的频率（frequency）。如果大家对成语的意义非常理解，且又经常使用或见到，就说明对这个成语非常熟悉；如果对成语的意义完全不理解，也从未使用或见过，则说明对这个成语不熟悉。调查采用 7 点量表（7-point scale）进行测试，7 表示“非常理解/经常使用”，1 表示“不理解/过”，请大家在 1 至 7 之间选择对成语熟悉度的分值。

2. 示范

序号	成语(idiom)	拼音	熟悉度(familiarity)
1	不知不觉	bù zhī bù jué	7—6—5—4—3—2—1
2	垂头丧气	chuí tóu sàng qì	7—6—5—4—3—2—1
3	妙语连珠	miào yǔ lián zhū	7—6—5—4—3—2—1

如以上三个成语，“不知不觉”大家非常理解，又经常使用或见到，就在熟悉度数轴（axis）上选择 7；“垂头丧气”大家能够理解，但并不经常使用或见到，就在熟悉度数轴上选择 4；而“妙语连珠”大家很难理解，也很少使用或见到，则在熟悉度数轴上选择 1。

3. 评定

请大家根据以上说明对下列成语的熟悉度进行评定，在成语熟悉度对应的分值处划“√”。谢谢大家的合作！

序号	成语(idiom)	拼音	熟悉度(familiarity)
1	爱不释手	ài bù shì shǒu	7—6—5—4—3—2—1
2	拔苗助长	bá miáo zhù zhǎng	7—6—5—4—3—2—1
3	白头偕老	bái tóu xié lǎo	7—6—5—4—3—2—1
4	半途而废	bàn tú ér fèi	7—6—5—4—3—2—1
5	笨鸟先飞	bèn niǎo xiān fēi	7—6—5—4—3—2—1
6	不可救药	bù kě jiù yào	7—6—5—4—3—2—1
7	不遗余力	bù yí yú lì	7—6—5—4—3—2—1
8	不约而同	bù yuē ér tóng	7—6—5—4—3—2—1
9	不知不觉	bù zhī bù jué	7—6—5—4—3—2—1
10	层出不穷	céng chū bù qióng	7—6—5—4—3—2—1
11	茶余饭后	chá yú fàn hòu	7—6—5—4—3—2—1
12	触目惊心	chù mù jīng xīn	7—6—5—4—3—2—1
13	垂头丧气	chuí tóu sàng qì	7—6—5—4—3—2—1
14	寸步不离	cùn bù bù lí	7—6—5—4—3—2—1
15	大惊小怪	dà jīng xiǎo guài	7—6—5—4—3—2—1
16	大同小异	dà tóng xiǎo yì	7—6—5—4—3—2—1
17	大摇大摆	dà yáo dà bǎi	7—6—5—4—3—2—1
18	呆若木鸡	dāi ruò mù jī	7—6—5—4—3—2—1
19	单枪匹马	dān qiāng pǐ mǎ	7—6—5—4—3—2—1
20	德高望重	dé gāo wàng zhòng	7—6—5—4—3—2—1
21	东奔西走	dōng bēn xī zǒu	7—6—5—4—3—2—1
22	东张西望	dōng zhāng xī wàng	7—6—5—4—3—2—1
23	对牛弹琴	duì niú tán qín	7—6—5—4—3—2—1
24	耳闻目睹	ěr wén mù dǔ	7—6—5—4—3—2—1

续表

序号	成语(idiom)	拼音	熟悉度(familiarity)
25	废寝忘食	fèi qǐn wàng shí	7—6—5—4—3—2—1
26	赴汤蹈火	fù tāng dǎo huǒ	7—6—5—4—3—2—1
27	改头换面	gǎi tóu huàn miàn	7—6—5—4—3—2—1
28	隔岸观火	gé àn guān huǒ	7—6—5—4—3—2—1
29	刮目相看	guā mù xiāng kàn	7—6—5—4—3—2—1
30	归根结底	guī gēn jié dǐ	7—6—5—4—3—2—1
31	滚瓜烂熟	gǔn guā làn shú	7—6—5—4—3—2—1
32	和颜悦色	hé yán yuè sè	7—6—5—4—3—2—1
33	花天酒地	huā tiān jiǔ dì	7—6—5—4—3—2—1
34	画蛇添足	huà shé tiān zú	7—6—5—4—3—2—1
35	恍然大悟	huǎng rán dà wù	7—6—5—4—3—2—1
36	回味无穷	huí wèi wú qióng	7—6—5—4—3—2—1
37	饥不择食	jī bù zé shí	7—6—5—4—3—2—1
38	鸡毛蒜皮	jī máo suàn pí	7—6—5—4—3—2—1
39	挤眉弄眼	jǐ méi nòng yǎn	7—6—5—4—3—2—1
40	家喻户晓	jiā yù hù xiǎo	7—6—5—4—3—2—1
41	见多识广	jiàn duō shí guǎng	7—6—5—4—3—2—1
42	见钱眼开	jiàn qián yǎn kāi	7—6—5—4—3—2—1
43	见义勇为	jiàn yì yǒng wéi	7—6—5—4—3—2—1
44	津津有味	jīn jīn yǒu wèi	7—6—5—4—3—2—1
45	惊天动地	jīng tiān dòng dì	7—6—5—4—3—2—1
46	井井有条	jǐng jǐng yǒu tiáo	7—6—5—4—3—2—1
47	救死扶伤	jiù sǐ fú shāng	7—6—5—4—3—2—1
48	开门见山	kāi mén jiàn shān	7—6—5—4—3—2—1
49	刻骨铭心	kè gǔ míng xīn	7—6—5—4—3—2—1
50	空中楼阁	kōng zhōng lóu gé	7—6—5—4—3—2—1
51	口是心非	kǒu shì xīn fēi	7—6—5—4—3—2—1
52	哭笑不得	kū xiào bù dé	7—6—5—4—3—2—1

续表

序号	成语(idiom)	拼音	熟悉度(familiarity)
53	苦尽甘来	kǔ jìn gān lái	7—6—5—4—3—2—1
54	狼吞虎咽	láng tūn hǔ yàn	7—6—5—4—3—2—1
55	乐极生悲	lè jí shēng bēi	7—6—5—4—3—2—1
56	理直气壮	lǐ zhí qì zhuàng	7—6—5—4—3—2—1
57	力不从心	lì bù cóng xīn	7—6—5—4—3—2—1
58	马不停蹄	mǎ bù tíng tí	7—6—5—4—3—2—1
59	貌合神离	mào hé shén lí	7—6—5—4—3—2—1
60	妙语连珠	miào yǔ lián zhū	7—6—5—4—3—2—1
61	名副其实	míng fù qí shí	7—6—5—4—3—2—1
62	莫名其妙	mò míng qí miào	7—6—5—4—3—2—1
63	目瞪口呆	mù dèng kǒu dāi	7—6—5—4—3—2—1
64	目中无人	mù zhōng wú rén	7—6—5—4—3—2—1
65	抛砖引玉	pāo zhuān yǐn yù	7—6—5—4—3—2—1
66	迫不及待	pò bù jí dài	7—6—5—4—3—2—1
67	七上八下	qī shàng bā xià	7—6—5—4—3—2—1
68	千方百计	qiān fāng bǎi jì	7—6—5—4—3—2—1
69	千言万语	qiān yán wàn yǔ	7—6—5—4—3—2—1
70	青梅竹马	qīng méi zhú mǎ	7—6—5—4—3—2—1
71	倾家荡产	qīng jiā dàng chǎn	7—6—5—4—3—2—1
72	情不自禁	qíng bù zì jīn	7—6—5—4—3—2—1
73	如梦初醒	rú mèng chū xǐng	7—6—5—4—3—2—1
74	入乡随俗	rù xiāng suí sú	7—6—5—4—3—2—1
75	若无其事	ruò wú qí shì	7—6—5—4—3—2—1
76	深思熟虑	shēn sī shú lǜ	7—6—5—4—3—2—1
77	实事求是	shí shì qiú shì	7—6—5—4—3—2—1
78	手忙脚乱	shǒu máng jiǎo luàn	7—6—5—4—3—2—1
79	水深火热	shuǐ shēn huǒ rè	7—6—5—4—3—2—1
80	顺理成章	shùn lǐ chéng zhāng	7—6—5—4—3—2—1

续表

序号	成语(idiom)	拼音	熟悉度(familiarity)
81	损人利己	sǔn rén lì jǐ	7—6—5—4—3—2—1
82	提心吊胆	tí xīn diào dǎn	7—6—5—4—3—2—1
83	天伦之乐	tiān lún zhī lè	7—6—5—4—3—2—1
84	天涯海角	tiān yá hǎi jiǎo	7—6—5—4—3—2—1
85	甜言蜜语	tián yán mì yǔ	7—6—5—4—3—2—1
86	望子成龙	wàng zǐ chéng lóng	7—6—5—4—3—2—1
87	微不足道	wēi bù zú dào	7—6—5—4—3—2—1
88	为人师表	wéi rén shī biǎo	7—6—5—4—3—2—1
89	无地自容	wú dì zì róng	7—6—5—4—3—2—1
90	无精打采	wú jīng dǎ cǎi	7—6—5—4—3—2—1
91	无可奈何	wú kě nài hé	7—6—5—4—3—2—1
92	无影无踪	wú yǐng wú zōng	7—6—5—4—3—2—1
93	五花八门	wǔ huā bā mén	7—6—5—4—3—2—1
94	五颜六色	wǔ yán liù sè	7—6—5—4—3—2—1
95	习以为常	xí yǐ wéi cháng	7—6—5—4—3—2—1
96	喜新厌旧	xǐ xīn yàn jiù	7—6—5—4—3—2—1
97	下不为例	xià bù wéi lì	7—6—5—4—3—2—1
98	相依为命	xiāng yī wéi mìng	7—6—5—4—3—2—1
99	想方设法	xiǎng fāng shè fǎ	7—6—5—4—3—2—1
100	心烦意乱	xīn fán yì luàn	7—6—5—4—3—2—1
101	心满意足	xīn mǎn yì zú	7—6—5—4—3—2—1
102	形影不离	xíng yǐng bù lí	7—6—5—4—3—2—1
103	兴高采烈	xìng gāo cǎi liè	7—6—5—4—3—2—1
104	胸有成竹	xiōng yǒu chéng zhú	7—6—5—4—3—2—1
105	袖手旁观	xiù shǒu páng guān	7—6—5—4—3—2—1
106	雪上加霜	xuě shàng jiā shuāng	7—6—5—4—3—2—1
107	言传身教	yán chuán shēn jiào	7—6—5—4—3—2—1
108	言简意赅	yán jiǎn yì gāi	7—6—5—4—3—2—1

续表

序号	成语(idiom)	拼音	熟悉度(familiarity)
109	扬长避短	yáng cháng bì duǎn	7—6—5—4—3—2—1
110	摇头晃脑	yáo tóu huàng nǎo	7—6—5—4—3—2—1
111	咬牙切齿	yǎo yá qiè chǐ	7—6—5—4—3—2—1
112	一见钟情	yī jiàn zhōng qíng	7—6—5—4—3—2—1
113	一举两得	yī jǔ liǎng dé	7—6—5—4—3—2—1
114	一无所有	yī wú suǒ yǒu	7—6—5—4—3—2—1
115	有口皆碑	yǒu kǒu jiē bēi	7—6—5—4—3—2—1
116	争先恐后	zhēng xiān kǒng hòu	7—6—5—4—3—2—1
117	纸上谈兵	zhǐ shàng tán bīng	7—6—5—4—3—2—1
118	指手画脚	zhǐ shǒu huà jiǎo	7—6—5—4—3—2—1
119	众所周知	zhòng suǒ zhōu zhī	7—6—5—4—3—2—1
120	自言自语	zì yán zì yǔ	7—6—5—4—3—2—1

附录 4：成语熟悉度评定结果

序号	成语	结构类型	语义特征	熟悉度均值	标准偏差
1	爱不释手	动补结构	字面义	2.47	1.85
2	拔苗助长	连动结构	事件性	2.37	1.85
3	白头偕老	主谓结构	字面义	2.90	2.07
4	半途而废	状动结构	字面义	2.50	2.06
5	笨鸟先飞	主谓结构	隐喻义	2.63	1.90
6	不可救药	状动结构	隐喻义	3.00	2.45
7	不遗余力	动宾结构	字面义	2.40	1.28
8	不约而同	状动结构	字面义	3.30	2.10
9	不知不觉	状动＋状动	字面义	5.40	2.13
10	层出不穷	动补结构	字面义	3.33	2.29
11	茶余饭后	定中＋定中	字面义	2.87	2.13

续表

序号	成语	结构类型	语义特征	熟悉度均值	标准偏差
12	触目惊心	连动结构	字面义	2.03	1.75
13	垂头丧气	动宾＋动宾	字面义	2.67	1.99
14	寸步不离	主谓结构	字面义	2.40	1.87
15	大惊小怪	状动＋状动	字面义	4.33	2.56
16	大同小异	定中＋定中	字面义	3.17	2.36
17	大摇大摆	状动＋状动	隐喻义	3.00	2.53
18	呆若木鸡	主谓结构	字面义	1.57	1.14
19	单枪匹马	定中＋定中	隐喻义	2.43	1.96
20	德高望重	主谓＋主谓	字面义	2.60	1.73
21	东奔西走	状动＋状动	字面义	3.53	2.34
22	东张西望	状动＋状动	字面义	3.60	2.40
23	对牛弹琴	状动宾结构	事件性	3.83	2.53
24	耳闻目睹	主谓＋主谓	字面义	2.37	2.01
25	废寝忘食	动宾＋动宾	隐喻义	2.03	1.81
26	赴汤蹈火	动宾＋动宾	隐喻义	1.63	1.27
27	改头换面	动宾＋动宾	隐喻义	2.93	1.80
28	隔岸观火	状动宾结构	隐喻义	1.67	1.27
29	刮目相看	状动结构	隐喻义	3.07	1.82
30	归根结底	动宾＋动宾	字面义	2.23	1.83
31	滚瓜烂熟	主谓结构	隐喻义	1.97	1.81
32	和颜悦色	定中＋定中	字面义	2.03	1.54
33	花天酒地	定中＋定中	字面义	2.63	2.01
34	画蛇添足	连动结构	事件性	3.10	2.63
35	恍然大悟	状动结构	字面义	2.00	1.70
36	回味无穷	主谓结构	隐喻义	2.57	1.70
37	饥不择食	动补结构	隐喻义	2.00	1.66
38	鸡毛蒜皮	联合结构	隐喻义	3.00	2.44
39	挤眉弄眼	动宾＋动宾	隐喻义	2.10	1.90

续表

序号	成语	结构类型	语义特征	熟悉度均值	标准偏差
40	家喻户晓	主谓＋主谓	字面义	2.63	2.36
41	见多识广	主谓＋主谓	字面义	2.67	2.09
42	见钱眼开	连动结构	字面义	4.17	2.23
43	见义勇为	连动结构	字面义	2.23	1.87
44	津津有味	状动结构	字面义	3.63	2.61
45	惊天动地	动宾＋动宾	字面义	3.03	2.08
46	井井有条	状动结构	字面义	2.30	1.74
47	救死扶伤	动宾＋动宾	字面义	2.63	2.03
48	开门见山	连动结构	隐喻义	3.53	2.13
49	刻骨铭心	动宾＋动宾	隐喻义	2.30	1.88
50	空中楼阁	定中结构	隐喻义	2.30	1.95
51	口是心非	主谓＋主谓	字面义	3.10	2.04
52	哭笑不得	主谓结构	字面义	4.13	2.32
53	苦尽甘来	主谓＋主谓	字面义	2.63	2.04
54	狼吞虎咽	主谓＋主谓	隐喻义	2.53	2.26
55	乐极生悲	连动结构	字面义	2.03	1.85
56	理直气壮	主谓＋主谓	字面义	2.47	2.21
57	力不从心	主谓结构	字面义	2.80	2.06
58	马不停蹄	主谓结构	隐喻义	2.87	2.00
59	貌合神离	主谓＋主谓	字面义	1.53	1.14
60	妙语连珠	主谓结构	隐喻义	1.43	1.10
61	名副其实	主谓结构	字面义	2.70	2.29
62	莫名其妙	动宾结构	字面义	5.27	2.52
63	目瞪口呆	主谓＋主谓	字面义	3.27	2.39
64	目中无人	主谓宾结构	隐喻义	3.43	2.47
65	抛砖引玉	连动结构	隐喻义	1.77	1.36
66	迫不及待	动补结构	字面义	3.27	2.29
67	七上八下	状中＋状中	隐喻义	3.60	2.19

续表

序号	成语	结构类型	语义特征	熟悉度均值	标准偏差
68	千方百计	定中＋定中	字面义	3.40	2.53
69	千言万语	定中＋定中	字面义	4.10	2.32
70	青梅竹马	定中＋定中	隐喻义	3.20	2.61
71	倾家荡产	动宾＋动宾	字面义	2.57	2.18
72	情不自禁	主谓结构	字面义	2.57	2.28
73	如梦初醒	动宾结构	隐喻义	2.63	2.16
74	入乡随俗	动宾＋动宾	字面义	4.00	2.52
75	若无其事	动宾结构	字面义	2.37	1.92
76	深思熟虑	状动＋状动	字面义	2.23	1.74
77	实事求是	主谓结构	字面义	2.67	2.12
78	手忙脚乱	主谓＋主谓	字面义	3.57	2.46
79	水深火热	主谓＋主谓	隐喻义	3.13	2.05
80	顺理成章	连动结构	字面义	2.33	1.86
81	损人利己	动宾＋动宾	字面义	2.50	2.08
82	提心吊胆	动宾＋动宾	隐喻义	3.10	1.69
83	天伦之乐	定中结构	字面义	1.93	1.60
84	天涯海角	定中＋定中	隐喻义	3.17	2.26
85	甜言蜜语	定中＋定中	字面义	4.00	2.42
86	望子成龙	兼语结构	隐喻义	4.17	2.57
87	微不足道	形补结构	字面义	3.23	2.30
88	为人师表	动宾结构	字面义	1.97	1.65
89	无地自容	状动结构	隐喻义	2.23	1.79
90	无精打采	动宾＋动宾	字面义	2.60	2.19
91	无可奈何	状动结构	字面义	2.97	2.48
92	无影无踪	动宾＋动宾	字面义	2.87	2.29
93	五花八门	定中＋定中	隐喻义	3.97	2.48
94	五颜六色	定中＋定中	字面义	4.73	2.50
95	习以为常	主谓结构	字面义	2.30	2.02

续表

序号	成语	结构类型	语义特征	熟悉度均值	标准偏差
96	喜新厌旧	动宾＋动宾	字面义	2.90	2.28
97	下不为例	主谓结构	字面义	2.33	2.02
98	相依为命	状动结构	字面义	2.33	1.84
99	想方设法	动宾＋动宾	字面义	2.67	2.29
100	心烦意乱	主谓＋主谓	字面义	2.60	1.98
101	心满意足	主谓＋主谓	字面义	3.00	2.10
102	形影不离	主谓结构	隐喻义	2.93	2.07
103	兴高采烈	主谓＋主谓	字面义	2.93	2.27
104	胸有成竹	主谓结构	事件性	1.83	1.56
105	袖手旁观	状动结构	隐喻义	2.13	1.76
106	雪上加霜	主谓结构	隐喻义	2.63	2.01
107	言传身教	主谓＋主谓	字面义	1.93	1.53
108	言简意赅	主谓＋主谓	字面义	1.63	1.16
109	扬长避短	动宾＋动宾	字面义	2.00	1.74
110	摇头晃脑	动宾＋动宾	隐喻义	2.37	1.52
111	咬牙切齿	动宾＋动宾	隐喻义	2.43	1.85
112	一见钟情	连动结构	字面义	4.50	2.66
113	一举两得	动宾结构	字面义	4.50	2.26
114	一无所有	动宾结构	字面义	4.27	2.29
115	有口皆碑	主谓结构	隐喻义	1.60	1.00
116	争先恐后	动宾＋动宾	字面义	2.63	1.96
117	纸上谈兵	状动结构	事件性	2.13	1.74
118	指手画脚	动宾＋动宾	隐喻义	2.40	1.87
119	众所周知	主谓结构	字面义	2.57	2.05
120	自言自语	主谓＋主谓	字面义	4.70	2.53

附录 5:成语语义测量表

同学们:

你们好!非常感谢大家能参加成语理解习得实验。本实验的调查数据不记入成绩,仅用于研究。大家只需根据个人判断从四个选项中选择一个最恰当的,如实填写即可,具体操作请见以下示范。谢谢!

示范(Example)

请大家根据你对成语的理解,从 A、B、C、D 四个选项中选择一个最佳选项作为成语的意义。

如:坐井观天　　zuò jǐng guān tiān　　(C/A)

A. 坐在井底(bottom)看天

B. 天像井口一样大小

C. 目光狭小(narrow),所见有限

D. 从井中观察(observe)天气

测量题目(Questions)

(1) 半途而废　　bàn tú ér fèi　　(B/C)

A. 道路有一半都荒废(deserted)了

B. 做事不能坚持到底(stick out),有始无终

C. 半路上停下来不再前进(go forward)

D. 有一半人停在路上不走了

(2) 不可救药　　bù kě jiù yào　　(A/D)

A. 人或事情坏到无法挽救(save)

B. 找不到可以救命的药物(medicine)

C. 病情不严重,不需要吃药

D. 病得很重,不能用药救治(rescue)

(3) 不遗余力　bù yí yú lì　(D/A)

A. 不留下剩余(remanent)的力量

B. 节余的力气都遗留(leave over)下去

C. 一点儿也不愿意尽力(take pains)去做

D. 做事卖力(spare no effort),使出全部力量

(4) 不约而同　bù yuē ér tóng　(D/B)

A. 没有约定(appoint),意见不同

B. 互相没有约定,一齐前来会合

C. 不事先(in advance)商量(consult)就同意

D. 没有事先商量,彼此言行相同

(5) 不知不觉　bù zhī bù jué　(A/C)

A. 无意之中,自然而然(naturally)

B. 不知道也不去睡觉

C. 没有感觉到,没有意识到(aware)

D. 完全没有知觉(consciousness)

(6) 大同小异　dà tóng xiǎo yì　(C/D)

A. 大的跟小的有差别

B. 不论大小都是一样的

C. 大体相同,略有(slightly)差异

D. 大部分相同,小部分不同

(7) 废寝忘食　fèi qǐn wàng shí　(A/D)

A. 非常地专心(absorbed)和努力

B. 停止(stop)睡觉,起来吃饭

C. 把食物忘在了寝室(dormitory)里

D. 顾不上睡觉,忘记了吃饭

(8) 隔岸观火　　gé àn guān huǒ　　(C/A)

A. 对岸失火(on fire)了,在河这边观看

B. 因为是对岸着火,只能观察(observe)

C. 见别人有危难(distress),不帮助反而看热闹

D. 隔着河观看对岸的焰火(firework)表演

(9) 刮目相看　　guā mù xiāng kàn　　(B/A)

A. 擦亮(sharpen)眼睛去看人

B. 用新的眼光(vision)来看待人

C. 睁开(open)眼睛去看问题

D. 用刀子逼着(force)人改变眼光

(10) 归根结底　　guī gēn jié dǐ　　(A/B)

A. 归结到根本上,用作总结(summary)

B. 将事情的根底(root)归结到一处

C. 最终才实现落叶(falling leaves)归根

D. 探究(explore)事物的根本寻找结果

(11) 滚瓜烂熟　　gǔn guā làn shú　　(C/D)

A. 对有关瓜果的书籍(books)非常熟悉

B. 瓜从藤(vine)上掉下来,摔烂了(rotten)

C. 读书或背书极其流利纯熟(fluent)

D. 藤(vine)上滚落下来的瓜,熟透了(ripe)

(12) 画蛇添足　　huà shé tiān zú　　(D/A)

A. 画好蛇又添上(add)几只脚

B. 只要把蛇画好就足够(enough)了

C. 为完成任务而添加材料(material)

D. 做多余的事,没有好处,反而坏事

(13) 挤眉弄眼　　jǐ méi nòng yǎn　　(B/A)

A. 挤眉毛(eyebrow),弄(make)眼睛

B. 用眉眼示意(hint)或传情(flirt)

C. 皱起(frown)眉头(brow),睁大眼睛

D. 眉毛和眼睛挤在一起分不开

(14) 开门见山　　kāi mén jiàn shān　　(C/D)

A. 房门正好对着(facing)大山

B. 房屋的门被山挡住(block)了

C. 说话写文章开头就进入正题(subject)

D. 打开房门就可以看见青山

(15) 妙语连珠　　miào yǔ lián zhū　　(B/A)

A. 巧妙风趣的话如同串珠(a string of beads)

B. 妙句(punch line)一个接一个,讲话很精彩

C. 连接成串的珠子很美妙(splendid)

D. 语言很奇妙(intriguing),就像珍珠一样

(16) 迫不及待　　pò bù jí dài　　(B/D)

A. 受到压迫,待遇(treatment)不够好

B. 心情急切(urgent),无法再等待

C. 迫害(oppress)太厉害,来不及等待

D. 事情紧迫(pressing),等不及了

(17) 千方百计　　qiān fāng bǎi jì　　(B/A)

A. 一千种方法,一百种计谋(scheme)

B. 想尽一切办法,用尽一切计谋

C. 方法和计划多得用不完

D. 一千种方法等于(equal)一百种计划

(18) 青梅竹马　　qīng méi zhú mǎ　　(A/C)

A. 男女小时候的亲密情谊(friendship)

B. 男孩女孩各自玩耍(play)游戏

C. 绿色的梅子(plum),竹子做的马

D. 骑着竹马去采摘(pick)青梅

(19) 深思熟虑　　shēn sī shú lǜ　　(C/B)

A. 深入地思考,很熟悉(familiar)

B. 全面地思考,仔细地考虑(consider)

C. 反复深入进行细致的考虑

D. 思考得很深远,有顾虑(concern)

(20) 损人利己　　sǔn rén lì jǐ　　(D/A)

A. 损害(harm)别人有利于自己

B. 损害自己的利益(benefit)

C. 别人和自己都得到好处(profit)

D. 为得到好处而损害别人的利益

(21) 提心吊胆　　tí xīn diào dǎn　　(D/B)

A. 心情不错,胆子(courage)很大

B. 心和胆都悬着(hanging)
C. 很严重的心脏疾病(heart disease)
D. 十分地担心(worried)和害怕

(22) 天涯海角　　tiān yá hǎi jiǎo　　(C/B)
A. 海南岛著名的旅游胜地(resort)
B. 天的边际(boundary),海的角落
C. 极遥远(distant)、极偏僻(remote)的地方
D. 非常热闹繁华的(prosperous)海边

(23) 微不足道　　wēi bù zú dào　　(D/C)
A. 道理很微妙(subtle),有不足之处
B. 因为微小,比不上大道理
C. 很微小,不值得说
D. 价值非常小,不值一提(mention)

(24) 为人师表　　wéi rén shī biǎo　　(B/D)
A. 成为别人和老师的代表(delegate)
B. 在品德学问方面做别人的榜样(model)
C. 在做人方面受到老师的表扬(praise)
D. 作为别人的老师和表率(example)

(25) 五花八门　　wǔ huā bā mén　　(A/B)
A. 变化多端(changing)、花样繁多(various)
B. 五行阵(array)和八门阵(array)
C. 五种花代表(represent)着八道门
D. 乱七八糟(at sixes and sevens)的样子

(26) 五颜六色 wǔ yán liù sè (C/A)

A. 五六种颜色

B. 色彩很混乱(confusing)

C. 色彩繁多(various),各色各样

D. 颜色非常接近(close)

(27) 习以为常 xí yǐ wéi cháng (B/A)

A. 习惯了就认为很平常(common)了

B. 经常做,经常看,觉得很习惯、很正常

C. 学习是件很平常的事情

D. 经常见到就以为是当地的习俗(custom)

(28) 胸有成竹 xiōng yǒu chéng zhú (D/C)

A. 做事之前心中有数,但不够成熟(mature)

B. 胸中要塞满(packed)竹子才能开始作画

C. 画竹子时心中要有竹子的形象(image)

D. 做事之前早有通盘的(overall)考虑和计划

(29) 言传身教 yán chuán shēn jiào (A/C)

A. 用言行影响和教导(instruct)别人

B. 言语和行动保持一致(stay the same)

C. 用言语传授(teach),以行动示范

D. 只说不做,没有实际(practical)行动

(30) 摇头晃脑 yáo tóu huàng nǎo (D/A)

A. 脑袋(head)摇来晃去、来回摆动

B. 一直摇头,表示自己不能同意

C. 脑袋晃得都要晕倒(dizzy)了

D. 十分得意(complacent)、自以为是的样子

(31) 一无所有　　yì wú suǒ yǒu　　(B/C)

A. 所有的东西都消失(disappear)了

B. 没有任何东西,很贫穷(poor)

C. 一点儿什么东西也都没有

D. 只有一点儿东西是自己所有的

(32) 指手画脚　　zhǐ shǒu huà jiǎo　　(C/B)

A. 用手指挥(direct),用脚画画

B. 边说话边用手脚示意(hint)

C. 非常轻率地(rashly)指点和批评

D. 手脚并用,显得非常地忙乱

注释:括号中字母为答案选项,前者是成语的隐喻意义,后者是成语的字面意义。

附录 6:成语语义测量结果

序号	成语	结构类型	语义特征	熟悉度	可分解	不可分解	平均分值	干扰意义	字面意义	隐喻意义
1	半途而废	状动结构	字面义	2.50	27	3	1.92	22	21	17
2	不可救药	状动结构	隐喻义	3.00	9	21	1.63	31	20	9
3	不遗余力	动宾结构	字面义	2.40	27	3	1.85	25	19	16
4	不约而同	状动结构	字面义	3.30	27	3	2.37	11	16	33
5	不知不觉	状动+状动	字面义	5.40	26	4	2.48	3	25	32
6	大同小异	定中+定中	字面义	3.17	24	6	2.43	7	20	33
7	废寝忘食	动宾+动宾	隐喻义	2.03	8	22	1.92	23	19	18
8	隔岸观火	状动宾结构	隐喻义	1.67	4	26	1.70	34	10	16

续表

序号	成语	结构类型	语义特征	熟悉度	可分解	不可分解	平均分值	干扰意义	字面意义	隐喻意义
9	刮目相看	状动结构	隐喻义	3.07	8	22	2.20	14	20	26
10	归根结底	动宾＋动宾	字面义	2.23	23	7	2.03	24	10	26
11	滚瓜烂熟	主谓结构	隐喻义	1.97	4	26	1.72	33	11	16
12	画蛇添足	连动结构	事件性	3.10	5	25	2.35	12	15	33
13	挤眉弄眼	动宾＋动宾	隐喻义	2.10	8	22	1.75	29	17	14
14	开门见山	连动结构	隐喻义	3.53	1	29	2.17	19	12	29
15	妙语连珠	主谓结构	隐喻义	1.43	7	23	1.73	32	12	16
16	迫不及待	动补结构	字面义	3.27	29	1	2.28	12	19	29
17	千方百计	定中＋定中	字面义	3.40	27	3	2.40	9	18	33
18	青梅竹马	定中＋定中	隐喻义	3.20	0	30	2.30	13	16	31
19	深思熟虑	状动＋状动	字面义	2.23	30	0	2.02	19	21	20
20	损人利己	动宾＋动宾	字面义	2.50	30	0	2.30	12	18	30
21	提心吊胆	动宾＋动宾	隐喻义	3.10	9	21	2.17	19	12	29
22	天涯海角	定中＋定中	隐喻义	3.17	10	20	2.28	15	13	32
23	微不足道	形补结构	字面义	3.23	30	0	2.33	9	22	29
24	为人师表	动宾结构	字面义	1.97	27	3	2.08	18	19	23
25	五花八门	定中＋定中	隐喻义	3.97	7	23	2.17	16	18	26
26	五颜六色	定中＋定中	字面义	4.73	30	0	2.57	9	8	43
27	习以为常	主谓结构	字面义	2.30	28	2	1.92	21	23	16
28	胸有成竹	主谓结构	事件性	1.83	5	25	1.75	31	13	16
29	言传身教	主谓＋主谓	字面义	1.93	23	7	1.98	19	23	18
30	摇头晃脑	动宾＋动宾	隐喻义	2.37	8	22	1.78	30	13	17
31	一无所有	动宾结构	字面义	4.27	29	1	2.32	9	23	28
32	指手画脚	动宾＋动宾	隐喻义	2.40	7	23	1.95	19	25	16

注释：在成语语义测量实验中，被试选择成语隐喻意义，计为 3 分；选择成语字面意义，计为 2 分；选择成语干扰意义，则计为 1 分；平均分值为被试对各个实验成语理解习得评分的均值。

附录7：有声思维实验数据收集说明

本实验旨在考察各位学习者如何理解汉语成语的意义。我们会提供16张包含成语及其语境例句的卡片，要求大家在理解成语意义时进行有声思维。有声思维是指不假思索地立即告诉我们从看到成语到理解其意义的过程中出现的任何想法。大家在此过程中可能会想到以下问题：

（1）是否经常使用或见到这个成语？

（2）成语的字面意义和隐喻意义有没有关联？

（3）有没有某个字可以透露成语的意义？

（4）成语的对称性是否有助于理解成语的意义？

（5）上下文语境如何帮助解释成语的意义？

（6）在英语中有没有类似的表达？

（7）成语是否让你回想起别人说过的什么话？

希望大家从看到卡片上的成语一直到给出最后的答案都要不停地说。请不要事先计划好说什么，就像自己一个人在房间里自言自语一样说话就可以。大家也可以向我们提问，最重要的是要不停地说话，如果大家有任何停顿，我们会让大家开口。

下面是两个例子，请大家告诉我们在理解这个成语时的一切想法：

这已经是**家喻户晓**的消息了，你怎么还不知道？这里“**家喻户晓**”是什么意思？

孩子**狼吞虎咽**地吃，老人细嚼慢咽地品，男人们爽朗开怀地笑，女人们细声慢语地聊，营造了这个“四代同堂”大家庭的和睦和节日的喜庆。这里“**狼吞虎咽**”是什么意思？

现在实验正式开始，我们来看第一个。

1. 呆若木鸡 dāi ruò mù jī

他拿到考卷一看，顿时**呆若木鸡**，因为几乎没有一道题能读懂。这里

“**呆若木鸡**”是什么意思？

2. 单枪匹马 dān qiāng pǐ mǎ

这事太麻烦了，要是有人帮忙还可以考虑，**单枪匹马**怎么行啊？这里“**单枪匹马**”是什么意思？

3. 东张西望 dōng zhāng xī wàng

保安见他一进校园就**东张西望**，赶忙跑过去问他要找谁。这里“**东张西望**”是什么意思？

4. 对牛弹琴 duì niú tán qín

算了，你就别**对牛弹琴**了，你讲的这些物理学原理，我完全听不懂。这里“**对牛弹琴**”是什么意思？

5 . 耳闻目睹 ěr wén mù dǔ

这次来中国，**耳闻目睹**了中国的巨大变化，使我非常惊讶，也十分兴奋。这里“**耳闻目睹**”是什么意思？

6. 津津有味 jīn jīn yǒu wèi

今天晚上我做了一些玉米面饼子当晚饭，几个孩子吃得**津津有味**。这里“**津津有味**”是什么意思？

7. 目中无人 mù zhōng wú rén

我俩是老同学，但自从他当上了局长就变得**目中无人**，再也没有跟我联系过。这里“**目中无人**”是什么意思？

8. 七上八下 qī shàng bā xià

今天我要去面试，因为从来没有参加过面试，所以心里**七上八下**的。这里“**七上八下**”是什么意思？

9. 手忙脚乱 shǒu máng jiǎo luàn

电脑一出问题，她就**手忙脚乱**的，简直不知道怎么办才好。这里“**手忙脚乱**”是什么意思？

10. 水深火热 shuǐ shēn huǒ rè

工作没有了，老婆也跟我离了婚，我现在的生活真是**水深火热**。这里“**水深火热**”是什么意思？

11. 相依为命 xiāng yī wéi mìng

这个老人没有儿女，老伴儿也去世了，只能跟几条狗**相依为命**。这里“**相依为命**”是什么意思？

12. 袖手旁观 xiù shǒu páng guān

那些看到有人出了车祸还**袖手旁观**、看热闹的人，不仅可气，而且可恨。这里“**袖手旁观**”是什么意思？

13. 扬长避短 yáng cháng bì duǎn

现在我们要好好总结一年来的工作，**扬长避短**，争取明年取得更好的成绩。这里“**扬长避短**”是什么意思？

14. 咬牙切齿 yǎo yá qiè chǐ

当她发现丈夫有了外遇，心里又气又恨，**咬牙切齿**地扇了他一个耳光。这里“**咬牙切齿**”是什么意思？

15. 一见钟情 yí jiàn zhōng qíng

当年他们俩**一见钟情**，可是后来苦恋了差不多五年才结婚。这里“**一见钟情**”是什么意思？

16. 有口皆碑 yǒu kǒu jiē bēi

在我们这个医院提起李主任，他的医术和医德都是**有口皆碑**的。这里“**有口皆碑**”是什么意思？

附录 8：有声思维理解习得评分结果

成语	被试 1	被试 2	被试 3	被试 4	被试 5	被试 6	被试 7	被试 8	被试 9	被试 10	被试 11	被试 12	被试 13	被试 14	被试 15
呆若木鸡	2	1	2	3	2	2	1	2	3	2	3	2	2	2	2
单枪匹马	1	1	2	2	2	2	2	2	2	2	1	1	3	3	3
东张西望	3	1	1	3	2	2	2	3	3	2	3	3	1	2	3
对牛弹琴	2	2	3	3	3	3	2	3	3	3	3	2	3	3	3
耳闻目睹	3	2	1	3	3	3	3	2	3	3	3	2	3	3	3
津津有味	3	2	2	3	2	1	3	2	2	3	3	3	2	3	2
目中无人	3	3	3	3	1	3	2	3	3	3	3	2	2	3	2
七上八下	3	2	3	3	2	3	3	3	2	3	3	2	3	3	3
手忙脚乱	3	2	3	3	3	3	3	3	3	3	3	2	1	3	2
水深火热	3	1	3	3	3	3	3	3	3	2	3	2	3	2	3
相依为命	3	1	3	2	1	2	2	3	3	2	3	2	3	1	3
袖手旁观	1	2	1	3	2	2	2	2	3	2	3	1	2	2	2
扬长避短	1	2	3	2	1	2	2	2	2	1	2	1	2	3	2
咬牙切齿	3	2	3	3	3	3	3	2	3	2	3	1	2	3	2
一见钟情	3	2	2	3	3	2	3	3	3	3	2	1	2	3	3
有口皆碑	1	1	2	3	1	1	2	2	2	1	2	1	2	3	2
平均分值	2.38	1.69	2.31	2.81	2.13	2.31	2.38	2.50	2.69	2.31	2.69	1.75	2.25	2.63	2.50

成语	被试 16	被试 17	被试 18	被试 19	被试 20	被试 21	被试 22	被试 23	被试 24	被试 25	被试 26	被试 27	被试 28	被试 29	被试 30
呆若木鸡	3	3	2	2	1	2	1	3	3	3	2	1	2	1	3
单枪匹马	2	2	3	2	3	3	3	2	1	3	2	3	3	2	3
东张西望	3	3	3	3	3	2	3	3	3	3	3	3	3	3	3
对牛弹琴	1	3	3	2	3	3	3	3	3	3	2	2	3	2	3
耳闻目睹	2	2	2	3	2	3	2	2	3	2	3	2	2	2	2
津津有味	3	2	3	2	3	3	2	2	3	3	3	2	3	2	3
目中无人	2	3	2	3	2	3	3	1	2	3	2	2	2	1	3
七上八下	3	3	2	2	3	1	2	2	3	2	2	3	2	2	2
手忙脚乱	3	3	3	2	2	3	3	2	3	3	3	2	2	2	3
水深火热	2	3	3	2	2	2	2	2	3	2	3	3	3	1	3
相依为命	2	3	3	2	2	3	3	1	3	3	2	3	2	1	3
袖手旁观	2	2	2	1	1	3	3	1	3	3	2	3	3	2	3
扬长避短	1	2	3	1	1	2	2	3	2	1	3	1	2	3	1
咬牙切齿	3	3	3	2	2	3	3	1	2	3	2	2	3	1	3
一见钟情	3	3	3	3	2	3	3	3	3	3	2	3	3	3	3
有口皆碑	2	3	1	2	2	2	3	2	2	2	1	1	2	1	2
平均分值	2.31	2.69	2.56	2.13	2.13	2.56	2.56	2.06	2.63	2.63	2.31	2.25	2.50	1.81	2.69

注释：在成语有声思维实验中，被试对成语理解正确，计为 3 分；对成语理解部分正确，计为 2 分；对成语理解错误或者不知道成语的意义，则计为 1 分；平均分值为被试对各个实验成语理解习得评分的均值。

附录9：成功策略与实验成语对应情况

成语	被试1	被试2	被试3	被试4	被试5	被试6	被试7	被试8	被试9	被试10	被试11	被试12	被试13	被试14	被试15
呆若木鸡				LM					RI		LM				
单枪匹马													GC	LM	TA
东张西望	GC			RP				GC	GC		GC	RI			MI
对牛弹琴			LM	GC	LM	GC		MI	RP	GC	DA		LM	DA	LM
耳闻目睹	TA			GC	IC	IC	LM		TA	IC	GC		IC	IC	LM
津津有味	GC			GC			RI			IC	IC	RI		TA	
目中无人	GC	IC	GC	LM		GC		RI	LM	LM	GC			LM	
七上八下	LM		MI	TA		RP	L1/2	GC		TA	GC		TA	GC	TA
手忙脚乱	LM		GC	GC	DA	GC	IC	GC	GC	RI	GC			L1/2	
水深火热	L1/2		GC	LM	LM	LM	L1/2	LM	LM		GC		LM		GC
相依为命	GC		IC					RI	IC		GC		LM		GC
袖手旁观				GC					IC		L1/2				
扬长避短			IC											IC	
咬牙切齿	GC		RP	TA	RI	DA	GC		L1/2		DA			GC	
一见钟情	L1/2			LM	IC		NS	GC	GC	L1/2				L1/2	L1/2
有口皆碑				IC										L1/2	

成语	被试 16	被试 17	被试 18	被试 19	被试 20	被试 21	被试 22	被试 23	被试 24	被试 25	被试 26	被试 27	被试 28	被试 29	被试 30
呆若木鸡	IC	TA						GC	LM	TA					LM
单枪匹马			GC		GC	LM	DA			GC		GC	GC		L1/2
东张西望	L1/2	GC	LM	GC	RI		BK	IC	IC	LM	RP	GC	IC	RI	LM
对牛弹琴		DA	LM		IC	LM	L1/2	LM	DA	GC			LM		DA
耳闻目睹				IC		GC			IC		LM				
津津有味	GC		GC		IC	IC			GC	DA	NS		LM		RP
目中无人		GC		GC		LM	TA			LM					GC
七上八下	RP	TA			RP				MI			GC			
手忙脚乱	LM	IC	GC			GC	IC		TA	GC	LM				GC
水深火热		TA	IC						LM		LM	L1/2	GC		LM
相依为命		IC	IC			GC	GC		GC	LM		GC			LM
袖手旁观						LM	BK		MI	GC		LM	L1/2		GC
扬长避短			GC					IC			IC			IC	
咬牙切齿	L1/2	DA	IC			DA	LM			GC			RP		MI
一见钟情	L1/2	L1/2	TA	L1/2		L1/2	L1/2	RP	BK	LM		L1/2	L1/2	LM	L1/2
有口皆碑		GC					IC								

注释：表中英文缩写代表被试成功地理解习得汉语成语使用的策略，分别为 RI(询问字词意思)、RP(重复或重述)、DA(讨论和分析成语)、TA(翻译尝试)；GC(根据上下文猜测)、IC(根据成语个别字词猜测)、LM(根据成语字面意义猜测)、L1/2(利用母语/目的语成语猜测)、BK(利用文化背景知识猜测)；MI(利用成语意象猜测)；NS(没有理解策略)。空白单元格则表示被试对成语意义的理解错误或部分正确。

后 记

本书是在我的博士学位论文研究课题基础上拓展研究和修订而成的。在书稿完成之际，我回首这一课题历经6年的研究与写作过程，感受良多。首先，衷心感谢我非常敬佩的导师李晓琪教授。从我的博士学位论文选题、开题论证、课题研究、论文写作到论文答辩，以及在博士毕业之后的后续研究、完成书稿的整个过程中，每一个环节都凝聚着李晓琪老师的悉心指导、扶掖和殷切鼓励。李晓琪老师渊博的知识、敏锐的学术眼光、严谨的治学态度都对我影响深远；李晓琪老师的谆谆教诲格外受用，她一直强调"宏观把握方向、微观保证质量"，让我在论文和本书写作的过程中受益匪浅，在以后的工作和学习中我也会铭记于心。

本书是我承担的研究课题"南太平洋国家高等教育研究"的子课题，该研究项目由教育部国别与区域研究基地北京大学大洋洲研究中心立项并提供资助。在本书整个研究与写作过程中得到了国内外许多学者和学生的支持与协助，在此谨致以真诚的谢意。特别感谢澳大利亚悉尼大学中文系主任王玮教授的鼎力相助。应王玮主任邀请，我于2019年1月访问悉尼大学等高校，以本书中的实证实验为基础进行教学调研和学术交流。王玮主任详细介绍了悉尼大学中文系的学科发展历史、教育理念和课程设置情况，邀请我观摩中文课程"Chinese for Native Speakers"，使我有机会与授课教师和澳大利亚学生进行访谈，收获良多。此外,王玮主任还热情协助我拜访了悉尼大学孔子学院和新南威尔士大学孔子学院,为我更为广泛和深刻地了解澳大利亚高校不同层次的汉语教学状况并进行相关研究提供了极大的便利。

本书最终能够出版得益于教育部国别与区域研究基地北京大学大洋洲研究中心的大力支持。衷心感谢北京大学澳大利亚研究中心与大洋洲研究中心主任刘树森教授和刘红中副教授的协助,他们从出版社选题到书稿的写作和修改,事无巨细,都投入了巨大的心血。近年来,我在澳大利亚研究等方面的科研工作能够一直得到他们的支持和帮助,使我备感荣幸,心存敬意与谢意。

衷心感谢李淑静教授和黄必康教授等领导和师长一直以来对我的提携、指导、关心与鼓励!

最后,感谢我的家人,亲情无限,家永远是我避风的港湾!

马乃强

北京大学外国语学院新楼

2021 年 7 月 1 日